BIRGIT MOSSER-SCHUÖCKER
LEOPOLD FIGL
DER GLAUBE AN ÖSTERREICH

Leopold Figl

Mit 74 Abbildungen

AMALTHEA

© 2015 by Amalthea Signum Verlag, Wien
Alle Rechte vorbehalten
Umschlaggestaltung: Elisbeth Pirker/OFFBEAT
Umschlagfotos: © Privatbesitz Familie Figl
Lektorat: Martin Bruny
Satz: VerlagsService Dietmar Schmitz GmbH, Heimstetten
Gesetzt aus der: 10,65/14,85 pt Cambria
Printed in the EU
ISBN 978-3-85002-917-9

Inhalt

Einleitung   9

Teil I: Krise   11

1. KAPITEL   11

    Der Beginn einer Freundschaft: November 1918   11

    Ein Traum wird wahr: Juni 1926   15

    Ein anstrengender Sonntag: Oktober 1932   19

2. KAPITEL   24

    Die Bewährungsprobe: 2. Februar 1934   24

    Ein sonntäglicher Besuch: 6. März 1938   28

    Ein letzter Versuch: 11. März 1938   33

Teil II: Ohnmacht   36

3. KAPITEL   36

    Die Verhaftung: 12. März 1938   37

    Die Bestrafung: Frühling 1938   42

4. KAPITEL   50

    Der Steinbruch: Winter 1940   50

5. KAPITEL   55

    Nicht mehr lang? 1940 bis 1943   56

6. KAPITEL   64

Die Heimkehr: 8. Mai 1943   64

Das Treffen: 4. Mai 1944   69

7. KAPITEL   74

Das zweite Mal: 6. Oktober 1944   75

8. KAPITEL   82

In der Todeszelle: April 1945   82

Teil III: Glaube   87

9. KAPITEL   87

Vom Keller in die Kommandantur: April 1945   87

Die Proklamation: 29. April 1945   93

10. KAPITEL   99

An der Wand: April 1945   99

Der erste Besuch: Mai 1945   106

11. KAPITEL   114

Die Regierungserklärung: 21. Dezember 1945   114

Die Weihnachtsansprache: 24. Dezember 1945   118

12. KAPITEL   122

Die Konfrontation: 1946   122

Befehl Nr. 17: 5. Juli 1946   128

13. KAPITEL   138

An der Zonengrenze: 1947   138

Die Wahlschlacht: Frühling 1949   146

14. KAPITEL   153

Der Streik: Oktober 1950   153

Die Reise: Mai 1952   159

15. KAPITEL   170
Der Sturz: 22. März 1953   170

16. KAPITEL   177
Die Enttäuschung: 18. Februar 1954   177

17. KAPITEL   189
Der Durchbruch: 15. April 1955   189

18. KAPITEL   201
Die Beerdigung: 11. Mai 1955   201
Die Mitschuld-Klausel: 14. Mai 1955   204

19. KAPITEL   209
Der große Moment: 15. Mai 1955   209

20. KAPITEL   215
Der alte Bekannte: 1960   215
Das Wochenende: 1963   220

21. KAPITEL   226
Der Abschied: 26. April 1965   226

Anmerkungen   234
Gästebuch-Transkriptionen   243
Literaturverzeichnis   249
Dank   251
Personenregister   253
Bildnachweis   256

Einleitung

2015 ist ein Jubiläumsjahr: 70 Jahre nach dem Ende des Zweiten Weltkrieges, 60 Jahre nach Abschluss des Staatsvertrages gedenkt das offizielle Österreich seiner Anfänge. Die schwersten Jahre der Zweiten Republik sind untrennbar mit Leopold Figl verbunden. Zwei Ereignisse haben ihren festen Platz in der kollektiven Erinnerung der Österreicher: die erste Weihnachtsansprache des Bundeskanzlers und die Balkonszene nach der Unterzeichnung des Staatsvertrages. 1945 versucht Leopold Figl mit seiner Radioansprache den Österreichern trotz bitterster Not ein wenig Zuversicht zu schenken. 1955 kann der glückliche Außenminister seinen Landsleuten endlich den lang ersehnten Schlüssel zur Freiheit präsentieren. Zwei völlig unterschiedliche Situationen, die doch das große Lebensthema Leopold Figls vereinen: den Glauben an Österreich.

Der spätere Kanzler hat schon zu einer Zeit, als dies noch nicht selbstverständlich war, an ein selbstständiges Österreich geglaubt und diese Überzeugung mit KZ und Todeszelle bezahlt. Er geriet in Extremsituationen, aus denen es keinen Ausweg gab. Momente, in denen der Charakter unbarmherzig freigelegt wurde. Tapferkeit, Mut, Entschlusskraft, aber auch die Bereitschaft zur Versöhnung waren damals keine leeren Phrasen, sondern lebenswichtig: in den Jahren der Ohnmacht für die Kameraden im KZ, in den Jahren des Wiederaufbaues für ein ganzes Volk. Der NS-Terror hat Leopold Figls Bekenntnis zu Österreich nicht gebrochen, sondern gestärkt. Den Mut, auch angesichts eines übermächtigen Gegners nicht aufzugeben, hat Figl auch nach 1945 noch gebraucht: zunächst in der unmittelbaren Konfrontation mit der sowjetischen Besatzungsmacht, später im zähen Ringen um den Staatsvertrag.

Leopold Figl hat für Österreich gelitten, gekämpft und gearbeitet wie kein anderer Kanzler vor oder nach ihm. Trotzdem war er kein Säulenheiliger, sondern ein Mensch aus Fleisch und Blut. Ein Mensch mit vielen Stärken und manchen Schwächen. Aufgewachsen und sozialisiert im bäuerlich-konservativen Milieu, war es selbstverständlich, dass er im Ständestaat auf der Seite der Regierung stand. Als hoher Funktionär des Bauernbundes und Führer der Niederösterreichischen Sturmscharen unterstützte er Engelbert Dollfuß und Kurt Schuschnigg, deren Kurs er immer als einen Kampf um die Selbstständigkeit und Unabhängigkeit Österreichs verstand. Er war ein Kind seiner Zeit. Einer Zeit, in der Begriffe wie Heimat und Treue allgegenwärtig waren. Einer Zeit, die Leopold Figl immer wieder in scheinbar aussichtslose Situationen gebracht hat. Er hatte das Glück und die Stärke, nicht an ihnen zu zerbrechen, sondern an ihnen zu wachsen. So wurde er, noch zu seinen Lebzeiten, zum wohl beliebtesten Politiker der Zweiten Republik.

Man sagt, dass ein Mensch weiterlebt, solange an ihn gedacht wird. Üblicherweise sind damit die privaten Erinnerungen von Familienmitgliedern und Freunden gemeint. Leopold Figl lebt im kollektiven Gedächtnis der Österreicher weiter.

Teil I: Krise

1. KAPITEL

Leopold Figl im Jahr 1912 als Zehnjähriger mit seiner Mutter und zwei Geschwistern. Zwei Jahre darauf wird der Vater sterben.

Der Beginn einer Freundschaft: November 1918

So viele Menschen hat der Schüler noch nie auf den Straßen von St. Pölten gesehen. Seit drei Jahren besucht Leopold Figl hier das Gymnasium. Eigentlich wird auch am Samstag unterrichtet, doch heute ist ein besonderer Tag. Eine Sappeur-Kompanie wird von der Front zurückerwartet. Heinrich will seinen großen Bruder Julius empfangen, der 16-jährige Leopold begleitet ihn. Frauen, Kinder und alte Männer drängen sich auf den holprigen Pflastersteinen und warten. Die meisten von ihnen sind schlecht ernährt, tragen verschlissene Kleidung und sehen älter aus, als sie vermutlich sind. Die Stimmung ist angespannt und hoffnungsvoll zugleich. Wird der Ehemann, der Vater, der Bruder unter den Heimkehrern sein?

„Da kommen sie!", schreit Heinrich glücklich. „Schau, Poldl! Der Julius führt sie an!"

Julius Raab, der seinen Männern vorausreitet, ist auch nach vier Jahren Krieg und in einer verschlissenen Uniform eine imposante Erscheinung. Die Soldaten gehorchen ihm, auch wenn sein Offiziersrang seit dem Waffenstillstand an Bedeutung verloren hat. Der Oberleutnant führt den Rest seiner Kompanie zum elterlichen Bauhof. Aufgeregt beobachten Heinrich und Leopold, wie die Soldaten ihre Waffen in einem absperrbaren Raum verstauen. Wer kann, tauscht seine hechtgraue Uniform gegen Zivilkleidung. Nach und nach verabschieden sich die Männer von ihrem Oberleutnant. Die gemeinsam überlebten Isonzo-Schlachten und der lange Marsch in die Heimat verbinden. Der Offizier und „seine" Soldaten wünschen sich gegenseitig Glück und wissen, dass sie es brauchen werden. Zwar schweigen die Waffen, doch bis zum Frieden ist es noch ein langer Weg.

Die beiden Buben weichen den Erwachsenen nicht von der Seite. Schließlich will Julius Raab seine Heimkehr mit einigen Freunden im Gasthaus feiern. Endlich kommt Heinrich dazu, seinen Freund vorzustellen.

„Alle sagen Poldl zu mir!", sagt der Gymnasiast etwas schüchtern.

„Na, dann kommst halt mit, Poldl!", antwortet der Ältere. Später wird viel über gewonnene Schlachten, vergebene Siege, den verlorenen Krieg und über Österreich gesprochen. Die beiden Schüler, die ihr Alter davor bewahrt hat, kämpfen zu müssen, hören mit roten Ohren und offenen Mündern zu. Der 16-jährige Poldl ahnt nicht, dass die Freundschaft zu Julius Raab sein Leben prägen wird.

Der 27-jährige Julius Raab kehrt in eine Heimat zurück, die sich – wie er es selbst einmal beschrieben hat – in völliger Auflösung befindet. Nur 20 Tage zuvor, am 3. November 1918, ist der Waffenstillstand zwischen der Entente und Österreich-Ungarn unterzeichnet worden. Die »Neue Freie Presse« berichtet in ihrer Ausgabe vom 24. November 1918, dass die Personendemobilisierung nunmehr beendet sei. An allen Ecken und Enden bemächtigen sich fremde Soldaten österreichischen Gebiets: An dem Tag, an dem der spätere Bundeskanzler heimkehrt, besetzt serbisches Militär Kärnten und rücken italienische Truppen nach Innsbruck vor. Das Gebiet, das später Südtirol genannt werden wird, ist bereits seit Wochen italienisch besetzt. Marburg ist in serbischer Hand. In St. Pölten, der Schulstadt Leopold Figls, müssen die Menschen keinen Einmarsch fremder Soldaten fürchten. Doch auch hier kämpft man mit riesigen Problemen: Ein Fünftel der St. Pöltner, die für Gott, Kaiser und Vaterland in den Krieg gezogen sind, kehrt nicht mehr in die Heimat zurück. Soldatenräte haben die Stadtverwaltung übernommen. Die Ernährungslage ist katastrophal, viele Menschen hungern.

Leopold Figl ist in jenen bitteren Jahren sicherlich dankbar, aus einer Bauernfamilie zu stammen. Der Gymnasiast kommt aus Rust im Tullnerfeld, wo seine Mutter gemeinsam mit den acht Geschwistern einen ansehnlichen Hof bewirtschaftet. Seit Beginn des 16. Jahrhunderts ist die Familie Figl im Tullnerfeld ansässig. »Seit Anno Domini 1752 sitzen wir Figl auf dem Bauernhaus Nr. 37 in Rust, Bezirk Tulln. Dass es immer so bleibe, das walte Gott!«, kann man im »Goldenen Ehrenbuch der niederösterreichischen Bauernschaft« nachlesen. Leopold Figl ist stolz auf seine traditionsreiche Familie. Das Gemälde des 1702 geborenen Balthasar Figl und seiner Gattin Juliane wird auch in der »Kanzler-Wohnung« in der Peter-Jordan-Straße im 19. Bezirk hängen. Balthasar hält den sogenannten Roßstock in der Hand, das Zeichen des freien Bauern.

Genau 200 Jahre nach ihm kommt Leopold Figl zur Welt. Als er zwölf Jahre alt ist, stirbt sein Vater im Alter von 44 Jahren. Die Mutter, die »Figlin«, wie sie im Ort respektvoll genannt wird, ist eine Frau, die Gehorsam einfordert. Eine Witwe mit neun Kindern, die im Jahr, als der Erste Weltkrieg ausbricht, plötzlich auf sich allein gestellt ist, muss sich durchsetzen können. Josefa Figl führt ein Leben, dessen Belastungen man heute kaum nachempfinden kann: Sie muss mit dem plötzlichen Verlust des Familienoberhauptes fertigwerden, bringt neun Kinder durch den Krieg und führt einen großen Hof. Für Zärtlichkeiten oder Freizeit mit den Kindern bleibt kaum Zeit.

Der Alltag des kleinen Poldl wird vor allem durch Pflichten bestimmt: Lernen für die Schule, Arbeit auf dem Feld oder auf dem Hof, Kirchgänge. Erst die Arbeit, dann das Vergnügen – das gilt zu dieser Zeit auch für Kinder. Leopold ist ein aufgeweckter kleiner Bursche. Nach sechs Jahren Volksschule rät der Pfarrer, den Poldl aufs Gymnasium nach St. Pölten zu schicken. Vermutlich denkt er an eine Karriere als Seelsorger. Eigentlich ist Leopolds älterer Bruder Josef als »Studierter« vorgesehen: Er besucht die Bürgerschule in Neulengbach. Schließlich folgt die Mutter dem geistlichen Ratschlag, und der schmächtige 13-Jährige wird aufs Gymnasium geschickt. Josef muss wieder nach Hause kommen; zwei Söhne kann Josefa Figl auf dem Hof nicht entbehren.

1915, als Leopold Figl seine Gymnasiallaufbahn startet, befindet sich die Monarchie im zweiten Kriegsjahr. Die Köpfe der Buben sind voll von Propaganda und heldenhaften Geschichten über Schlachten und Siege. So geht auch der 13-jährige Ruster mit dem Gedanken an eine militärische Laufbahn in die Stadt: »Es war ja Krieg, und da hat man gesagt: mach das Gymnasium, dann kannst du nachher gleich Leutnant werden. Mit dieser Begeisterung bin ich nach St. Pölten gegangen.«[1]

Trotz der räumlichen Trennung bleibt der Gymnasiast seiner Familie eng verbunden: Wann immer es Geld und Zeit zulassen, fährt er nach Hause und hilft selbstverständlich bei allen Arbeiten auf dem Hof mit. Erst danach ist Zeit für Radtouren oder Turnen. Die starke Beziehung zu seinen Geschwistern und vor allem zur Mutter wird Leopold Figl auch später aufrechterhalten. Das Wort von Josefa Figl hat auch für den Bundeskanzler der Republik Österreich noch Gewicht. Wenn Leopold Figl einen Rat braucht, fährt er nach Rust und vertraut der Meinung jener Frau, die ihm und seinen acht Geschwistern trotz Krieg und Krisen eine behütete Kindheit ermöglicht hat.

Ein Traum wird wahr: Juni 1926

Der junge Mann hat es eilig. Ausgerechnet heute hat der Ringwagen Verspätung gehabt; aus der kalkulierten halben Stunde vom 1. Bezirk in die Josefstadt sind 40 Minuten geworden. Leopold Figl beschleunigt seine Schritte. Gerade er, sicherlich einer der jüngsten Gäste, darf nicht zu spät kommen. Heute wird im Gasthaus „Grünes Tor" in der Lerchenfelder Straße die Gründung des Niederösterreichischen Bauernbundes vor 20 Jahren gefeiert.
Da war ich noch nicht einmal in der Schule, überlegt der Bauernsohn kurz. Umso mehr freut es den Studenten, dass die Honoratioren an ihn gedacht haben.
Sogar eine Rede soll er halten, als Vertreter der Jugend sozusagen. Leopold Figl hat sich viel Mühe mit der Vorbereitung gegeben, auf seiner Bude im Studentenheim daran gefeilt und sie eingeübt. Die Herren sollen einen guten Eindruck von ihm haben.
Josef Stöckler, der Obmann des Niederösterreichischen Bauernbundes, ist ein beeindruckender Mann. Der 24-jäh-

rige Figl kennt den Bauernpolitiker schon seit er ein kleiner Bub war. Als der Vater noch gelebt hat, ist Stöckler hin und wieder auf den Hof gekommen, um ein Pferd zu kaufen. Ein großer Mann mit buschigem Schnurrbart und ordentlich gezogenem Scheitel, der mit dem Vater wichtige Dinge besprach. Der kleine Poldl wich ihnen nicht von der Seite und versuchte zu verstehen, was die Erwachsenen besprachen. Heute wird er selbst sprechen, und der Bauernbundobmann wird ihm, dem Studenten, zuhören.

Wenige Meter vor dem Lokal bleibt der junge Mann stehen, richtet sich den grünen Kragen seines Trachtenanzuges zurecht und streicht sich ordnend durch die Haare. So viel Zeit muss sein. Die Tür des Gasthauses steht offen, Stimmengemurmel dringt auf die Straße. Viele Bauern haben die Gelegenheit zu einer Fahrt in ihre Landeshauptstadt genutzt. Als sich Leopold Figl einen Weg durch den Saal bahnt, sieht er nicht wenige bekannte Gesichter. „Servas, Poldl!", grüßt ein entfernter Verwandter und klopft ihm väterlich auf die Schulter. Andere nicken ihm freundlich zu. Der Poldl ist beliebt bei den Älteren, er gilt als fleißig und hilfsbereit. Aus dem Buben wird einmal etwas werden, da ist man sicher.

Als sich der Student der Festtafel nähert, bemerkt er, dass der Bundeskanzler neben dem Bauernbundobmann sitzt. Nervosität steigt in ihm auf. Mit der Anwesenheit des Prälaten hat Leopold Figl nicht gerechnet. Ignaz Seipl ist eine respekteinflößende Erscheinung: Kahlköpfig, immer dunkel gekleidet, wirft er durch eine randlose Brille strenge Blicke auf seine Mitmenschen. Sein Urteil kann vernichten.

Der Agrarstudent atmet tief durch. Jetzt gibt es kein Zurück mehr. Er grüßt die hohen Herren höflich und nimmt Platz. Leopold Figl wird seine Rede halten. Er wird den Eltern keine Schande machen, das hat er sich fest vorgenommen.

Die Rede des 24-Jährigen findet Anklang. Sie gefällt so gut, dass der junge Ruster eingeladen wird, mit den Älteren zu Mittag zu essen. Man erkundigt sich, wie lange Figl noch für sein Studium brauchen werde. »Eineinhalb Jahre«, antwortet der Student. »Du musst Bauernbundsekretär werden!«, heißt es. Leopold Figl hat einmal selbst über den Beginn seines Politikerlebens erzählt: »Na, und ich bin dagesessen mit geschwellter Brust, und ich habe die vielen Verwandten und Freunde aus der Heimat gesehen, die alle applaudierten und sich freuten, dass der Bua doch was kann und nun mit den großen Politikern beim Mittagessen sitzen durfte. Und ich hab gesagt: ›Gut, ich werde mich hineinknien und sehr fleißig studieren.‹«[2]

Ein Jahr später, die Staatsprüfung ist mittlerweile abgelegt, meldet sich der Direktor des Niederösterreichischen Bauernbundes, Josef Sturm, bei Figl und überredet ihn zu einer zweiwöchigen Vertretungsarbeit im verwaisten Büro. Nach seiner Rückkehr will der Direktor nichts davon hören, dass Figl wieder studieren geht. Doch der junge Mann zögert. Er will kein »verbummelter« Student sein.

Dollfuß, der seine Karriere ebenfalls als Bauernbundsekretär begonnen hat, rät ihm abends im Studentenheim zu: »Da schau, jetzt brauch ma an Sekretär, und des muaßt bleiben. Ob du dein Diplom morgen machst oder übermorgen, is wurscht!«[3] Engelbert Dollfuß und Leopold Figl ahnen bei diesem abendlichen Gespräch nicht, dass sie es beide zum Bundeskanzler bringen werden. Sie werden das kollektive Gedächtnis der Österreicher prägen, jedoch auf völlig unterschiedliche Weise: Dollfuß, der autoritäre Kanzler des Ständestaates, der 1934 im sogenannten Juliputsch von Nationalsozialisten ermordet wird, und Leopold Figl, der den Österreichern 1945 Hoffnung und 1955 den lang ersehnten Staatsvertrag geben kann.

Jedenfalls nimmt Leopold Figl den Rat des zehn Jahre Älteren an, wird Bauernbund-Sekretär und 1931 stellvertretender

Bauernbunddirektor. Zuerst beendet er noch – mit Hilfe eines vierteljährigen Urlaubs – sein Studium.

Als Student der Universität für Bodenkultur wohnt er, wie könnte es anders sein, in einem katholischen Studentenheim in der Habsburgergasse. Es wird vom späteren Kardinal Innitzer geleitet. Viel Zeit verbringt der junge Figl auch auf der Bude der Cartellverband-Verbindung »Norica« in der Schwarzspanierstraße. Er hat dort viele Freunde, die ebenfalls zuerst in St. Pölten das Gymnasium besucht haben und dort schon Mitglied der »Nibelungia«, einer Verbindung des Mittelschülerkartellverbandes (MKV), waren. Für einen jungen Bauernsohn, der plötzlich in der Großstadt lebt, ist die Verbindung nicht nur eine Freizeitbeschäftigung, sondern auch eine Art Familienersatz. Darüber hinaus dient der Cartellverband der Anbahnung von Lebensfreundschaften, die einem jungen Mann so manche Türe öffnen. Der »Norica« entstammen zahlreiche Politikerpersönlichkeiten wie beispielsweise Julius Raab, Hermann Withalm, Alois Mock und Michael Spindelegger. Leopold Figl wird auch später, als bekannter Politiker, noch gerne das weiß-blau-goldene Band und die hellblaue Mütze tragen.

In einem Gespräch mit dem legendären Heinz Fischer-Karwin stellt Leopold Figl den Zusammenhang zwischen seiner Herkunft und seiner Politikerlaufbahn her: »So hab ich mir gedacht, als studierter Bauernbua könnte man in den Bauernbund hineingehen und die Alten ablösen. Wenn man schon studiert, dann soll man dem Stand, dem man entstammt, auch im öffentlichen Leben dienen. Mein Ziel war es von Anfang an, Bauernbunddirektor von Niederösterreich zu werden.«[4]

1933 ist es so weit: Der erst 31-jährige Agraringenieur wird zum Bauernbunddirektor ernannt. Eine glanzvolle Karriere scheint vor ihm zu liegen. Auch privat ist sein Glück perfekt: Leopold Figl ist seit drei Jahren mit Hilde Hemala verheiratet und Vater eines kleinen Buben.

Doch das Unheil, das diese und Millionen anderer Familien in Europa bedrohen wird, beginnt sich schon zusammenzubrauen. 1933 wird Adolf Hitler Reichskanzler des Deutschen Reiches. Den sechsten Geburtstag seines Sohnes wird der vormalige Bauernbunddirektor im KZ Dachau verbringen.

Ein anstrengender Sonntag:
Oktober 1932

Etwas umständlich befestigt Leopold Figl den langen Ehrensäbel an seiner Uniform. Vor einigen Wochen haben ihm seine Sturmscharmänner das gute Stück bei einem Treffen in Krems überreicht. Auch heute ist wieder Sonntag, auch heute muss er wieder zu einem Sturmschartreffen aufs Land fahren. Wieder keine Zeit für die Familie, wie fast jedes Wochenende.
Hilde sagt nichts dazu; es ist auch nicht notwendig. Der Familienvater weiß genau, dass er mehr Zeit mit seiner Frau und dem kleinen Hansl verbringen sollte. Aber es ist wichtig, dass er zu seinen Männern spricht. Eine mitreißende Rede ist gut für die Moral. Die jungen Bauernburschen hängen an seinen Lippen, vertrauen seinen Auffassungen. Er sieht es in ihren Augen, hört es an ihrem Applaus. Nach einer sonntäglichen Figl-Rede glauben die Zuhörer wieder ein bisschen mehr an ein starkes, unabhängiges und katholisches Österreich. In diesen unruhigen Zeiten kann man nicht genug dafür tun, damit die Menschen fest und treu zur Regierung, zum Kanzler, stehen. Jeden Tag bringt die RAVAG, bringen die Zeitungen neue beunruhigende Meldungen. Da marschieren die Roten, dort marschieren die Braunen. Schlägereien, Saalschlachten, sogar Attentate sind an der Tagesordnung. Sie alle haben es darauf abgesehen, die Regierung in die Enge zu treiben - die Macht an sich zu reißen.

Dollfuß ist trotz seiner geringen Körpergröße ein großer
Mann. Er bietet ihnen die Stirn, den Roten, den Braunen -
den Feinden Österreichs. Trotzdem ist er ein geselliger,
charmanter Mensch geblieben. Vielleicht ergibt sich ja
bald wieder die Gelegenheit, ein bisserl zu plaudern. Der
Kanzler weiß den Einsatz für die Sturmscharen zu schät-
zen.
Ein Klopfen an der Wohnungstür reißt den niederöster-
reichischen Sturmscharführer aus seinen Gedanken.
Kurz darauf steckt Fritz Eckert, sein Sekretär, den Kopf
ins Vorzimmer. „Poldl, komm, wir müssen fahren!"
Ein letzter Blick in den Spiegel. Ein Mann in hechtgrauer
Uniform, Schulterriemen, Breeches und Stiefeln blickt
Leopold Figl entgegen. Fast unmerklich schüttelt der
Agraringenieur den Kopf. Er kann sich an den Anblick
nicht gewöhnen.

Der Nachwelt sind unzählige Fotos von Leopold Figl erhalten
geblieben. Der Bundeskanzler und Außenminister ist in verschiedenen Lebensphasen zu sehen, staatstragend oder privat,
oftmals im Trachtenanzug. Einige wenige Aufnahmen haben mit
jenem jovialen Politiker, an den sich heute noch viele Österreicher erinnern, kaum etwas gemein. Sie zeigen einen Mann in
einer grauen, mit Orden geschmückten Uniformjacke, das
rombusförmige Pax-Zeichen am Ärmel. Es ist die Uniform der
Niederösterreichischen Sturmscharen, deren Landesführer
Leopold Figl war.

Anlässlich der Gründung der neuen, wie es in der zeitgenössi-
schen Sprache heißt, Wehrformation, druckt der »Bauernbündler« Leitsätze aus ihrem Programm ab: »Das österreichische
Volk, das durch Jahrhunderte als Bollwerk der christlich-deut-
schen Kultur gegen die Barbarei des Ostens wie kein anderer
deutscher Volksstamm seine nationale Pflicht erfüllt hat, ist
gegenwärtig durch den zersetzenden Bolschewismus des Ostens

und den übertriebenen Nationalismus des Nordens am schwersten gefährdet. [...] Die Sturmscharen wollen in diesem Sinne den österreichischen Staats- und Kulturgedanken vertreten. Die Niederösterreichischen Sturmscharen fordern die Durchdringung des gesamten öffentlichen Lebens mit katholischen Grundsätzen. [...] Wir bekennen uns stolz als Deutsche und damit zur Schicksals- und Kulturgemeinschaft des gesamten deutschen Volkes. [...] Wir wollen den wahren Volksstaat und die richtige, pflichtgemäße Einstellung des Staatsbürgers zum Volksganzen. Daher fordern wir eine starke Staatsgewalt; denn eine zügellose Demokratie führt zum Chaos. [...] Zum Schutze unseres Vaterlandes erhalten und pflegen wir die Wehrhaftigkeit unseres Volkes.«[5]

In derselben Ausgabe berichtet die Zeitung des Niederösterreichischen Bauernbundes über die Antrittsrede des neuen Bundeskanzlers Engelbert Dollfuß und fordert: »Wir haben Bauern- und Volksinteressen mit Ernst zu vertreten. Rafft sich das Parlament zu dieser Arbeit nicht auf, versagt die heutige Art der Demokratie, dann heißt es halt einen anderen Weg gehen!«

Aus heutiger Sicht klingen diese Sätze fast prophetisch. Nicht einmal ein Jahr später, am 4. März 1933, führt eine Geschäftsordnungsdebatte im Parlament zum Rücktritt aller drei Nationalratspräsidenten. Der christlichsoziale Bundeskanzler Dollfuß weiß diesen Umstand geschickt zu nutzen. Die Regierung missbraucht das aus Kriegszeiten stammende Notverordnungsrecht, um ohne Volksvertretung regieren zu können. »Das Parlament hat sich selbst ausgeschaltet«, heißt es im regierungstreuen Lager. Viele Bürger bedauern diesen Umstand nicht oder nehmen ihn zumindest gleichgültig zur Kenntnis. Zu lange wurde das Parlament als nutzlose »Quatschbude« verunglimpft. Außerdem haben die meisten Menschen angesichts der wirtschaftlichen Not ohnehin andere Sorgen.

Neben der weit verbreiteten Ablehnung des Parlamentarismus sind politische Privatarmeen eine andere unheilvolle Zeiterscheinung. Zu Beginn der 1930er-Jahre stehen sich in Österreich rechtsgerichtete Heimwehrverbände und der linke Schutzbund, der seine Anhänger aus der Arbeiterschaft rekrutiert, bewaffnet und aggressiv gegenüber. Die »Ostmärkischen Sturmscharen« entwickeln sich aus einer Tiroler Jugendbewegung. Ihre Kleidung erinnert bewusst an die hechtgrauen Uniformen der k. u. k. Armee. Mit der Bezeichnung »ostmärkisch« soll auf das karolingische österreichische Kernland verwiesen werden. Dass wenige Jahre später in Hitlers Reich alles österreichische durch »ostmärkisch« ersetzt werden wird, weiß man noch nicht. Noch grüßt man seine Sturmscharkameraden zuversichtlich mit »Treue« und »Österreich«.

1932 übernimmt Leopold Figl die Führung der »Niederösterreichischen Sturmscharen«. Die politischen Gegner verspotten Figls Mannen und alle anderen Träger dieser Uniform ob ihrer besonders zur Schau gestellten Bindung an die katholische Kirche als »Herzjesuhusaren«, »Ölbergindianer« oder, besonders freundlich, »Tabernakelwanzen«. Juden werden in die Sturmscharen nicht aufgenommen.

Eine persönliche Einschätzung seiner Tätigkeit als »Niederösterreichischer Sturmscharführer« ist von Leopold Figl nicht überliefert, vermutlich hat ihn auch kein Journalist der Nachkriegszeit danach gefragt. Erhalten geblieben ist ein Schreiben von Figl an Bundeskanzler Schuschnigg vom 19. November 1936. In zeitgenössisch schwülstigen Ton heißt es: »Hochverehrter Herr Kanzler! In der Not des Vaterlandes hast Du die Sturmscharbewegung gegründet, als selbstlose und opferbereite Kameradschaft ehrlicher Katholiken und absolut bekenntnistreuer Österreicher. [...] Ich durfte in der Bewegung durch Dein Vertrauen Landesführer von Niederösterreich sein. Ich danke dir

[...], dass ich mitarbeiten, mitkämpfen und Verantwortung tragen durfte. Ich gelobe, dass ich auch in Zukunft in absoluter Dollfuß-Treue Dir, Kanzler und Führer Österreichs, bedingungslos folgen werde.«[6]

Es ist schwer zu sagen, ob aus diesem kurzen Brief etwas über die tatsächliche Einstellung des späteren Kanzlers gewonnen werden kann. Der übertrieben respektvolle Ton ist sicherlich dem Stil der Zeit geschuldet. Abzüglich des servilen Duktus des Schreibens, bleibt eine Vorstellung bestehen: In der Stunde der Not müssen alle aufrechten Österreicher bereit sein, Opfer für das Vaterland zu erbringen und ihren Führern treu zu folgen. Dieser Gedanke mag Leopold Figl in den beginnenden 1930er-Jahren geleitet haben. Es ist eine Einstellung, die Millionen Österreicher geteilt haben. Die unterschiedliche Einschätzung, welchen Führern man Treue schulde, wird im Jahr 1934 zur Katastrophe des Bürgerkrieges führen.

2. KAPITEL

Ungewohnt martialisch: Figl in der Uniform der Ostmärkischen Sturmscharen.

Die Bewährungsprobe: 2. Februar 1934

Es ist ein kalter Wintervormittag, aber Leopold Figl friert nicht. Wenigstens hält die Bewegung warm, wenn er auch sonst dem Marschieren nichts abgewinnen kann. Der Bauernbunddirektor führt eine scheinbar endlos lange Marschkolonne an. Er hat „seine" Bauern nach Wien gerufen, und sie sind seinem Aufruf gefolgt. Es geht um „Sein oder Nichtsein Österreichs", wie er als Schriftleiter im

„Bauernbündler" getitelt hat. Die Sozis und die Nazis bedrohen den Staat, sind eine Gefahr für die Heimat. Man muss an das Verantwortungsgefühl der Menschen, an ihr Bekenntnis zu Österreich, appellieren. Der Ruster lässt seinen Blick zufrieden über die Marschierenden schweifen: Junge und Alte, Männer und Frauen, Bauern und Knechte ziehen einträchtig über den Ring. Nie zuvor hat Leopold Figl solche Menschenmassen auf den Straßen Wiens gesehen. Seit sechs Uhr früh rollt Zug um Zug aus Niederösterreich auf die Bahnhöfe und spuckt immer neue Kundgebungsteilnehmer aus. Man hat ihm berichtet, dass selbst der Schwarzenbergplatz die vielen Bauern nicht fassen konnte. Die Kundgebungsteilnehmer standen bis zum Karlsplatz. All diese Menschen sind nach Wien gekommen, um Engelbert Dollfuß in dieser schweren Zeit zu unterstützen. Der Kanzler, der selbst aus einer Bergbauernfamilie stammt, soll sehen, dass er sich auf seine Bauern verlassen kann.

Schon kann Leopold Figl den Kanzler erkennen, der den Bauern von seiner Ehrentribüne vor dem Kriegsministerium freudig zuwinkt. Es muss ein großartiger Anblick sein, der sich Engelbert Dollfuß bietet: Die Bauern marschieren in 16er-, ja sogar 20er-Reihen, die die ganze Breite der Ringstraße ausfüllen. Sie tragen Bezirkstafeln mit sich, die ihre Herkunft anzeigen. Rot-weiß-rote Fahnen werden geschwenkt. Jede größere Abordnung hat ihre eigene Musikkapelle mitgebracht. Man sieht Spruchbänder und Transparente aller Größen. „Österreich über alles, wenn es nur will! Wir wollen es!", „Glaube, Volk und Vaterland" und viele andere Parolen sind darauf zu lesen. Die Sturmscharmänner heben die Finger zum Schwur, als sie den Kanzler passieren.

Je näher Leopold Figl der Ehrentribüne kommt, desto lauter werden die „Heil"-Rufe. Er weiß, dass sie nicht nur dem Kanzler, sondern auch ihm, dem Organisator des heutigen Tages, gelten. Alles hat reibungslos funktioniert. Die Feuertaufe als Bauernbunddirektor ist überstanden.

Am 2. Februar 1934 »huldigen«, wie es damals heißt, 110 000 niederösterreichische Bauern auf der Wiener Ringstraße dem Kanzler, der seit dem 4. März 1933 ohne Parlament und damit ohne Kontrolle regiert. Engelbert Dollfuß mag sich an diesem Tag von der Bevölkerung anerkannt, ja geliebt fühlen, doch es ist ein trügerisches Gefühl. Gleichartige Aufmärsche seiner Gegner sind 1934 bereits untersagt.

Seit Ende März 1933 ist der Republikanische Schutzbund verboten, ebenso Streiks und – zur Erbitterung der »Roten« – der traditionelle Maiaufmarsch. Anfang Mai 1933 werden alle Wahlen auf Bundes-, Landes- und Gemeindeebene ausgesetzt. Erst am 19. Juni 1933 wird die NSDAP in Österreich verboten. Am 11. September verkündet Bundeskanzler Dollfuß bei einer Kundgebung am Wiener Trabrennplatz: »Die Zeit der Parteienherrschaft ist vorbei! Wir lehnen Gleichschalterei und Terror ab, wir wollen den sozialen, christlichen, deutschen Staat Österreich auf ständischer Grundlage, unter starker, autoritärer Führung! Autorität heißt geordnete Macht, heißt Führung durch verantwortungsbewusste, opferbereite Männer.«[7]

Viele Österreicher, zermürbt durch einen verlorenen Krieg, wirtschaftliche Not und gewalttätige politische Auseinandersetzungen, haben gegen dieses Führerprinzip nichts einzuwenden. In ihren Augen hat die Demokratie, ohnehin nur ein neumodisches Experiment, versagt. Sie sehnen sich nach wirtschaftlichem Auskommen, Ruhe und Ordnung.

Einer jener Männer, der als Garant für Ordnung und als Bollwerk gegen die »Roten« und »Braunen« gilt, ist der niederösterreichische Landeshauptmann Reither. Am Lichtmesstag 1934 hält er eine flammende Rede für die Selbstständigkeit Österreichs: »Wir stehen aber nunmehr am Ende dieser unserer Gutmütigkeit. Wir haben Sie in ernster Stunde heute nach Wien gerufen, um in Wien aufzumarschieren und damit zu zeigen, dass hinter dem Bundeskanzler und seiner Regierung noch Männer stehen, die entschlossen sind, diese Regierung und ihren Kanzler im Kampfe um Österreichs Unabhängigkeit auch durch die Tat zu unterstützen.«[8]

Reither wird diese kompromisslose Ablehnung des National-sozialismus fünf Jahre später im KZ büßen. Auf den 31-jährigen Leopold Figl, für den Reither, wie er oft betont hat, immer ein Vorbild war, hat diese Rede sicherlich großen Eindruck gemacht. Auch er wird seinen Glauben an Österreich bald mit KZ-Haft bezahlen. Bundeskanzler Dollfuß, der nach dem Landeshaupt-mann spricht, warnt ebenfalls eindringlich vor der braunen Gefahr. Gleichzeitig droht er den Sozialdemokraten und Kommu-nisten: »All denen, die den Aufbau unseres Staates auf berufs-ständischer Ebene verhindern wollen, all denen, denen Partei-politik über Staats- und Volkswohl geht, all denen rücksichtsloser Kampf!«[9]

Nur zehn Tage später, in der »Kälte des Februars«, bricht der Bürgerkrieg aus. Der kleine Kanzler macht seine Drohung wahr und geht rücksichtslos gegen die Schutzbündler vor. Auch die Sturmscharen sind in jenen blutigen Februartagen im Einsatz. Der für das Sicherheitswesen zuständige Staatssekretär Carl Karwinsky lobt: »[D]ie Ostmärkischen Sturmscharen kämpften auf vielen Fronten unerschrocken mit. So nahmen drei Kompa-nien der Sturmscharen trotz heftigster Beschießungen vereint mit der Polizei den Gemeindebau auf dem Gaudenzdorfergürtel stürmend ein.«[10]

Was immer auch die Aufgabe Leopold Figls in jenen traurigen Tagen gewesen sein mag, er wird sie mit wenig Begeisterung erfüllt haben.

Bei der Kundgebung am Lichtmeßtag waren auf Transparenten auch noch versöhnliche Aufschriften zu lesen: »Wir sind mit den heimattreuen Arbeitern einig!« oder »Wiener, die Bauern reichen Euch die Hände«. Damit ist es ab dem 12. Februar 1934 vorbei. Der »Bauernbündler«, dessen Schriftleiter Leopold Figl ist, freut sich an diesem Tag über die »Niederschlagung der roten Revolution«.

Die österreichische Gesellschaft ist zutiefst gespalten. Internierungen, Haftstrafen, standrechtliche Hinrichtungen und Todesurteile verbittern Sozialdemokraten, Kommunisten und deren Verwandte sowie Freunde. Die Regierung hat sich einen großen Teil der Bevölkerung zu Feinden gemacht. Menschen, die sie im Kampf gegen den übermächtigen Nationalsozialismus dringend brauchen wird. Die Patrioten jener Tage sind oftmals keine Demokraten, die Demokraten keine Patrioten. Ein Umstand, den der Anti-Demokrat und Anti-Patriot Hitler auszunutzen verstehen wird. Er wird den Untergang Österreichs bedeuten.

Ein sonntäglicher Besuch: 6. März 1938

Der Applaus klingt noch in seinen Ohren. Nur ungern hat Leopold Figl die Versammlung, auf der er gesprochen hat, verlassen. In Loosdorf hat ihn ein Anruf des Kanzlers erreicht: Er soll zurück nach Wien kommen. Das kann nur bedeuten, dass sich die Situation weiter zugespitzt hat. Seit Kurt von Schuschnigg vom Obersalzberg zurückgekehrt ist, wissen es alle Vertrauten des Kanzlers: Adolf Hitler wird nicht zögern, seine Macht auch gegen seine Heimat auszuspielen. Beim Gedanken an den demütigenden Besuch des österreichischen Kanzlers beim „Führer" verhärten sich die Gesichtszüge Leopold Figls. Man darf nicht nachgeben, man darf den Nazis Österreich nicht kampflos überlassen. Das muss vor allem der Jugend klargemacht werden. Deshalb versucht er, möglichst oft zur Bevölkerung zu sprechen, wie heute in Loosdorf. Der Reichsbauernführer weiß, dass viele schon angesteckt sind vom „Ein Volk, ein Reich, ein Führer"-Taumel. Aber warnen, denkt er trotzig, muss man doch. Auch er selbst wurde schon gewarnt: Er solle nicht gar so wettern gegen die Nazis. Wer weiß, was noch kommt. Doch irgendetwas in Leopold Figl weigert sich, diesem gut gemeinten Rat zu folgen.

Das Auto wird langsamer, Rust ist erreicht. Eine Schar bloßfüßiger Buben in Lederhosen trabt neben der schwarzen Limousine her. Trotz aller Anspannung muss der Politiker lächeln. Modernisierung hin oder her, ein Auto ist in seinem kleinen Heimatort immer noch eine Seltenheit und damit eine Sensation. Der Fahrer hält vor dem Figl'schen Hof. Die Mutter kommt ihm entgegen, sie muss das Auto gehört haben. Forschend betrachtet Josefa Figl ihr drittgeborenes Kind. Ob etwas passiert ist, dass ihr der Sohn einen so überraschenden Besuch abstattet? Die Rusterin weiß, dass ihr „Poldl" ein viel beschäftigter Mann ist.

„Na, komm erst einmal herein!", sagt sie und zieht ihren Sohn in die Küche. „Ich richt dir was her, du bist ja ganz schmal geworden!"

Während sie sich am Herd zu schaffen macht, betrachtet Leopold Figl das faltige Gesicht seiner Mutter. 65 ist die Mutter mittlerweile, und man sieht ihr das Alter auch an. Sie hat ihr ganzes Leben schwer gearbeitet; zuerst für den Vater, dann für die eigene Familie. „Ihrem Fleiß habe ich alles zu verdanken. Das Gymnasium, das Studium, den Beruf", geht es Leopold Figl durch den Kopf.

Josefa Figl stellt einen dampfenden Teller auf den großen Holztisch und reißt ihren Sohn damit aus den Gedanken. „So, Poldl, und jetzt erzähl, was du auf dem Herzen hast!"

Als Leopold Figl den Hof wenig später verlässt, ahnt er nicht, dass dies der letzte Besuch für fünf lange, bittere Jahre gewesen ist. Schon längst steht der Reichsbauernbunddirektor auf der schwarzen Liste der Nazis für den Fall ihrer Machtübernahme in Österreich. Durch Reden wie jene, die er am 6. März 1938 hält, hat er sich den Hitler-Anhängern verhasst gemacht.

»Den Nationalsozialisten geht es nicht um eure blauen Augen und eure blonden Haare. Es geht ihnen um unsere Wälder, denn sie brauchen Holz. Es geht ihnen um unseren Erzberg, denn sie brauchen Eisen. Es geht ihnen um unser Gold und um unsere Devisenschätze. Wenn ihr dem Nationalsozialismus huldigt, dann seid ihr nächstes Jahr im Krieg. Und wer von euch noch heimkommt, das weiß ich nicht!«[11]

Worte, die sich auf tragische Weise bewahrheiten werden.

Der 6. März ist ein langer Tag für Leopold Figl. Nach seiner Ansprache in Loosdorf, dem Kurz-Besuch bei seiner Mutter in Rust und einer Besprechung im Kanzleramt sitzt er noch mit Freunden in seiner Wohnung in der Kundmanngasse zusammen. In der holzgetäfelten Bauernstube, die Figl eigens für seine Wohnung anfertigen ließ, drängt man sich bis spät in die Nacht um den wuchtigen Holztisch und spricht über die Heimat. Die Regierung steht mit dem Rücken zur Wand, das wissen alle Anwesenden. Auch Julius Raab, der väterliche Freund aus der Gymnasialzeit, ist dabei. Der Sohn eines Baumeisters wurde vor Kurzem zum Handelsminister ernannt. Die Stimmung ist gedrückt. Was wird werden? Die Befürchtungen, die Vermutungen gehen auseinander. In einem sind sich die Männer einig: Österreich muss weiterleben. Julius Raab, der gerne dichtet, fasst in Reimform, was wohl viele der Anwesenden an diesem Abend fühlen:

»Am Anfang des März
da geht es um Österreich.
Wir bleiben die alten fürs Heimatreich.
Mögen viele sich drehen,

mögen manche sich neigen,
mag alles vergehen,
Österreich muss bleiben.
Rot-weiß-rot bis in den Tod
ist nicht nur ein schales Wort,
ist unser Sinn, ist unser Hort.
Ist Österreich nun, für das wir stehen,
ist die Heimat, für die wir leben.«

Es ist der letzte Eintrag in das Figl'sche-Gästebuch für lange Zeit. Der Hausherr wird in den nächsten Jahren keine Gelegenheit haben, Gäste zu empfangen.

Auch wenn es spät wird an jenem Sonntagabend, am nächsten Morgen muss jeder wieder auf seinem Posten sein. Es sind hektische Tage. Am 7. März werden den Arbeiterführern freie Versammlungen gestattet. Erst jetzt, viel zu spät, versucht der Kanzler, dem Feind aus dem blutigen Jahr 1934 die Hand zu reichen. Man braucht sie jetzt, die »Roten« und die Kommunisten. Am 9. März gibt Kanzler Schuschnigg bekannt, dass er bereits am kommenden Sonntag, den 13. März, das Volk darüber abstimmen lassen werde, ob es ein »freies und deutsches, unabhängiges und soziales, ein christliches und einiges Österreich« wolle oder nicht. So gut er kann, unterstützt Leopold Figl den Kanzler. Er wendet sich mit einem Aufruf an die Bauernschaft, der Heimat treu zu bleiben. »Ich werde den Tag niemals vergessen, als wir am 10. März 1938 die Landesbauernräte, unsere Funktionäre und Mandatare im Landhaus zusammenriefen, um ihnen zu sagen: Es geht um Sein oder Nichtsein Österreichs!«, wird Leopold Figl später berichten.[12]

Freitag, 11. März 1938. Der Niederösterreichische Bauernbund hat zu einer Massenkundgebung in den Sophiensälen aufgerufen. Die Bauern sollen vor dem Bundespräsidenten und dem Bundeskanzler ihre Bereitschaft zur Volksabstimmung demonstrieren. Tausende Bauern sind erschienen. Sie stauen sich auf den Straßen, da der Veranstaltungsort bereits überfüllt ist. Doch alles kommt anders als geplant. Weder Miklas noch Schuschnigg erscheinen, dafür erhält der Reichsbauernführer einen Anruf. Leopold Figl erinnert sich: »Schuschnigg sagt mir: ›Figl, der Bundespräsident kann nicht kommen. Und ich kann auch nicht kommen. Aber komm mit Reither sofort zu mir.‹ Ich sage: ›Aber Kurt, das ist doch unmöglich, es sind über 10 000 Bauern hier.‹ Da sagt er: ›Freund, es tut mir leid, nimm Reither und komm' sofort zu mir. Auf Wiedersehen.‹ [...] Auf dem Weg hab ich zu Reither gesagt: ›Es wird zum Krachen kommen.‹«[13]

Im Kanzleramt erklärt der Kanzler dem Niederösterreichischen Landeshauptmann, dem Reichsbauernbundführer und den anwesenden Ministern die ausweglose Lage. Seyß-Inquart ist soeben aus Berlin zurückkehrt: Der »Führer« verlangt die Abberaumung der Volksabstimmung innerhalb von zwei Stunden. Noch weigert sich der Kanzler, noch hofft man auf die Unterstützung des Auslandes. Seit 20 Jahren bestehen die Sieger des Ersten Weltkrieges darauf, dass Österreich – der Rest, wie es Georges Clemenceau ausdrückte – ein selbstständiger Staat bleiben muss. Kein Anschluss an Deutschland, das war der Richtspruch der ehemaligen Entente. Jetzt steht die Macht des Reiches gegen die Unabhängigkeit Österreichs, der »Führer« will seine Heimat heimholen. Wird das europäische Ausland helfen? Der 11. März ist von hektischen Telefonaten erfüllt. Nachmittags haben Figl und Reither einen Termin im Hotel Meissl & Schaden, besonders verdienten Bauernbundfunktionären sollen Orden verliehen werden. Die geplante Zeremonie entbehrt nicht einer typisch österreichischen Mischung aus Tragik und Komik: Die Erste Republik steht vor dem Untergang, aber bevor sie untergeht, werden noch rasch einige Orden verliehen. Doch kaum angekommen, werden Figl und Reither wieder ins Kanzleramt zurückbeordert.

Ein letzter Versuch: 11. März 1938

Mit einer wütenden Handbewegung lässt Leopold Figl den Hörer auf das große, schwarze Telefon krachen. Wieder nichts! Er weiß nicht mehr, wie viele Telefonate er heute schon geführt hat. Mit Rom, mit London, mit Paris. Alle, alle waren ergebnislos. Manche ließen sich verleugnen, andere waren mutig genug, es auszusprechen: Nein, man könne nichts tun. Nicht gegen den allmächtigen „Führer", nicht für das ohnmächtige Österreich. Den Kollegen, die genauso hektisch telefonieren, geht es nicht besser. Manchmal hört Leopold Figl Gesprächsfetzen, manchmal wiederholt ein fassungsloser Minister das soeben Gehörte: „Keine Ermutigung", „Zeitgewinn" oder „nicht erreichbar". Auch auf Italien, das sich bislang als Freund und Beschützer Österreichs gebärdet hat, ist kein Verlass. Der italienische Außenminister Ciano lässt ausrichten, dass er „nichts dazu zu sagen habe". Er folgt damit dem „Duce", der der armen Witwe des ermordeten Dollfuß auf den Kopf zusagte, dass er nichts unternehmen werde.
Leopold Figl nimmt seine Brille ab und vergräbt das Gesicht in seinen Händen. Das ist das Ende. Die Welt interessiert sich nicht für das Schicksal Österreichs. Niemand hilft. Das kleine Österreich ist keinen Krieg wert. „Entschuldigen S', Herr Ingenieur, aber wir müssen da ein Kabel verlegen. Der Herr Bundeskanzler hält eine Ansprache!", sagt ein Kanzler-Sekretär und deutet an, dass er Platz machen soll.

»Und zum Schluss musste g'schwind ein Mikrofon her, und Schuschnigg hat die Abschiedsrede gehalten. Wir waren einsam und verlassen. Ich werde das nie vergessen. Und ich habe nach

1945 als Kanzler des Öfteren den Großmächten gesagt: ›Das, was ihr damals versäumt habt, müsst ihr jetzt gut machen.‹«[14] Der ehemalige »Schutzhäftling« ist einer der wenigen österreichischen Politiker, der es wagen kann, den Alliierten einen Vorwurf zu machen.

An jenem schicksalshaften 11. März ist Leopold Figl also unter den Zuhörern im Kanzleramt, als Kurt von Schuschnigg ins Mikrofon spricht, dass die Österreicher der »Gewalt weichen« und dass man »auch in dieser ernsten Stunde nicht deutsches Blut zu vergießen gesonnen« sei. Vermutlich haben ihn die Worte des Kanzlers, wie Millionen Menschen, tief bewegt. Nachdem das »Gott schütze Österreich« verhallt ist, verlassen Figl und Reither das Kanzleramt. Hier gibt es nichts mehr zu sagen, nichts mehr zu tun. Jeder muss jetzt auf seine Weise mit dem Kommenden, dem Unausweichlichen, zurechtkommen. Automatisch lenken die beiden Niederösterreicher ihre Schritte in die Bauernbundzentrale in der Schenkenstraße. Die Funktionäre erwarten sie schon mit hängenden Köpfen. Es ist die letzte Aufgabe des Landeshauptmannes und des Reichsbauernbunddirektors, den verstörten Männern zu erklären, was es zu erklären gibt. Dann ist auch diese deprimierende Pflicht erledigt. »Wir gingen traurig aus dem Haus, und waren wohl die letzten, die noch an Österreich geglaubt haben und die mit dem Gelöbnis aus dem Haus gingen, Österreicher und Bauernbündler bleiben zu wollen ...«[15], erinnert sich Leopold Figl später. Ein Gelöbnis, das in den kommenden Jahren auf eine schwere Probe gestellt werden wird.

Als Leopold Figl durch das abendliche Wien nach Hause geht, hat sich seine Heimatstadt schon verändert. Noch hat die Wehrmacht die Grenze nicht überschritten, noch sind die Flugzeuge mit SS und Gestapo nicht gelandet, doch der Sieg der Nationalsozialisten ist bereits sichtbar, spürbar. Häuser sind plötzlich mit Hakenkreuzfahnen beflaggt, Polizisten tragen Armbinden mit dem gleichen Symbol. Es sind einheimische Beamte, keine Besatzer. Vielleicht ist Leopold Figl einem jener SA-Trupps begegnet, die schon durch die Straßen ziehen und »Deutschland erwache! Juda verrecke!« skandieren. Vielleicht hat Leopold Figl auf diesem Weg zum ersten Mal ein Gefühl verspürt, das ihn in den nächsten sieben Jahren nicht mehr verlassen wird: Ohnmacht.

Teil II: Ohnmacht

3. KAPITEL

Das erste Lebenszeichen aus dem KZ Dachau: eine Karte vom 17. April 1938.

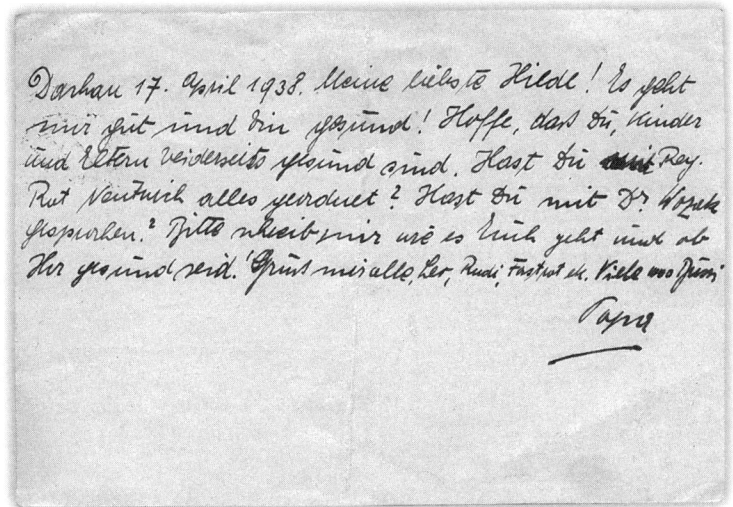

Die Verhaftung: 12. März 1938

Das Warten ist das Härteste. Leopold Figl dämpft seine Zigarette aus. Sein Blick wandert zu Hansl, der am Fenster steht und die Straße beobachtet. Niemand hat dem Kind erklärt, warum die Stimmung in der Wohnung so angespannt ist. Warum der Vater Papiere verbrennt und noch mehr raucht als gewöhnlich. Warum die Mutter so schweigsam ist und sich manchmal verstohlen über die Augen wischt. Warum der Sekretär des Vaters und eine fremde Frau im Wohnzimmer sitzen. Und warum die Erwachsenen ihn und die kleine Liesl immer wieder mit ernsten Blicken mustern. Niemand hat etwas zu Hansl gesagt, aber der Bub hat genug von den Erwachsenen aufgeschnappt, um zu begreifen: Fremde Männer werden kommen und den Vater mitnehmen.

„Wenigstens die Kleine versteht es noch nicht", denkt Leopold Figl. Liesl sitzt auf dem Boden und spielt mit ihrer Lieblingspuppe. Bei dem Gedanken an die Kinder krampft sich sein Magen zusammen. Sie werden den Vater brauchen, und er wird nicht da sein. Hilde wird stark sein müssen. Sie wird Hansl und Liesl Vater und Mutter zugleich sein müssen. Es klopft an der Türe, laut und herrisch. Obwohl Leopold Figl darauf gewartet hat, zuckt er zusammen. Es ist so weit. Schweigend erhebt er sich. Der Weg zur Wohnungstüre ist kurz, zu kurz. Sie sollen seine Angst nicht spüren, die Nazis. Der Hausherr atmet noch einmal tief durch, dann öffnet er. Drei Männer in Zivil. Sie tragen lange Mäntel und eine Hakenkreuz-Armbinde. „Sind Sie der Reichsbauernbunddirektor Leopold Figl?", fragt einer der drei noch an der Türe. „Ja", sagt der Angesprochene und nickt knapp. Was sonst sollte er antworten. Sie drängen ihn ins Wohnzimmer. Der Älteste, der offenbar ihr Anführer ist, schnarrt: „Wir haben einen Haft- und einen Haussuchungsbefehl!" und zückt zwei maschingeschriebene Papiere. Bevor Leopold Figl Gelegenheit hat, die Schreiben zu lesen, steckt der Gestapo-Beamte sie wieder weg. Unterdessen beginnen die beiden anderen damit, die Wohnung zu durchsuchen. Sie werden nichts finden, ein kleiner Triumph. Die jungen Männer suchen routiniert und brutal. Es genügt nicht, das Ehebett zu durchwühlen. Sie schlitzen auch die Matratze auf. Es genügt nicht, Bilder abzunehmen. Sie reißen sie auch aus dem Rahmen. Bis auf ihr Gepolter herrscht Totenstille in der Wohnung. Der Anführer lässt Leopold Figl nicht aus den Augen. Wird er protestieren, der Herr Reichsbauernbunddirektor? Oder Schwäche zeigen?

Während die fremden Männer die Wohnung durchwühlen, weicht Hansl seinem Vater nicht von der Seite. Sie sollen ihn nicht mitnehmen, den Papa. Der Gestapo-Mann schaut den Sechsjährigen streng an. Immer diese Gefühlsduselei mit den Kindern. „Sollen die Leute doch an ihre Bälger denken, bevor sie sich gegen den Führer stellen", denkt er verbissen und schiebt den Kleinen grob von seinem Vater weg. Leopold Figl wird blass. Sie sollen ihn mitnehmen, aber Hilde und die Kinder endlich in Frieden lassen. Er will etwas sagen, doch sein Sekretär kommt ihm zuvor: „Lassen Sie doch wenigstens das Kind in Ruhe!", protestiert Fritz Eckert. Die Augen des Gestapo-Mannes werden schmal. „Name?", herrscht er Eckert an und beginnt in seinen Papieren zu blättern. „Schade, dass Sie nicht auf meiner Liste stehen!", sagt er schließlich. Der Verhaftete atmet auf. Er hat es Eckert ja am Vormittag gesagt. Er soll nach Hause gehen, er gefährdet sich doch nur selbst. Aber der Gute hat irgendetwas von Treue, die man halten muss, geredet und ist einfach mitgegangen. Fast hätte er sich damit seine eigene Verhaftung eingehandelt, denkt sein Chef traurig. „Los, verabschieden Sie sich jetzt!" Die Herren von der Gestapo haben das Interesse an der Figl'schen Wohnung verloren. Ein Händedruck für Eckert, ein flüchtiger Kuss für Hilde. Von den Kindern hat sich Leopold Figl schon verabschiedet, als sie noch unter sich waren. Nur keine Emotionen zeigen vor diesen Leuten. Schon sind sie im Stiegenhaus, schon schlägt die Türe des Polizeiwagens zu. Es ist gut, dass Leopold Figl nicht weiß, was ihm bevorsteht.

Der spätere Bundeskanzler teilt sein Schicksal mit über 70 000 Österreichern. Schon in den ersten Tagen der Nazi-Herrschaft werden Juden, Monarchisten, Kommunisten, Politiker und Intellektuelle des Ständestaates verhaftet. Als der »Führer« am 15. März auf dem Heldenplatz vor der Geschichte den Eintritt seiner Heimat in das Deutsche Reich meldet, sind die Wiener Gefängnisse schon überfüllt.

Leopold Figl sitzt an diesem Tag mit fünf Leidensgenossen in einer Einzelzelle im Polizeigefängnis an der Rossauer Lände, der sogenannten »Liesl«. Die Beamten, die Figl bewachen, haben noch vor wenigen Tagen vor ihm salutiert. Die Behandlung ist unfreundlich, aber nicht unmenschlich.

Am letzten Märztag macht sich Unruhe unter den Gefangenen breit. Sie werden rasiert, Fingerabdrücke werden genommen. Die Männer werden nach Buchstaben sortiert in Transportzellen verlegt. Manche meinen gar, die Entlassung stünde bevor, und versuchen, sich den Wachmannschaften anzubiedern. Franz Olah, als Sozialdemokrat ebenfalls verhaftet, erinnert sich: »Einige haben sich demonstrativ den ›Völkischen Beobachter‹ eingesteckt, ein anderer hat sich ein Hakenkreuz angeheftet, das er noch von draußen gehabt hat. Der mit dem Hakenkreuz hat eine ordentliche Watschen von einem SS-Mann bekommen.«[16]

Der spätere Bundeskanzler Bruno Kreisky hat an diesem Tag Glück: Er wird für den Transport nach Dachau aufgerufen, aber im »allgemeinen Durcheinander« vergessen und später dank Intervention eines Polizeibeamten nicht mehr dafür eingeteilt.[17]

Leopold Figl und 150 Leidensgenossen haben kein Glück. Am Abend des 1. April 1938 werden die Gefangenen in sogenannte Überfallsautos gepfercht und über die Ringstraße gefahren. Immer noch wissen sie nicht, wohin. »Da biegen die Wagen in die Mariahilfer Straße ein und nehmen Kurs zum Westbahnhof. [...] Da plötzlich schreit einer mit Wahnsinnsstimme: ›Nach Dachau!

Ins Konzentrationslager!«»[18] Auch vielen Uniformierten wird dieser Abend in Erinnerung bleiben. So heißt es im Bericht der Kriminalpolizeistelle Wien vom 1. April 1938, der Transport »hinterließ bei allen Sicherheitswachebeamten einen gewissen psychologischen Eindruck, hervorgerufen durch das Dabeisein der eigenen ehemaligen hohen und höchsten Vorgesetzten.«

Am Westbahnhof angekommen, ist Schluss mit der »ostmärkischen Gefühlsduselei«. Die Dachauer SS-Wachmannschaft übernimmt die »Herren Österreicher«, weit weg von den Blicken anderer Reisender, am Frachtenbahnhof. »Lauter junge Burschen, grobe Hunde, die uns gleich mit Gewehrkolben empfangen haben, mit Stiefeltritten usw., mit Faustschlägen ins Gesicht. Wir waren der erste Transport. [...] Und da mussten wir dann zu sechst in Coupés sitzen, wo sonst vier sitzen, also ganz eng gedrängt. Das war in der Nacht, und wir mussten ständig ins Licht schauen. Bei der Tür stand ein SS-Mann mit einem Gewehrkolben; wenn einem die Augen zugefallen sind, hat man eine gekriegt.«[19]

Die Fahrt von Wien nach München dauert zehn Stunden. So lange haben die jungen SS-Männer Zeit, die Gefangenen zu brechen. Aus nationalsozialistischer Sicht macht das nicht nur Spaß, sondern auch Sinn: Die »Schutzhäftlinge« gehören zu einem großen Teil der geistigen und politischen Elite des gerade untergegangen Staates an. Leopold Figl ist Häftling Nummer 143 des »Prominententransportes«, wie die Nazis höhnisch sagen.

Was mag ihm während jener zehn Stunden durch den Kopf gegangen sein? Nach der Ankunft in Bayern bewahrheiten sich alle Befürchtungen, die der spätere Bundeskanzler gehabt haben mag. »Als wir in Dachau ankamen«, schreibt sein Mitgefangener Rudolf Kalmar, »von der Bahn ins Lager geschleift und dort in irgendeine Ecke geprügelt, begann so etwas wie ein öffentliches Verhör vor einer ganzen Gruppe von sogenannten Offizieren.

Jeder einzelne von uns wurde vorgerufen und verhöhnt. Jeder schmutzige Witz fand seinen begeisterten Beifall.«[20]

Einige Stunden später neigt sich der erste Tag, den Leopold Figl im Konzentrationslager überlebt hat, dem Ende zu. 151 Österreicher sind auf dem Dachauer Appellplatz angetreten. Sie haben eine schlaflose Zugfahrt, ein demütigendes Verhör, eine anstrengende Registrierung und jede Menge Prügel hinter sich. Zu essen oder trinken gibt es nichts. Hans Loritz, der Kommandant, mustert die in Doppelreihen angetretenen Häftlinge. »Wir werden jetzt essen gehen und ein gutes Glas Bier auf die Ankunft der Herren Österreicher trinken. Und ihr lasst euch in der Zwischenzeit ein bisschen Sonne in den Bauch scheinen. Das ist gut für den Hunger!«[21]

Während sich Hans Loritz bei einem Glas Bier von dem anstrengenden Tag erholt, kommt der Friseur auf den Appellplatz. Den Neuzugängen werden die Köpfe kahl geschoren. Dann heißt es weiter stehen. Die Männer starren sich gegenseitig verschämt und entsetzt an. Ohne Haare und in der schäbigen blau-weiß-gestreiften KZ-Montur gleichen sie Zuchthäuslern. Minister stehen neben Kommunisten, jüdische Kaufleute neben jungen Sozialisten. Die erbitterten Gegner von gestern sind jetzt die Opfer eines gemeinsamen Feindes. Irgendwo auf dem Appellplatz steht auch Leopold Figl. In den letzten 24 Stunden hat er erfahren, was es heißt, ein »Schutzhäftling« des sogenannten »Dritten Reiches« zu sein.

Am 17. April schreibt er die erste Karte nach Hause: »Es geht mir gut und ich bin gesund!« Diese barmherzige Lüge wird sich in jedem der Briefe, die der Gefangene in den nächsten fünf Jahren schreiben darf, wiederholen. Seine Frau Hilde kann auch in ihren schlimmsten Befürchtungen nicht ahnen, wie die KZ-Häftlinge tatsächlich behandelt werden. In knappen Worten fragt der Verhaftete nach dem Befinden der Familie. Er verliert kein Wort über seine eigenen Gefühle. Rund zwei Wochen nach seiner Ankunft in Dachau sitzt der Schock über das Geschehene vermutlich noch zu tief. In der kurzen Karte schöpft Figl nicht einmal die zehn vom Lagerkommandanten zugestandenen Zeilen aus; er schreibt nur sechs. In den kommenden Monaten und Jahren wird Leopold Figl lernen, seine Frau mit Worten aufzumuntern, die er sich selbst vermutlich nur schwer abringen kann. Nur hin und wieder wird er sich einen Hinweis auf seine Gefühle erlauben: »Ich kann dir nicht schreiben, was mein Innerstes empfindet«, heißt es in einem Brief aus dem Jahr 1939.[22] Selbst wenn es keine Zensur gäbe, würde es der Gefangene kaum über sich bringen, seiner Frau den wahren KZ-Alltag zu schildern. Das Regime, das ihn gefangen hält, zeigt ihm mit allen Mitteln, dass einer wie er nichts mehr zu hoffen hat.

Die Bestrafung: Frühling 1938

Auf dem Appellplatz herrscht völlige Stille. Vergessen sind Erschöpfung und Hunger. Die Gefangenen starren auf den verhassten Prügelbock. Es ist wieder so weit. Wen es wohl heute treffen wird? Sie stehen und stehen. Endlich erscheint der Kommandant. Hans Loritz ist guter Dinge. Er wirft einen kurzen Blick auf seine Unterlagen. „Schutz-häftling Nr. 13.897, vortreten!" Eine hagere Gestalt löst sich aus der Menge. „Jessas, der Figl!", raunt einer der Österreicher.
Hans Loritz hat es nicht eilig. Eingehend mustert er den Verurteilten. Ein schmächtiger Mann, noch relativ jung. Brillenträger. Vermutlich ein Intellektueller. Wird er schreien? Wird er es schaffen, sich den Schmerz zu verbeißen? Man darf sich von der Statur eines Mannes nicht täuschen lassen, das weiß der KZ-Kommandant längst. Manchmal sind gerade die kleinen Drahtigen

besonders zäh. Der Gefangene steht vorschriftsmäßig vor ihm; die Hände an der Hosennaht, die Mütze in der Hand. Er lässt keine Gemütsbewegung erkennen. Hans Loritz macht einige Schritte vorwärts, bis er dem Verurteilten ganz nahe ist. Ihre Blicke treffen sich. Der SS-Mann sucht die Angst in den Augen seines Opfers.

Leopold Figl spürt das Lauern des Lagerkommandanten fast körperlich. Keine Schwäche zeigen. Wenn es nur nicht so schwer wäre. Der Gefangene weiß genau, was ihm bevorsteht. Die SS zwingt die Häftlinge nicht ohne Grund, die Bestrafung ihrer Kameraden mitanzusehen. Das Prügeln eines Mannes wird für Hunderte seiner Mitgefangenen zur seelischen Qual. Er sieht den armen Teufel noch vor sich, gefesselt und wehrlos. Er hört die Schreie, sieht das Blut. Fast wäre er bei dem Anblick umgekippt, wenn ihn nicht zwei Kameraden aufgefangen hätten. Und jetzt ist er selbst dran. Leopold Figl wird „über den Bock gehen", wie die Häftlinge sagen.

Hans Loritz hat genug gesehen. Verstockt, wie die meisten Politischen. Eine kleine Abreibung wird dem Mann gut tun. Wer nicht hören will, muss eben fühlen. Der SS-Mann verliest den „Straftenor". Schließlich muss alles seine Ordnung haben.

Die Worte prasseln auf den Gefangenen ein. Ein Schauspiel, um den Anschein der Rechtmäßigkeit zu wahren. Um das demütigende Spektakel in die Länge zu ziehen. Die schnarrende Stimme des Kommandanten scheint von weit her zu kommen. Er sieht, wie sich der Mund des SS-Mannes bewegt, aber er kann die Worte kaum unterscheiden. Leopold Figl kennt die Strafe auch so: 25 Schläge, weil er bei der Arbeit gesprochen hat. Über die Heimat, über Österreich. Worüber sie geredet hätten, hat ihn der Posten angeherrscht. Er hätte ausweichen können, lügen können. Aber alles in Leopold Figl hat sich dagegen gesträubt, aus Angst, den Namen seiner Heimat zu verleugnen. Jetzt wird er dafür büßen.

„Blockführer, tun Sie ihre Pflicht!", kommandiert Loritz. Wie in Trance geht der Verurteilte auf den Bock zu. Die SS-Männer ziehen ihre Uniformhemden aus. Mit bloßem Oberkörper lässt es sich besser zuschlagen. Es sind junge, kräftige Burschen. Routiniert fesseln sie den Delinquenten an das Holzgestell. Dann nehmen sie die Ochsenziemer aus einem Wasserbecken, in dem sie eingeweicht waren.

Das dunkle Holz liegt kühl und glatt unter seiner Wange. Es stinkt nach Schweiß und Blut. Leopold Figls Blick ist auf einen der Schläger gerichtet. Wie jung er ist, denkt der Gefangene flüchtig. Dann explodiert die Welt in einer Welle aus Schmerz.

Der Ex-Häftling Rudolf Kalmar beschreibt, wie die Prügelstrafe in Dachau vollzogen wurde:»Der Ausgepeitschte hatte laut zu zählen. Von eins bis 25. Wenn er es versäumte, bekam er zusätzliche Prügel. Nach ein paar Hieben zerrissen die Hosen. Die schmiegsamen Peitschen schnitten wie Messer den Stoff auseinander. Das Leder fraß sich in die Haut und in das Fleisch. Der Gepeinigte schrie auf, so oft er getroffen wurde. Er biss die Zähne zusammen und stöhnte. Oder er verlor das Bewusstsein und wimmerte nur mehr, wenn ihn der neue Schmerz immer wieder aus der Dämmerung riss. Nach 25 Hieben stießen sie ihn vom Bock. Er hatte, die Hände an der Hosennaht, dem Schutzhaftlagerführer den Vollzug seiner Strafe zu melden und wurde anschließend mit Jod übergossen.«[23]

»Die armseligen Hinterteile der Gefolterten sind blutige Fleischfetzen«, erinnert sich Maximilian Reich, der einer solchen Schinderei beiwohnen musste.[24] Es geht nicht nur um das Zufügen körperlicher Schmerzen, sondern auch und vor allem um die Demütigung der Regimegegner. Das »über den Bock gehen« lässt den Geprügelten und seine zusehenden Kameraden ihre absolute

Ohnmacht in grausamer Weise spüren. Zusätzlich verletzt das entwürdigende Ritual das Schamgefühl des Bestraften. Dieses Ausgeliefertsein ist für jeden Gefangen quälend. Für Menschen wie Leopold Figl, Wochen zuvor noch hoch respektiert, mag es noch schwerer zu ertragen gewesen sein.

Seine Kameraden können dem ehemaligen Reichsbauern-bunddirektor nicht helfen. Die nächsten 45 Tage wird Leopold Figl alleine sein, ganz alleine. Zusätzlich zur Prügelstrafe hat er sechs Wochen Bunker ausgefasst. Das bedeutet Dunkelhaft bei hartem Lager, Wasser, Brot und nur jeden vierten Tag die ohnehin magere Lagerkost.

Auch Figls Leidensgenossen und lebenslangen Freund Franz Olah haben die Nazis in den Bunker gesperrt: »Vor allem suchte man nach Wegen, in einer solchen Situation nicht verrückt zu werden. Wer Derartiges nicht selbst erlebt hat, kann eine solche Lage nicht beurteilen. Ich habe damals mein ganzes Leben an mir vorüberziehen lassen, systematisch, Tag für Tag, Tag und Nacht. Dabei wird man natürlich von der Frage gequält, ob man immer richtig gehandelt hat.«[25]

Es ist das Erleben gleichartiger Ausnahmesituationen, das österreichische Politiker der Stunde Null später verbinden wird. »Schwarze« wie Lois Weinberger, Felix Hurdes und Leopold Figl oder »Rote« wie Franz Olah haben angesichts eines mitleidlosen Feindes gegen dieselben Ängste zu kämpfen. Wer überleben will, darf weder Selbstachtung noch Überlebenswillen verlieren. Angesichts eines allmächtigen Widersachers nicht aufzugeben, das lernt Leopold Figl in seiner KZ-Zeit. Ein Vermögen, das dem späteren Bundeskanzler und Außenminister einige Jahre später helfen wird, auch in scheinbar ausweglosen Situationen eine Lösung zu finden. Was es ihn gekostet hat, körperlich und seelisch, danach wird auch nach dem Krieg kaum jemand fragen. Wie viele andere dieser Generation will Leopold Figl auch nicht

gefragt werden. »Red ma net darüber!«, wird seine Standard-
antwort sein, wenn er nach den Spätfolgen des KZ gefragt wird.

»Wer dies alles überstehen konnte, trug natürlich seine
Wunden davon, mancher mehr, mancher weniger. [...] Aber es
stellte sich heraus, dass die Schwächeren die Tortur oftmals
besser überstehen konnten als die allzu Kräftigen«, urteilt Franz
Olah.[26]

Körperlich wird Leopold Figl aus jener Zeit Gewebeschäden
davontragen, die auch viele Jahre später noch zu schmerzenden
Geschwüren führen. Rudolf Kalmar meint sogar, dass Figls früher
Tod auf diese Verletzungen zurückzuführen sei. Bei der Prügelstrafe seien die Häftlinge, obwohl es verboten war, immer wieder
auch in der Nierengegend getroffen worden. Dabei dürften Figl
Stofffetzen seiner Montur in die Haut gedrungen sein.[27]

25 Schläge und sechs Wochen Bunker sind in Dachau nicht
genug, um das Aussprechen des verpönten Wortes Österreich zu
ahnden: Als zusätzliche Strafe verschwindet Leopold Figl danach
ein halbes Jahr im Strafblock. Dort lebt man im Lager hinter
einem Stacheldrahtverhau, abgeschnitten von den Kameraden.
Nur zum Arbeitseinsatz darf das Gefängnis im Gefängnis verlassen werden. Statt alle zwei Wochen, dürfen die Gefangenen hier
nur ein Mal im Vierteljahr einen Brief schreiben oder empfangen.

Die »Disziplinar- und Strafordnung für das Gefangenenlager«
vom 1. Oktober 1933 enthält eine ganzen Katalog von Strafen,
abgestuft nach dem Grad an Leid, das sie verursachen: Essens-
entzug, Postsperre, schwere Strafarbeit in eigenen Strafkomman-
dos, Bunker, körperliche Züchtigungen wie der »Bock« oder das
berüchtigte »Pfahlhängen« (das Hängen an den nach hinten
gefesselten Händen an einem Pfahl) und schließlich die Todes-
strafe. Das Amtsdeutsch des von KZ-Inspektor Theodor Eicke
verfassten Dokuments lässt nichts von den Ängsten und körperlichen Qualen der Bestraften erahnen. Theoretisch soll die Diszi-

plinarordnung Willkür verhindern. So heißt es in der Dienstvorschrift für Begleitposten und Gefangenenbewachung: »Den Begleitposten obliegt die Bewachung der Gefangenen bei der Arbeit. Sie richten ihr Augenmerk auf das Verhalten derselben bei der Arbeit. Träge Gefangene sind zur Arbeit anzuhalten. Streng untersagt ist jedoch die Misshandlung oder Schikane. Ist ein Gefangener bei der Arbeit sichtlich nachlässig und faul oder gibt freche Antworten, dann stellt der Posten den Namen fest. Nach Dienstschluss erstattet er Meldung. Selbsthilfe bedeutet Mangel an Disziplin.«[28]

So weit die Theorie. Tatsächlich besteht das »zur Arbeit anhalten« in Schlägen oder Beschimpfungen. Außerdem liegt das Melden oder eben Nichtmelden allein in der Entscheidungsgewalt des Postens, womit jeglicher Willkür Tür und Tor geöffnet ist.

Als Leopold Figl nach sechs Monaten aus dem Isolierblock entlassen wird, ist er ein körperliches Wrack. Er ist so abgemagert und geschwächt, dass er die harte Arbeit des Mauerkommandos, dem er ursprünglich zugeteilt war, nicht durchstehen würde. Jetzt macht es sich bezahlt, dass er Kameraden und Freunde hat, denen er geholfen hat. Nun wird ihm geholfen: Die Planung der neuen SS-Unterkünfte, neuer Baracken und eines Bordells obliegt einem jungen österreichischen Bauingenieur. An ihn wenden sich die Freunde: »Du, der Figl ist doch Ingenieur ...« Tatsächlich wird Leopold Figl der Bauplanung zugeteilt. Dass der Niederösterreicher Agrarwesen studiert hat, stört niemanden. Allerdings kommen ihm bei seiner neuen Aufgabe seine Vermessungskenntnisse zugute. Alsbald sieht man ihn mit einer rot-weißen Stange geodätische Daten aufnehmen. Geschwächt, wie der »Schutzhäftling« ist, fällt ihm vermutlich auch diese vergleichsweise leichte Arbeit schwer. Aber er kann sich endlich wieder innerhalb der Lagergrenzen frei bewegen, alle zwei

Wochen einen Brief nach Hause schreiben und mit seinen Freunden sprechen. Leopold Figl kann neue Hoffnung schöpfen. Und Hoffnung ist im Lager überlebenswichtig.

Kraft schöpft Leopold Figl auch aus seinem Glauben. Als Bauernbub ist er in einem Umfeld aufgewachsen, in dem der sonntägliche Kirchenbesuch und das Einhalten christlicher Feiertage eine Selbstverständlichkeit waren. Anders als für andere christlich-soziale Politiker jener Zeit ist die katholische Kirche für ihn mehr als nur ein Alliierter im Kampf der Ideologien. Leopold Figl glaubt an Gott und lebt diesen Glauben auch – sogar im KZ. In einer unbelegten Baracke wird eine heimliche Kapelle eingerichtet. Ein Tisch dient als Altar, aus Ästen wird ein Kreuz gefertigt. Wenn die Christen heimlich beten, stehen die »Roten« draußen Schmiere. Umgekehrt halten die »Schwarzen« Wache, wenn bei den »Sozis« oder Kommunisten eine verbotene Feier ansteht.[29] Unter den Augen der SS entsteht Kameradschaft. In manchen Fällen, wie bei Figl und Olah, lebenslange Freundschaft.

Obwohl es streng verboten ist, werden in Dachau die Toten entsprechend ihrer Gesinnung verabschiedet. Die Freunde schleichen sich in die Totenkammer und beten, oder sie heben die Hand mit der geballten Faust. Der Verstorbene bemerkt nichts mehr von dem Risiko, das die Kameraden mit einem solchen, verbotenen Ritual eingehen. Aber die geheimen Treffen, so kurz sie auch sein mögen, geben den Lebenden ein wichtiges Gemeinschaftsgefühl: Wir sind nicht zu willenlosen Objekten der SS degradiert. Wir haben eine Gesinnung, die wir nicht aufgeben.

Seinen Glauben wird Leopold Figl auch später, in der Freiheit, nicht aufgeben. Auf dem Höhepunkt seiner politischen Macht, als Kanzler und Außenminister, wird er vor einer schwierigen Entscheidung darum beten, das Richtige zu tun. Im KZ, wo Gewalt und Tod allgegenwärtig sind, verhilft dem Häftling vermutlich seine Religiosität zu innerer Stärke. Wer an das ewige Leben glaubt, kann sein irdisches Leben leichter einsetzen.

Rudolf Kalmar erlebt das erste Ostern hinter Stacheldraht mit Leopold Figl: »Wir standen elend und trostlos auf dem Appellplatz und in den Baracken herum. Leopold Figl suchte an diesem Morgen jeden aus unserem Kreis auf und gab ihm die Hand. ›Vergiss nicht, der Herr ist erstanden.‹ – ›Der Herr ist wahrlich erstanden‹, gaben ihm die Freunde die Osterbotschaft dankbar zurück. Er antwortete: ›Amen und Österreich.‹«[30]

Auch wenn es für zeitgenössische Ohren kitschig klingen sollte, so umreißen diese beiden Worte die Lebensthemen des späteren Bundeskanzlers: ein bäuerlich geprägter Glaube an Gott und eine unbeirrte Liebe zu seiner Heimat.

Als sich Leopold Figl und seine Kameraden am Ostersonntag 1938 auf dem Appellplatz die Hände schütteln, ahnen sie nicht, dass eine Zeit kommen wird, in der sie sich nach Dachau zurücksehnen werden.

4. KAPITEL

Der Steinbruch: Winter 1940

„Schneller, du faules Schwein!" Der Schlag trifft den Gefangenen mit aller Macht zwischen die mageren Schulterblätter. Leopold Figl schwankt. Der Granitbrocken rutscht aus seinen steif gefrorenen Fingern und kracht zu Boden. Wortlos schlägt der Kapo noch einmal zu. Der ausgemergelte Körper kippt nach vorne und schlägt schmerzhaft auf dem harten Boden auf.

Der Treiber lächelt zufrieden. Auch er ist ein Häftling, doch die SS hat ihn, den ehemaligen Zuchthäusler, zum Herren über Leben und Tod gemacht. Der verurteilte Mörder macht seine Sache gut. Angewidert schaut er auf den schmächtigen Mann, der zu seinen Füßen liegt. Intellektuelles Gesindel. Sie sind daran schuld, dass die Nazis Lager eingerichtet haben. Wir werden ihnen schon noch beibringen, zu gehorchen, den feinen Herren.

Mühsam kämpft sich der Mann in der zerlumpten Häftlingskleidung auf die Knie, dann langsam auf die Beine. Leopold Figl sieht den Schläger nicht an. Sein Blick ist auf den grauen Felsbrocken gerichtet. Er muss ihn aufheben, sofort. Bevor der Kapo wieder zuschlägt oder ihn wegen „Faulheit" meldet. Der Gefangene greift nach dem Stein. Die raue Oberfläche reibt an seinen blutig gerissenen Fingern. Häftling Nr. 13.897 spürt den Schmerz nicht. Auf, nur auf. Es kostet ihn jedes Quäntchen Kraft, den Brocken wieder in die Höhe zu stemmen. Der Kapo beachtet ihn nicht mehr. Er ist auf der Suche nach einem neuen Opfer.

Acht Stunden später steht Leopold Figl mit seinen Kameraden auf dem Lagerplatz. Zählappell. Die letzte Quälerei des Tages. Außer, dem Kommandanten fällt noch eine andere Belustigung für sich und seine Wachmannschaft ein. Außer, die Zahlen stimmen nicht, weil ein Gefangener geflohen ist. Dann müssen alle Kameraden so lange stehen, bis der arme Teufel wieder eingefangen ist. „Hasenjagd“ nennt das die SS und findet es wahrscheinlich ganz unterhaltsam. Das „Strafstehen“ kann die ganze Nacht dauern, manchmal sogar länger. Im Winter befiehlt der Kommandant zuweilen: „Mützen ab!“ Damit auch der Kopf etwas von der guten Luft hat.

Hoffentlich ist heute nichts passiert, wünscht sich Leopold Figl inbrünstig. Er friert, wie er noch nie im Leben gefroren hat. Der Winter 1940 ist hier in der Oberpfalz besonders eisig. Die Kälte scheint durch jede Faser seines Körpers zu kriechen. Sein Blick wandert zu seinem Freund Franzl, der nicht weit entfernt steht. Der kräftige junge Mann ist nur mehr ein Schatten seiner selbst. Ein wandelndes Gerippe. „Wie wir alle“, denkt Leopold Figl erschüttert.

»Man war den ganzen Tag im Freien, ohne Essen und Trinken. Erst am Abend gab es Krautsuppe, ein paar schlechte Kartoffeln und ein Viertel Brot. Es regnete häufig, und manchmal wurden wir am Tag drei Mal nass bis auf die Haut. Später dann wurden die Finger von der Kälte so steif gefroren, dass es abends immer eine Zeit lang dauerte, bis ich sie wieder geradebiegen konnte«, berichtet Franz Olah in seinem Buch »Erlebtes Jahrhundert«.[31]

Am 27. September 1939 werden Leopold Figl, Franz Olah und ihre Kameraden nach Flossenbürg verlegt. Die Blitzsiege der Wehrmacht lassen neue Häftlinge erwarten. Dachau wird vergrößert. Für die Dauer der Ausbauarbeiten werden die Österreicher in die Oberpfalz verlegt. Flossenbürg liegt an einem Granitsteinbruch, in dem die Häftlinge schuften müssen. Die »Arbeit« ist die Hölle.

Auch der Journalist Rudolf Kalmar schleppt in Flossenbürg Steine. »Wir standen nicht mehr bloß unter dem Diktat der SS. Auch die Chargen aus unseren Reihen waren abgelöst und unsere

Vorarbeiter durch Kriminelle ersetzt worden, die hier unerbittlich ihr eigenes grausames Regiment führten. [...] So werkten wir, eine Horde von Bettlern, bei einem Minimum an Verpflegung, acht Stunden und länger im Steinbruch. Mit Tritten und Prügeln über die Halden gehetzt.«[32]

Die »Rettung« kommt in Form einer Krankheit: Im Lager bricht die Ruhr aus. Die Häftlinge kommen in Quarantäne, die spärliche Nahrung – Rübensuppe – wird ihnen zum Zaun gestellt. Hinter diesem Stacheldraht sind die Freunde »in Sicherheit«. Keine schwere Arbeit, keine Schläge, kein Strafstehen. Und kein Belauschen. In diesem Vakuum können die Österreicher erstmals in der Gruppe über das Schicksal ihrer Heimat sprechen, wie Franz Olah in einem Interview für das »Haus der Bayerischen Geschichte (Bildarchiv)« berichtet: »Da hatten wir so einen kleinen Kreis eingerichtet, nicht wahr, weil da hat uns niemand gestört. Da ist sicher niemand dazwischen gekommen, weil alle Angst gehabt haben von der SS. Da konnten wir in Ruhe reden.«[33] Es drohen keine Schläge, wenn man die Heimat bei ihrem Namen nennt. Die Gedanken der Machtlosen kreisen, aller Wahrscheinlichkeit zum Trotz, um die Zukunft. Wird es wieder ein eigenständiges Österreich geben? Wie sollte ein solcher Staat aufgebaut sein? Wie sollte er regiert werden?

»Wir haben gesagt, wir werden es halt zusammen tun und werden nicht mehr aufeinander schießen. [...] Streiten werden wir schon, aber halt streiten und nicht schießen, das ist das Entscheidende. Das war die Katastrophe, dass die Leute alle geglaubt haben, man muss den anderen die Meinung mit dem Gewehrkolben aufzwingen. Also gewissermaßen ist schon der Grundstock [...], dass man es gemeinsam macht und dass man das Land wieder aufbauen muss.«[34]

Diese unverstellten Worte lassen spüren, dass der »Geist der Lagerstraße« kein Klischee ist. Kein Gedankenkonstrukt, das

Historiker überbewerten, um dem Österreichbewusstsein der Zweiten Republik Impulse zu geben. Angesichts der gemeinsamen Bedrohung werden die alten Gräben tatsächlich überwunden. »Diese menschliche Solidarität und Hilfsbereitschaft ging über die Grenzen der alten politischen Lager hinweg. Führende Politiker wie Richard Schmitz, Alfons Gorbach oder Leopold Figl und Johann Staud hatten sich uns Sozialdemokraten gegenüber anständig benommen«[35], schreibt Olah.

Die Machthaber des Ständestaates erfahren jetzt am eigenen Leib, was es heißt, unfrei zu sein. »So, jetzt sehen Sie, wie das ist!«, verhöhnt Heinrich Himmler den ehemaligen Kommandanten des Anhaltelagers Wöllersdorf, Emanuel Stillfried, bei einem Dachau-Besuch. Der Reichsführer SS inspiziert den Österreicher-Block. Der Offizier bewahrt Haltung: »Herr Reichsführer, ich würde mir wünschen, dass wir so behandelt werden, wie Ihre Leute bei uns behandelt wurden!«[36], antwortet der Gefangene. Seine Kameraden erstarren und rechnen mit dem Schlimmsten. Himmler dreht sich auf dem Absatz um und geht weg. Das Demütigen macht keinen Spaß, wenn das Opfer Stärke zeigt.

Franz Olah schreibt in seinen Erinnerungen, dass Stillfried in Dachau besonders gequält wurde, aber sich als sehr tapfer erwiesen habe. »Hier in Dachau bin ich Demokrat geworden! Wir haben immer nur gelernt, dass man der Regierung gehorchen muss. Jetzt sehe ich ein, dass es eine Opposition geben muss!«[37], sagt er einmal zu dem mitgefangenen Sozialisten.

Endlich erkennt man, wer die wahren Feinde Österreichs sind. Endlich denkt man über eine gemeinsame Zukunft nach. Einheitlich in die weiß-blau-gestreifte KZ-Montur gekleidet, beginnen Männer miteinander zu diskutieren, die sich noch Monate zuvor in Todfeindschaft gegenüberstanden. Man hört einander zu: Hier gibt es keine feurigen Reden zu halten, keine Wähler zu beeinflussen. Die Gegner von einst wollen wissen, was in ihrem verloren gegangenen Staat schiefgelaufen ist. Und es ist viel, über das gesprochen werden müsste: fehlende Konsensbereitschaft, mangelnde Identifikation mit einem Staat, der den Österreichern aufgezwungen wurde, staatliche Repression. Der Lageralltag lässt freilich keine Zeit, all diese Aspekte im Detail zu diskutieren. Aber es entsteht ein Gefühl: Wir Österreicher müssen zusammenhalten. Und: Österreich soll wieder ein freies Land werden.

»Mir sagte ein Sozialist, dass der Graben der gegenseitigen Feindschaft zugeschüttet werden muss, wenn Österreich leben soll. Ich erwiderte ihm, dass dann, wenn das geschieht, das österreichische Haus nicht mehr auf einem Rutschgrund, sondern auf festem Boden stehen wird«, schildert der spätere Landeshauptmann von Oberösterreich Heinrich Gleißner.[38]

Fritz Bock, der spätere Vizekanzler und Handelsminister, erinnert sich: »... haben wir schon im Sommer 1938 auf der Dachauer Lagerstraße, wenn dazu Gelegenheit war, von nichts anderem geredet, als was wir wieder machen würden, wenn Österreich wieder einmal frei sein werde. Dabei hat keiner von uns gewusst, [...] ob er den nächsten Tag überleben wird, aber wir haben die Hoffnung und den Glauben daran nie aufgegeben, dass es wieder ein Österreich geben wird.«[39]

Auch und gerade Leopold Figl verliert diesen Glauben nie. Endlich ist der Ausbau beendet und Figl und seine Kameraden werden wieder zurück nach Bayern verlegt. Am 2. April 1940 geht Häftling Nr. 13.897 durch das Tor, über dem »Arbeit macht frei« steht. Erst drei Jahre später wird es sich wieder für ihn öffnen.

5. KAPITEL

Meine Anschrift.

Name: *Figl Leopold*

geboren am: *2. I. 1902*

Gef.-Nr. *310* *Block 4/3*

Dachau 3 K, den *12. April 1942.*

Meine liebste, gute Hilde u. Kinder, ...

Auch das Private bleibt nicht privat. Immer liest der Zensor mit.

Nicht mehr lang? 1940 bis 1943

Leopold Figl zieht sich die verschlissene Decke bis zur Nasenspitze. Endlich ist das Fieber gesunken. Dafür quält den Kranken jetzt der Schüttelfrost. Wenn er nur etwas Warmes zum Zudecken hätte. Ein zaghaftes Klopfen reißt den Gefangenen aus seinen Gedanken. Mühsam setzt er sich auf. Hinter dem schmutzigen kleinen Fenster, hinter einer Absperrung aus Holz und Stacheldraht, erkennt Leopold Figl einen Kameraden. Kalmar winkt ihm zu. Die Freunde haben nicht auf den Kranken vergessen. Irgendwie ist es ihnen gelungen, ihm Nahrungsmittel zukommen zu lassen. Sie müssen sie sich vom Munde abgespart haben. Ein Stück Brot. Einen Margarinewürfel. Oder gestohlen haben, wie den französischen Cognac. Ein Mal war sogar ein Brocken Fleisch darunter. Leopold Figl weiß genau, welches Risiko die Freunde für ihn eingegangen sind. Kalmar winkt noch immer und lächelt ihm aufmunternd zu. Unendlich langsam wälzt sich der Kranke von dem dreckigen Strohsack, den man hier Bett nennt. Kalter Schweiß bricht ihm aus allen Poren. Er beginnt am ganzen Körper zu zittern. Seine Beine drohen, unter ihm nachzugeben. Das Fenster in kaum drei Metern Entfernung scheint unendlich weit weg zu sein. Leopold Figl beißt die Zähne zusammen. Er will den Freunden endlich danken. Ohne ihre Hilfe hätte er nicht überlebt. Noch ein Schritt. Und noch einer. Dann ist Leopold Figl am Fenster. Sein Freund hat aufgehört zu lächeln.

»Ein unvorstellbar gespenstischer Anblick. [...] Bleich und verfallen. Das schmale, von rötlichen Bartstoppeln bis zur Unkenntlichkeit umrahmte Gesicht gehörte kaum noch zu ihm. Nur seine Augen, die lebhaften Augen, brannten wie glühende Kohlen im langsam ausklingenden Fieber. Er presste die grauen, blutleeren Lippen fest an das Glas und versuchte, sich auf diese Weise verständlich zu machen: ›Servus Kinder!‹ Wir winken zurück.

›Servus Poldi, wie geht's dir?‹ ›Dank euch schön, gut.‹ Und dann lachte er, lachte seit Wochen zum ersten Mal wieder und kniff beide Augen zusammen. ,Macht's euch nix d'raus: Es dauert nicht mehr lang!« So beschreibt Rudolf Kalmar seinen Besuch bei der Isolier-Baracke rund 25 Jahre später.⁴⁰

Eine Typhusepidemie hat das Lager heimgesucht. Ein Menschenleben ist noch billiger geworden in Dachau. Die ohnehin schon geschwächten Gefangenen sterben reihenweise. Täglich führt der »Moorexpress« – ein Karren, der von Gefangenen gezogen wird – Leichen ins Krematorium. Leopold Figl steht an der Schwelle zum Tod, aber er überwindet auch diese Krise. Seine Freunde päppeln ihn wieder auf.

Figl ist beliebt im Lager. Sein Standardsatz – »Es dauert nicht mehr lange.« – ist einer der Gründe dafür. Er gilt als unerschütterlicher Optimist; als einer, der den Kameraden in ihrer Verzweiflung Mut zuspricht. Manchmal freilich übertreibt er es ein bisschen mit seinen Parolen. Einmal kommt er freudestrahlend in die Baracke: »Kinder, jetzt is bald aus, die Russen sind schon in Lemberg.« Die Kameraden glauben ihm nicht. Es entspinnt sich eine Diskussion. Schließlich sagt Figl: »Ihr wisst's eh, dass ich kein Trottel bin. I glaub's jo a net, aber i brauch des, sonst halt ich's net aus!«⁴¹

Außerdem ist Leopold Figl bereit, anderen zu helfen. Heinrich Gleißner erinnert sich an sein erstes Zusammentreffen mit dem späteren Bundeskanzler in Dachau. Der Oberösterreicher ist von den Prügeln, die er auf dem »Prominententransport« bezogen hat, noch ganz verschwollen. »Figl: ›Ja, wie schaust du denn aus?‹ Ich: ›Leider, aber nicht freiwillig!‹ Figl: ›Ich habe leider nur mehr zwei Mark in meinem Besitz, aber die teilen wir!‹ Das war Figl, wie er leibt und lebt: helfen und teilen!«⁴²

Zu diesem Zeitpunkt weiß der »Schutzhäftling« nicht, was ihm im Lager bevorsteht. Alles ist ungewiss und bedrohlich.

Trotzdem ist Figl bereit, sein letztes Geld mit einem Bekannten zu teilen, obwohl er es vielleicht später dringend selbst brauchen könnte. Geld spielt im KZ eine wichtige Rolle, weil man sich damit in der Kantine Zusatzverpflegung zu den ausgegebenen Hungerrationen kaufen kann.

Der schmächtige Niederösterreicher ist nicht nur als Integrations-, sondern auch als Führungsfigur anerkannt. Er unterwirft sich nicht, winselt nicht um das »Wohlwollen« der SS-Männer.

»Leopold Figl war ein tapferer Mann, ungebrochen [...], ein Mann, der zu seiner Sache stand. Von der Gestalt her hager, meisterte er alle Anforderungen und Anfechtungen mit Bravour«[43], urteilt Franz Olah. Auch Rudolf Kalmar zeichnet den späteren Bundeskanzler als mutigen Mann: »Es war bei ihm fast ein Justamentstandpunkt, überall dort mitzumachen, wo es gefährlich war.«[44]

Selbst in der direkten Konfrontation mit der SS findet er noch die Kraft, Widerstand zu leisten. Ein polnischer Arbeitskollege schildert in einem Zeitungsartikel, wie sich Leopold Figl den Wünschen der Machthaber widersetzt hat: Das KZ-Baubüro soll die Planung eines Krematoriums übernehmen. Der zuständige Obersturmführer gibt Figl die entsprechenden Befehle. »Sie wissen ganz genau, dass mir für Projekte solcher Art die Voraussetzungen fehlen, da ich keinerlei Praxis auf diesem Gebiet habe.« Der SS-Mann wird lauter: »Figl, Sie wissen genauso wie ich, dass auch ich keine Ahnung davon habe, aber die Deutschen können eben alles.« Figl gibt trocken zurück: »Es ist wahr, aber die Österreicher sind eben nicht so begabt.«[45]

Nachträglich erscheint es wie ein Wunder, dass Leopold Figl diesen Widerspruch nicht auf »dem Bock« gebüßt hat: für die Nichtausführung eines Befehls und für das Wort »Österreicher«. Aber in Dachau regiert, Strafornung hin oder her, die Willkür. Wofür ein Gefangener an einem Tag bewusstlos geprügelt wird, bleibt tags darauf ohne Konsequenzen.

Von völliger Willkür ist auch die Haftdauer abhängig. Man kann morgen freigehen, in einem Jahr oder aber – nie. Diese völlige Ungewissheit macht das Eingesperrtsein zur besonderen Qual. Die Männer dieser Generation sind es gewohnt, den Lebensunterhalt der Familie alleine zu bestreiten und alle wesentlichen Entscheidungen zu treffen. Sie sind das »Oberhaupt« der Familie. Wie wird die Frau daheim alleine zurechtkommen? Wovon wird sie die Kinder ernähren? Wird ihr jemand beistehen? Fragen, die den Häftlingen keine Ruhe lassen.

Leopold Figl schreibt am 25. Mai 1941 an seine Frau: »Wie bringst Du Dich wirtschaftlich durch? Das ist meine größte Sorge! Tag und Nacht verfolgt mich die Sorge, wie wird es Dir und den Kindern ergehen! So ganz auf Gnade angewiesen! Und dabei die Ungewissheit wie lange! Ich kann Dir nicht schreiben, wie mich diese Sorge drückt.«[46]

Die einzige Erlösung sind Briefe von zu Hause. Zwei Mal im Monat darf ein Gefangener einen Brief schreiben oder erhalten. Doch selbst diese »Vergünstigung« hängt an einem seidenen Faden: Man kann mit Postverbot bestraft werden; im Isolierblock ist das Schreiben beziehungsweise Empfangen von Briefen auf einen pro Vierteljahr reduziert.

Als Leopold Figl verhaftet wird, ist sein Sohn Hansl sechs, seine Tochter Liesl zwei Jahre alt. Er versäumt die schönsten Kindheitsjahre und leidet darunter. »Wenn du mir über Anneliese so schön schreibst, da tut mir das Herz besonders weh, da ich sie in der Entwicklung so gar nicht verfolgen kann«[47], schreibt Leopold Figl 1941 an seine Frau Hilde. »Ja, gerne würde ich den Kindern Papa sein, aber ich glaube nach der langen Trennung wird es mit Strenge nicht gehen, denn ich habe so viel an Liebe und Güte nachzuholen, dass für Strenge keine Zeit bleibt«, schildert er seine Gedanken über eine Zeit, von der er nicht weiß, ob sie auch wirklich kommen wird. Diese Unsicherheit bedrückt den Familienvater besonders. So heißt es in einem Brief vom März 1941: »Wenn ich oft schier verzweifeln will, gibt mir Dein Bild Kraft und Stärke!«[48] Und zwei Monate später: »Wenn ich oft glaube es geht nicht mehr und mich von allen verlassen fühle, dann hält mich der Glaube an Dich und die Kinder aufrecht! Viel Geduld muss ich aufbringen!«[49]

Er versucht, der Familie und sich selbst Mut zu machen: »Wieder ist doch ein bedeutender Tag vorüber, auf den ich doch etwas Hoffnung gesetzt habe! Das dritte Jahr seit unserer Trennung! Der Gedanke ist zu gewaltig, um Worte zu finden! Hoffen wir weiter in dem felsenfesten Glauben und in sicherem Vertrauen, dass doch bald der Tag des Wiedersehens kommt!«[50]

Trotz aller Durchhalteparolen, mit denen Figl versucht, Familie und Kameraden aufzurichten, sinkt auch seine Hoffnung: »Wenn auch wieder ein Jahr vorüber ist, einmal wird es doch das letzte sein.«[51]

Hin und wieder blitzt in den Briefen Leopold Figls wahre Gemütslage auf. Im März 1942 gratuliert er Tochter Anneliese zum sechsten Geburtstag und schreibt an seine Frau: »Ja, kleine Kinder habe ich verlassen und große Kinder werde ich sehen, wenn ich es überhaupt erlebe! [...] Das fünfte Jahr unserer Trennung hat nun begonnen! Wenn ich zurückblicke, gesund bin ich Gott sei Dank und will es weiter hoffen, physisch habe ich viel gelitten, bin aber heute noch vollkommen ausgeglichen! Wie lange es noch dauert? – Das Bewusstsein, in dir eine verstehende Anteilnahme zu haben, Deiner Liebe und Treue mich würdig und wert zu zeigen – um der Kinder willen, helfen in diesen harten Zeiten, das Schicksal zu meistern!«[52]

Trotz solch tapferer Zeilen suchen den Gefangenen immer wieder quälende Gedanken heim. Gedanken, über die er mit niemandem sprechen kann. »Wenn ich mich nur einmal ausreden könnte! Manchmal kommen mir solche Zweifel, die ich dann als

Phantastereien wieder verwerfe!« Trotzdem kreisen seine Über-legungen nicht nur um das eigene Schicksal. Die Gedanken des zweifachen Vaters wandern zu seinen Kindern, die trotz allem eine unbeschwerte Kindheit verleben sollen. »Hansi und Anne-liese tobt und tollt, der Frühling gehört Euch!«, schließt der Brief.[53]

Leopold Figl steht auch mit seinen Brüdern in Briefkontakt. Sie sind als Wehrmachtssoldaten an der Front. So schreibt Figl an seinen Bruder Anton: »Dass es so lange dauert, hätte wohl niemand gedacht. Aber wir müssen diese Schicksalsprüfung mit Geduld und Standhaftigkeit ertragen. Staunen und überglücklich bin ich, dass Hilde diese harte Zeit der Prüfung so tapfer erträgt und dass sie so voller Hoffnung und Zuversicht ist, dass ja doch alles wieder recht wird, wenn ich wieder heimkomme.« Es folgt ein Gedanke, der Leopold Figl besonders belastet haben muss, da er ihn öfters brieflich erwähnt: »Meine Kinder werde ich wohl kaum erkennen, insbesondere Anneliese!«[54]

In den Briefen an seinen Bruder Anton beschäftigt Figl sich nicht nur mit der eigenen Lage, sondern geht auf die Situation des anderen ein: »Ihr müsst überhaupt in dieser Zeit von dem Gefühl beseelt sein, das Schwere ist eben da, um überwunden zu werden und wenn jeder davon überzeugt ist, sein Bestes zu tun, dann wird es auch gehen. Der Gedanke, dass nach den harten Zeiten wieder lichtere, bessere kommen, muss Euch stetig Wegweiser sein! Schau, im Weltkrieg haben so viele Verwandte auch all die Strapazen des Krieges mitgemacht und sind wieder gesund und heil heimgekommen. Warum soll es diesmal bei Euch anders sein! Also nur festes Gottvertrauen und Hoffen und es gibt wieder ein Beisammensein in der Heimat!«[55]

Obwohl er selbst in einer trostlosen Lage ist, versucht der große Bruder dem Jüngeren Mut zuzusprechen. Es ist eine absurde, eine teuflische Situation. Während Leopold Figl im KZ sitzt, sind seine Brüder gezwungen, das Regime, das ihn leiden lässt, mit der Waffe in der Hand zu verteidigen. Die Armee, in der seine Brüder dienen, muss den Krieg verlieren, damit Leopold Figl wieder ein freier Mensch werden kann. Und trotzdem darf man nicht verzweifeln, wenn man überleben will. Der Gefangene schreibt: »Es ist alles leichter zu ertragen, wenn man sich eben mit dem Gedanken abfindet, es muss eben so sein! Mit diesem Bewusstsein ist auch das Schwerste zu ertragen.«[56]

Dass Leopold Figl trotz dieser Zeilen weit davon entfernt ist, sein Schicksal stoisch hinzunehmen, lässt folgender Auszug aus einem Brief an seine Frau anlässlich des Muttertages erkennen: »Aber eines kannst Du versichert sein, dass ich alles, was in meiner Macht steht, tun werde, um Euch für diese harte Zeit der Trennung ein bisschen zu entschädigen. Ja, Pläne habe ich mir schon viele zurecht gelegt, ob ich sie durchführen kann, müssen wir der Zeit überlassen!«[57]

Obwohl selbst hart am Ende seiner Kräfte, kann sich Leopold Figl in die Sorgen und Nöte seiner Familie hineinversetzen. Er spürt, was seine Frau daheim leisten muss, um die Kinder ohne ihn großzuziehen. Der zweifache Vater bejammert nicht seine eigene Lage, sondern versucht, ein bisschen Hoffnung zu schenken. Es ist das Einzige, das er für die Menschen, die er liebt, tun kann.

Kurz vor Weihnachten 1942 dankt Leopold Figl seiner Frau für alles, was sie für ihn tut. Seine Worte machen bewusst, wie wichtig für den Gefangenen die moralische Unterstützung von zu Hause ist: »Welche Empfindungen mein Herz gerade an diesem hohen Familienfeste bewegen und welch heiße Wünsche Euch allen zugedacht sind, kann ich nicht in Worte kleiden! Ich kann nur eines sagen: Möge es mir gegönnt sein, Dir für all die Liebe und Treue, die Opfer und Mühen, die Fürsorge und Zuversicht, die Selbstlosigkeit und Wagemutigkeit Dank abstatten zu können! Möge das Jahr 43 die Erfüllung der langen heißen Wünsche sein! Mögest vor allem Du und die Kinder gesund bleiben. Bleib mir auch weiter der Hort und die Stütze, die Quelle der Kraft. [...] An den hohen Festen bin ich in Gedanken stets bei Euch, wie ja immer! Möge Dir Gott Kraft und Stärke geben! Er behüte und beschirme Euch! Denkt an mich und schreibt wie bisher!«[58]

Seine Worte sind keine leeren Floskeln. Leopold Figl denkt zuerst an seine Frau und seine Kinder und dann erst an sich selbst. Hilde Figl schickt Lebensmittel ins KZ. Der Mann, der seit vier Jahren hungert, bedankt sich: »Dass mir deine Leckerbissen ganz hervorragend geschmeckt haben, kannst Du Dir vorstellen; aber bei jedem Bissen habe ich gewürgt, da er ja doch von Eurem Wenigen erspart ist! Ich habe Dich ja gebeten, dass Du für Dich und die Kinder zuerst sorgen musst! Ich habe schon so lange ausgehalten, werde mit Gottes Hilfe auch weiter durchhalten!« Dann wird das Glück spürbar, das der Gefangene beim Erhalt des Paketes empfunden hat: »Weißt, wenn man so lange Zeit von zu Hause getrennt ist, dann ist jedes Stückchen ein gewaltiges Stück Heimat, das man erleben kann, [...] aus jedem Stück die Liebe und Treue, wenn ich die Verpackung nur sehe!«[59]

Hilde Figl schickt nicht nur Lebensmittel und Hoffnung ins KZ, sie setzt auch alles daran, ihren Mann freizubekommen. Sie schreibt Gesuch um Gesuch, spricht bei der Gestapo vor, fährt nach Berlin. Ohne Ergebnis. Einmal spricht sie bei der Wiener Gestapo auf dem Gang einen Beamten an. Sie hat Hansl und Liesl mitgenommen und schildert dem Mann ihre Situation. Der Beamte kennt Leopold Figl, vielleicht hat er auch Mitleid mit den Kindern. Das Unwahrscheinliche geschieht.

6. KAPITEL

*Ein glücklicher Tag:
Der aus dem KZ entlassene
Leopold Figl kann die
Erstkommunion seiner
Tochter miterleben.*

Die Heimkehr: 8. Mai 1943

Der Mann in dem schlotternden Anzug bleibt auf dem Trep-
penabsatz stehen. Das Stiegensteigen strengt ihn an.
Doch da ist noch etwas, das ihn innehalten lässt. Fünf
lange Jahre hat er diesen Moment herbeigesehnt, doch
jetzt zögert er. Ob Hilde das Telegramm bekommen hat? Wie
werden die Kinder reagieren? Liesl kennt ihren Papa ja
gar nicht. Er sieht die Kleine noch vor sich: Sie sitzt

auf dem Boden und spielt mit ihrer Puppe. Es läutet, die Gestapo-Männer drängen sich in die Wohnung. Und dann … Schluss. Aus. Nicht mehr daran denken. Es ändert ja doch nichts. Leopold Figl tritt die Zigarette aus, die er sich gedankenverloren angezündet hat. Ein paar Schritte noch, dann ist er an der Wohnungstüre.

Die Freude ist riesig. Endlich ist die Familie wieder vereint. Nur die kleine Liesl, die mittlerweile in die Schule geht, ist verstört. Noch 71 Jahre später erinnert sich Anneliese Figl an diesen Moment:»Plötzlich ist mein Vater vor meinem Bett gestanden!« Es ist eingetreten, was Leopold Figl fünf Jahre lang befürchtet hat. Seine Tochter erkennt ihn nicht.»Ist das mein Papi?«, fragt das Kind. Er umarmt sie und gibt ihr viele Bussis, wie Anneliese Figl erzählt.[60]

Nachdem sich die erste Aufregung gelegt hat, nimmt Leopold Figl sein Gästebuch zur Hand. Seit den dramatischen Tagen im März 1938 hat sich niemand mehr darin verewigt. Es ist still geworden in dem gastfreundlichen Haushalt.»Zu Haus ist's am schönsten. Figl. 8. Mai 1943«, schreibt der Heimgekehrte lapidar über eine ganze Seite. Wie soll er Worte finden für das Unmenschliche, das ihm in den letzten fünf Jahren widerfahren ist?

Auch später wird Leopold Figl wenig über seine Erlebnisse im KZ sprechen. Seine jüngste Schwester, Maria Dorrek, erinnert sich in einem ORF-Interview daran, dass ihr Bruder einmal aufgefordert worden sei, ein Buch über diese Zeit zu schreiben.»Ich hab's erlebt. Wenn ich das aufschreibe, glaubt es mir kein Mensch!«[61]

Tatsächlich hätte es wohl niemand gewagt, die Memoiren des Bundeskanzlers und Außenministers als unglaubwürdig hinzustellen. Doch ein Buch oder auch nur ein längeres Gespräch über die KZ-Zeit hätten Leopold Figl gezwungen, sich mit diesen bitteren Jahren auseinanderzusetzen; schlimmstenfalls besonders qualvolle Situationen nochmals zu durchleben. Es ist das Schicksal einer ganzen Generation, über erlittene (oder auch ausgeübte) Gewalt nicht sprechen zu können. Die Opfer schweigen aus Scham: Man kann seinen Kindern nicht von den Grausamkeiten im KZ erzählen, wenigstens ihre Seelen sollen unverletzt bleiben. Als Bundeskanzler will man die Öffentlichkeit nichts über erfahrene Demütigungen wissen lassen. Auch die Täter schweigen, aus Angst; vielleicht auch aus Scham. Doch das Vergangene ist nie vergangen, mag es noch so tief verschüttet sein.

Im Mai 1943 hat Leopold Figl profanere Sorgen. Er muss Arbeit finden, und zwar schnell. Bei der für den Arbeitseinsatz zuständigen Stelle trifft er zufällig auf einen Studienkollegen, der ihm zwei Wochen einräumt, um einen Posten zu finden. Figl muss sich bei dem »Reichsstatthalter von Niederösterreich« melden und bekommt sogar das Angebot, in die »Gaubauernschaft« einzutreten und für »Gaubauernführer« Reinthaler zu arbeiten. Offenbar nehmen die Nazis an, dass Leopold Figl nach fast 2000 Tagen im KZ hinreichend »geläutert« ist, um dem »Dritten Reich« zu dienen. Aber Leopold Figl will sich mit dem Staat, der ihn weggesperrt hat, nicht arrangieren. Als Reinthaler zu ihm sagt, sein Unglück der letzten Jahre sei eine Kette von Verhängnissen und Missverständnissen gewesen, antwortet der gerade Entlassene: »Na, so is net, Herr Minister, sogar des bissl, was i mir vor 1938 auf der Genossenschaftsbank erspart hab', habt's ma a g'stohl'n. Und meiner Frau habt's nicht einmal einen Schilling, einen Pfennig gegeben ...«[62] Tatsächlich wird der Betrag wenige Tage nach dem Gespräch in bar in der Kundmanngasse abgegeben. Leopold Figl muss jetzt schleunigst einen Posten annehmen, wenn er nicht in offenen Widerspruch zu den Wünschen Reinthalers geraten will.

Er kommt auf das Angebot seines Freundes Julius Raab zurück. Am Tag seiner Rückkehr hat der St. Pöltner dem Jüngeren geraten: »Komm zu mir in die Baufirma!« Raab gilt im »Dritten Reich«, ob seiner Position im Ständestaat, als »wehrunwürdig«. Der ehemalige Hausarzt seiner Familie, Gauleiter Hugo Jury, schützt ihn aber vor der Einlieferung ins KZ. Später wird Raab sagen: »Zuerst haben mich die Nazis vor den Nazis geschützt und jetzt schütz ich die Nazis vor den Schwarzen.«[63] Der Baumeistersohn arbeitet in führender Position bei der Firma Kohlmayer, da er im väterlichen Betrieb aufgrund eines Aufenthaltsverbotes für St. Pölten nicht tätig werden kann. Er verschafft seinem Freund eine Anstellung in diesem Betrieb, und zwar als Bauleiter im Erdölgebiet von Zistersdorf.

Vermutlich findet die ungewöhnliche Besprechung zwischen dem ehemaligen Schutzhäftling Figl und dem Gauleiter von »Niederdonau« statt, damit sich Hugo Jury ein Bild vom Freund des von ihm geschützten Raab machen kann. Mit dem Wohlwollen Jurys gelingt es Raab, den eben Entlassenen als »Ing. Eigl« bei der Baufirma unterzubringen. Der Agraringenieur findet sich auch in dieser Tätigkeit zurecht. Unter seiner Anleitung wird im Ölgebiet eine Brücke gebaut, die »Bruck'n, die der Poldl gebaut hat«, wie Raab später erzählen wird.

Seine neue Tätigkeit hat für Leopold Figl einen entscheidenden Vorteil: Er kann sich unauffällig in Niederösterreich bewegen, endlich wieder Höfe und Bauern besuchen. Da das Erdölgebiet für die Versorgung der Wehrmacht die höchste Dringlichkeit besitzt, wird Bauleiter Figl ein Wagen für seine Inspektionsfahrten zur Verfügung gestellt. Lenken muss ihn freilich ein anderer, da der spätere Bundeskanzler zeit seines Lebens keinen Führerschein besitzt. Zwar ist Figl nur die Route Wien–Zistersdorf genehmigt und offiziell auch nur für diese Strecke Benzin vorhanden, aber er findet – im wörtlichen Sinn – Mittel und Wege, seine Fahrten in das ganze nördliche Niederösterreich zu erstrecken. Der ehemalige Reichsbauernbunddirektor kontrolliert nicht nur den Fortschritt der Straßenbauarbeiten. Er versucht, ein Gefühl für die Stimmung in der Bevölkerung zu bekommen und an alte Kontakte anzuknüpfen. Die Bauern haben ihn nicht vergessen, den »Herrn Direktor«. Bewegt erinnert sich Figl später: »Als ich eines Tages unter falschem Namen als Straßenbauingenieur in ein Bauerngasthaus im Marchfeld kam, da zeigte mir der Gastwirt einen Bauernbundkalender vom Jahre 1938, schlug die Seite auf, wo mein Jahresbericht stand, und meinte: ‚Damals ist es uns noch gut gegangen, Herr Ingenieur, als noch diese Zeit war!‘ Da wusste ich, dass der Bauernbund geblieben war.«[64]

Längst hat sich die Stimmung im Land geändert. Der Jubel des März 1938 ist verklungen. Die Männer sind an der Front, immer mehr Gefallene sind zu beklagen. Man sieht in der Wochenschau die Folgen der Bombenangriffe auf die Städte im »Altreich« und hat Angst. Bald werden auch die Wiener im Luftschutzkeller sitzen. Man hat Angst vor Spitzeln, denn man weiß, dass die sogenannten »Volksgerichte« drakonische Urteile fällen. Eine unbedachte Äußerung, ja ein regimekritischer Witz kann einen Menschen aufs Schafott bringen.

Auch Leopold Figl hat Angst. Er weiß genau, dass ihn die Gestapo beobachtet, muss er sich doch seit seiner Entlassung wöchentlich bei seinem Wiener Gestapo-Referenten melden. Doch es gibt Dinge, die wichtiger sind, als die eigene Angst. Im KZ haben sich seine Freunde und er vorgenommen, dass der Bauernbund wieder aufgebaut werden muss, damit er in der Stunde Null funktionsfähig ist. Die Bauern müssen zusammenhalten, um das Volk versorgen zu können, davon ist man überzeugt. Überwachung hin oder her, Figl tut, was er für notwendig hält. Für Österreich.

Das Treffen: 4. Mai 1944

Es ist ein angenehm warmer Frühjahrstag. Leopold Figl hat die Hemdsärmel aufgekrempelt und den Hut in den Nacken geschoben. Gemeinsam mit zwei Bekannten schlendert er durch die kleine Ortschaft. Es ist einiges los auf der Dorfstraße, schließlich ist heute Florianitag. Je mehr Leute, desto besser für die Tarnung. Bis vor Kurzem haben sich die drei Männer angeregt unterhalten, doch jetzt wird Leopold Figl schweigsam. Er hat die kleine Reise von Wien nach Judenau genossen. Er liebt die Weite des Tullnerfeldes, die versteckten Ortschaften mit ihren geschlossenen Höfen und schmalen Kellergassen. Die Menschen, die ihn auch nach fünf Jahren nicht vergessen haben. Hier kommt er her, hier ist er zu Hause. Die Sonne scheint. Kinder spielen „Nachrennen", Frauen mit Kopftüchern tratschen am Straßenrand. Leopold Figl seufzt. Fast könnte man vergessen, dass heute ein ganz besonderer Tag ist.
Die drei Besucher haben die Kellergasse erreicht. Leopold Figl sieht Josef Reither schon von Weitem. Der Weinbauer steht vor seinem Presshaus, um die Jungen zu empfangen. Der ehemalige Landeshauptmann ist trotz seiner 64 Jahre noch eine imposante Erscheinung. Figl betrachtet den alten Mann voller Zuneigung. Er erinnert sich an seinen ersten Besuch nach seiner Entlassung. Der strenge Alte hatte Tränen der Rührung in den Augen, hat ihn wie einen heimgekehrten Sohn umarmt: „Jetzt bin i ruhig, weil du wieder da bist. Jetzt brauch i um meine Bauern keine Angst mehr haben …" Ja, der alte Polterer mag ihn, das hat Leopold Figl immer schon gespürt. Reither hat ihn gefördert, ihn unterstützt. Er ist ein Bauernführer, wie man sich ihn nur wünschen kann. Stark und verlässlich. Ein Vorbild. Auch Dachau hat ihn nicht gebrochen. Leopold Figls Gesichtszüge verhärten sich. Die Nazis haben nicht davor zurückgeschreckt, den alten Mann ins KZ zu sperren. Aber jetzt, jetzt sind sie wieder frei. Endlich können sie etwas für die Heimat tun.

Im Kellerstüberl, hinter der alten Presse, setzten sich die vier »Verschwörer« zusammen. Anwesend sind neben Reither und Figl der spätere Landwirtschaftsminister Josef Kraus und Edmund Weber, der in glücklicheren Tagen Leopold Figl in Presseangelegenheiten beraten wird. Das Gespräch dauert fünf Stunden. Der Österreichische Bauernbund wird wiedergegründet, Leopold Figl soll der geschäftsführende Bauernführer werden. Ein Amt, mit dem man kein Geld, wohl aber die »Aufmerksamkeit« des NS-Staates verdienen kann. Eine Aufmerksamkeit, die lebensgefährlich ist.

Edmund Weber schreibt 1945 über die Beweggründe dieses Treffens: »Österreichs Freiheit und Selbstständigkeit kann nur von den Bauern und dem Arbeitertum garantiert werden. Wenn diese sich nicht vertragen, dann ist es zu Ende mit der Demokratie in Österreich.«[65] Reither habe ausdrücklich darauf bestanden, dass Leopold Figl den neuen Bauernbund aufbauen und auch führen müsse. »Der Figl muss es machen«, soll der Alt-Landeshauptmann gesagt haben. Und, nicht uneitel: »Er ist aus meinem Holz und meiner Schule.«

»Kraus fuhr in einem anderen Wagen als ich und Weber. Und in Judenau hat uns Reither, als richtiger Bauer mit der ›Führta‹ [Anm.: blauer Schurz] angetan, begrüßt. Wir haben uns dann für einige Stunden in den Keller zurückgezogen und dort gemeinsam beraten, wie die Frage gelöst werden soll, wenn der Tag der Freiheit kommt, und was wir vor allem zur Vorbereitung der Freiheit beitragen können«, berichtet Leopold Figl später.[66]

Ein Brief lässt den Schluss zu, dass bereits im Herbst 1943 »konspirative Treffen« in Judenau stattfinden. Leopold Figl, der unter der Woche nahe seiner Arbeitsstelle im Marchfeld wohnen muss, schreibt an seine Frau: »Wir können daher am Samstag nach Judenau fahren. [...] Dich bitte ich am Freitag die Nr. A: 17580 Klappe 235 anzurufen und meinem Referenten zu sagen, dass wir Samstag um 11 Uhr F. J. B. nach Judenau fahren und abends um 19 Uhr zurück!« Mit dem »Referenten«, den Ehefrau Hilde von der Reise verständigen soll, kann nur der Gestapo-Mann gemeint sein, bei dem sich Leopold Figl wöchentlich melden muss. Der ehemalige KZ-Häftling entfaltet seine regime-feindliche Tätigkeit offenbar unter den wachsamen Augen der gefürchteten Geheimpolizei. Er informiert den Herren Referen-ten von seiner Fahrt, sicherlich in der Annahme, dass eine pflichtgemäße Meldung die beste Tarnung ist. Unterschrieben ist der Brief mit »Euer glücklicher Papa«.[67] Das Glück der Freiheit wird noch 13 Monate andauern.

Auch andere österreichische Politiker beginnen zu jener Zeit, für die »Zukunft« zu planen. Adolf Schärf, der spätere Bundes-präsident, knüpft mit anderen Sozialdemokraten Kontakte. Die späteren ÖVP-Politiker Felix Hurdes und Lois Weinberger wurden, wie Figl und Reither, mittlerweile aus Dachau entlas-sen. Aus nationalsozialistischer Sicht ein Fehler, wie sich zeigt. Die beiden haben schon im KZ über eine neue – breiter aufge-stellte – österreichische »Volkspartei« gesprochen und gehen nun daran, ihre Pläne umzusetzen. Die ehemaligen »Schutzhäft-linge« gehen bei ihren Aktivitäten äußerst vorsichtig vor und versuchen, nur so wenige Menschen wie unbedingt notwendig ins Vertrauen zu ziehen. Sie alle wissen, was eine neuerliche Verhaftung bedeuten würde.

Trotzdem herrscht an so manchem Wochenende in der Figl'schen Wohnung reger Betrieb. Die Gäste, die sich um den Speiszimmertisch drängen, sprechen mit gedämpfter Stimme. Die hungrigen Städter können sich bedienen. Trotz der schlech-ten Ernährungslage ist der Tisch reichlich gedeckt: Bauernbrot, Eier, Schmalz, Geselchtes – die Familie Figl stellt zur Verfügung, was der Vater von seinen Fahrten mitgebracht hat. Es geht aber nicht nur darum, die hungrigen Freunde satt zu bekommen. Die

Lebensmittel haben noch einen anderen Zweck: Die Treffen sollen als Hamstergeschäfte getarnt sein, falls plötzlich ungebetene Gäste die Wohnung betreten.

Auch Franz Sobek ist mittlerweile aus Dachau entlassen worden und besucht Freund Figl wieder in seiner Wohnung. Dass solche Treffen nicht nur der Geselligkeit dienen, kann man aus folgender Eintragung aus dem Jahr 1943 schließen: »Neu begonnen in alter Treue und Kameradschaft.«

Neben Julius Raab, dem alten Sturmscharsekretär Fritz Eckert und Felix Hurdes ist auch Lois Weinberger einmal zu Gast. Diese Treffen werden für Leopold Figl üble Konsequenzen haben: Er wird wieder in die Fänge der Gestapo geraten. Vorerst ist die Stimmung gesellig. So gesellig, dass Julius Raab, der immer noch gerne dichtet, nach Langem wieder etwas in das Gästebuch schreibt:

»Bald wird wieder das Freiheitsjahr sein,
dann gehört die Heimat wieder mein,
dann bauen wir sie auf zu neuem Leben,
mag es auch viel Arbeit und Mühe geben.
Sie konnten uns nicht brechen und beugen.
Die Welt wird es einmal müssen bezeugen.
Österreich ist, wird sein, wird bestehen,
und aller Dreck wird untergehen.«

Noble Worte. Scheinbar hat Raab, der Chef – wie er unterschreibt –, im Überschwang der Gefühle nicht daran gedacht, dass sie sowohl ihm, als auch dem Gastgeber im wörtlichen Sinn den Kopf kosten könnten. Die Figls sind, nach allen Erfahrungen, vorsichtiger: Das Blatt wird herausgerissen und am Ruster Hof am Dachboden versteckt. Nach Kriegsende kommt es wieder ins Gästebuch.

Bei allem Mut: Zum Äußersten sind Figl und Raab nicht bereit. Während Weinberger, Hurdes und der ehemalige Unterrichts- minister im letzten Kabinett Schuschnigg, Hans Pernter, Kontakte zum deutschen Widerstand pflegen, halten sich die beiden Freunde diesbezüglich zurück. Doch diese Vorsicht schützt Leopold Figl nicht vor einer neuerlichen Verhaftung.

7. KAPITEL

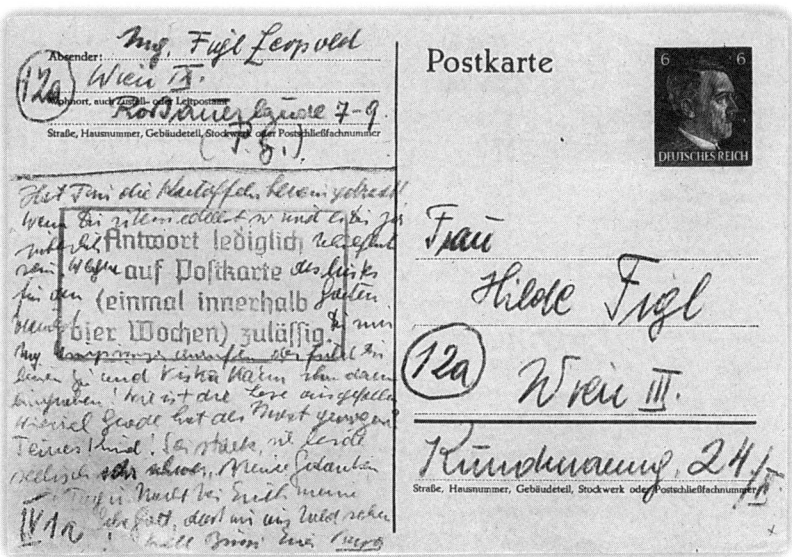

Winzige, mit Bleistift geschriebene Buchstaben füllen die Karte völlig aus. Es könnte die letzte Nachricht sein, die der Gefangene seiner Familie zukommen lassen kann.

Das zweite Mal: 6. Oktober 1944

Es ist Nacht, doch an Schlaf ist nicht zu denken. Unruhig geht Leopold Figl in der Wohnung auf und ab. Fahrig zündet er sich eine neue Zigarette an. Wie lange er wohl noch rauchen kann? Wann werden sie diesmal läuten? „Geheime Staatspolizei, kommen Sie mit!" Wohin werden sie ihn dieses Mal bringen? Zu Verhören in die Gestapo-Zentrale oder doch wieder nach Dachau? Sein Mund ist trocken vor Angst. Sie können mit ihm machen, was sie wollen. Sie haben die Macht.

Leopold Figl dämpft die Zigarette aus, sie schmeckt eigenartig bitter. Er will noch einmal nach den Kindern sehen. Wenigstens sie liegen friedlich in ihren Betten. Hansl ist mit seinen zwölf Jahren schon ein großer Bub. Auch Liesl ist ein verständiges Mädchen geworden. Sein Magen krampft sich zusammen. Diesmal werden sie noch mehr mitbekommen: von der Angst der Mutter. Von den Sorgen, weil wieder kein Geld im Haus ist. Von der Gefahr, in der der Vater schwebt.

Leopold Figl macht sich nichts vor: Die Gefahr ist groß, so groß wie noch nie. Der „Führer" hat Rache geschworen, weil ihm mutige Männer nach dem Leben getrachtet haben. Er selbst war zwar nicht daran beteiligt, aber das wird ihn nicht vor den Foltermethoden der Gestapo schützen. Der Verdacht genügt.

Leise verlässt der Vater das Zimmer seiner Kinder. Innerlich hat er schon Abschied genommen. Auch Hilde ist eingenickt. Gott sei Dank hat sie keine genaue Vorstellung von dem, was ihm bevorsteht. Es war richtig, ihr nichts von den Quälereien und Demütigungen im KZ zu erzählen. Warum auch noch sie damit belasten? Sie wird ohnedies all ihre Kraft brauchen, um die Kinder durch die nächste Zeit zu bringen. Wie lange wird es diesmal dauern? Wird es überhaupt eine Heimkehr geben?

Die Last der Verantwortung nimmt ihm fast den Atem. Seine Handlungen, seine Überzeugung haben die Familie in diese

Situation gebracht. Es gibt keinen Ausweg. Gestern hat
ihm der Gestapo-Mann gesagt, was passieren wird. Es wäre
leicht, zu fliehen. Aber es ist unmöglich. Hitlers Hass
erstreckt sich auch auf die Frauen und Kinder seiner
Feinde. Sippenhaft nennt man das, was diesen Familien
blüht. Nein, er muss bleiben und auf seine Verhaftung
warten.
Leopold Figl geht zum Fenster und öffnet es. Die kühle
Herbstluft tut ihm gut.

Um 6.30 Uhr ist es so weit: Der »Wiederholungstäter« wird von
der Gestapo geholt. Es ist der 6. Oktober 1944, ein Montag. Was
Leopold Figl am Samstag davor erlebt hat, erzählt er sehr
anschaulich in dem schon mehrmals zitierten Radiointerview:
»Es war zuerst großes Erstaunen, dass man mich nicht
geschnappt hat. Ich musste mich jeden Samstag, wenn ich vom
Bau in Zistersdorf nach Wien zurückgekommen bin, bei der
Gestapo melden. Und eines schönen Samstags sagt mir mein
Gestapo-Chef: ›Ich bedaure, aber das ist unser letztes Zusam-
mensein.‹

Darauf sag ich: ›Was haßt des?‹

›Ich bin nicht mehr Ihr Referent.‹

›Nicht mehr, wieso?‹

›Ja, Sie sind auf der Liste der Hitlerattentäter.‹

›Das ist doch Wahnsinn.‹

›Mehr kann ich Ihnen nicht sagen. Jeder Fluchtversuch ist
umsonst. Am Montag früh wird's wieder bei Ihnen läuten, und
Sie werden wieder verhaftet. Sie wissen, was das bedeutet.‹«[68]

Obwohl Anneliese Figl zu diesem Zeitpunkt schon acht Jahre
alt war, hat sie keine Erinnerung an die zweite Verhaftung ihres
Vaters: »Die Mama hat gesagt: ›Der Papa ist wieder weg.‹ Mir ist
das gar nicht so aufgefallen, weil er ja schon vorher unter der
Woche arbeitsbedingt nicht zu Hause war. Ich habe ja in einer

Atmosphäre gelebt, in der ich von nichts eine Ahnung hatte. Meine Mutter hat alles, das mit KZ und Gefängnis zu tun gehabt hat, von mir fern gehalten«, erklärt die Tochter des ehemaligen Häftlings.[69]

Als Hilde Figl versucht, ihren Kindern eine »natürliche« Erklärung für die Abwesenheit des Papas zu geben, sitzt Leopold Figl schon in der ihm sattsam bekannten »Liesl«, dem Polizeigefangenenhaus an der Elisabeth-Promenade, ein. Felix Hurdes und Lois Weinberger sind unter seinen Mitgefangenen. Sie werden immer wieder zu Verhören in die Gestapo-Zentrale gebracht und dort gefoltert. Über das, was Leopold Figl in jenen Wochen widerfahren ist, gibt es – bis auf eine Ausnahme – keine näheren Berichte. Sicher ist aber, dass ein Mann, der zum Kreis der Verschwörer des 20. Juli gezählt wird, bei der Gestapo keine guten Stunden hat.

Im »Bauernbündler« vom 26. August 1945 wird ein Gestapo-Verhör von Leopold Figl relativ harmlos geschildert:»›Wie steht es denn mit eurer famosen Agrarpartei von Judenau?‹ war die erste Frage.

›Ich weiß nicht, was Sie meinen‹, antwortete Figl.

›Leugnen Sie nicht, wir wissen alles. Wir wissen wörtlich, was Sie mit Reither ausgemacht haben, als Sie draußen waren. Sie werden doch nicht über das Wetter gesprochen haben.‹

Figl wußte von nichts. Er schüttelte nur den Kopf.

›Und was ist mit Ihren Komplizen, die dabei waren. Wollen sie uns nicht wenigstens die nennen?‹

Figl: ›Ich habe keine Komplizen, weil absolut nichts vorgefallen ist.‹

›Nun, wir werden Ihnen Gelegenheit geben, darüber nachzudenken. Merken Sie sich aber, wir wissen alles.‹«[70]

Am 10. Oktober 1944, also vier Tage nach seiner Verhaftung, schreibt Leopold Figl eine Postkarte nach Hause. In winzigen

Buchstaben schreibt er mit Bleistift einige Anweisungen an seine Frau. »Bitte dem Chef zu melden, dass momentan auf dem Bau Treibstoff in Zistersdorf abholen muss.« Zwischen den Gestapo-Verhören und dem Grübeln über das eigene Schicksal hat der Gefangene die Nerven, darüber nachzudenken, was »der Chef« – gemeint ist Julius Raab – draußen wissen muss, um einen reibungslosen Ablauf der Arbeit zu ermöglichen. Ganz am Ende muntert er seine Frau, die er »liebes Weibi« nennt, auf: »Sei stark auch in dieser Lage, mein Gewissen ist ruhig! Es wird wieder alles recht werden!«[71]

Einen Monat später klingt Verzweiflung durch, wenn Leopold Figl schreibt: »Warum schreibst Du mir denn gar nicht? Hast Du meine erste Karte nicht erhalten? Warum hast du bei meinem Referenten noch um keine Besuchserlaubnis angesucht? Ich möchte dich wegen der Kinder und Dir sprechen. Bitte, bitte komm bald! Bei jedem Luftangriff bin ich in größter Sorge!« Auf der Rückseite, in winzigen, kaum lesbaren Buchstaben, ist noch ein Appell gekritzelt: »Teures Kind! Sei stark, ich leide seelisch sehr schwer. Meine Gedanken sind Tag und Nacht bei Euch! Gebe Gott, dass wir uns bald sehen!«[72]

Kurz darauf, im Spätherbst 1944, werden Figl, Hurdes, Weinberger und andere präsumptive Mitverschwörer in das KZ Mauthausen verlegt. Die Wiener Gruppe wird vom Lagerkommandanten Ziereis persönlich empfangen. Die Gefangenen müssen einzeln vortreten und Namen und Beruf nennen. Zu jedem macht der SS-Mann eine Bemerkung. Zu Figl sagt er: »Na, das hast notwendig g'habt! Hat dir Dachau nicht genügt?«

Die Neuzugänge kommen nicht ins allgemeine Lager, sondern werden in Einzelzellen isoliert. Vorderhand sind sie »zur Vernichtung durch Arbeit« zu schade. Zuerst sollen sie noch reden, endlich gestehen. Zu diesem Zwecke sind die Gestapo-Beamten, die Lois Weinberger vernommen und gequält haben, mit angereist. »Nun, wie gefällt es Ihnen hier, schön, was? Na, da werden Sie ja noch allerhand erleben!«, prophezeien sie ihm gut gelaunt beim ersten Verhör[73].

Das Verhöhnen der Wehrlosen ist fixer Bestandteil der Gestapo-Routine. Schon in Wien hat man Weinberger gesagt, er werde nun bald das werden, was er offenbar so sehr wolle, nämlich ein österreichischer Märtyrer. Die beiden Gestapo-Beamten sind übrigens keine »deutschen Besatzer«, sondern Wiener Originale, die sich der entsprechenden Sprache befleißigen. Aber sie sind nicht dumm, wie Weinberger selbst schreibt, und sind daher fähig, ihre Gefangenen auch psychologisch unter Druck zu setzen. In seinen Erinnerungen gibt er folgende Szene wieder: »›Übrigens, um Sie selber ist ja nicht schade‹, und wieder stieß er eine ganze Serie von Beschimpfungen und Flüchen aus, ›aber Ihr Bub, wie alt ist er jetzt?‹ Ich sagte: ›Neun Jahre.‹ ›Na sehen S', den haben Sie ja gern, ich hab sein Bild gesehen, wie ich Sie verhaftete, er ist ja ein lieber, blonder Kerl, sehn S', an den hätten Sie denken sollen und an den müssten Sie auch jetzt denken. Was wird er einmal sagen, wenn er auf das Gymnasium gehen möchte und abgewiesen wird, weil sein Herr Vater am Soundsovielten wegen Hochverrates hingerichtet wurde? Segn S', sie g'scheiter Herr, an Ihren Buben und an Ihr Mädel hätten Sie denken müssen. Aber Ihnen ist ja alles wurscht, Sie haben ja gar kein Gefühl, Sie sind ja eiskalt. Schön, uns kann's recht sein, gehn S' schlafen!‹«[74] Natürlich liegt Weinberger in dieser Nacht und in vielen anderen wach und denkt verzweifelt an seine Familie.

Ähnliches mag auch Leopold Figl zu hören bekommen haben. »Diese Vernehmungen in Mauthausen waren nicht angenehm, sie waren sehr hart«, sagt Figl selbst 20 Jahre später. Mehr gibt er nicht preis.

Anfang Jänner 1945 erhalten Figl, Weinberger und ihre Kameraden den Befehl, sich »marschbereit« zu machen. Wieder wissen die Gefangenen nicht, wohin die Reise geht. In ein anderes Lager oder doch nach Wien? Alle fürchten sich vor dem Landesgericht, denn dort werden die sogenannten »Volksverräter« im Hof geköpft. Im Winter 1945 spricht der »Volksgerichtshof« fast ausnahmslos Todesurteile aus.

»Na, am Abend habt's an kalten Arsch!«, ruft ein Wachposten den Gefangen nach, als sie das Lager verlassen. Sie geben einen traurigen Anblick ab, als sie, angetrieben von SS-Wachposten, nach Mauthausen marschieren. Einer der Männer hat geschwollene Füße und kann kaum gehen. »Geh her, i nimm da alles ...«, sagt Figl zu seinem Kameraden und schleppt dessen Habseligkeiten zum Zug.[75] Zunächst endet ihre Reise in der »Liesl«.

Von hier aus hat der Häftling endlich wieder Gelegenheit, seiner Frau eine Nachricht zukommen zu lassen: »Was ich seelisch wegen der Trennung von Euch mitmache, kann ich euch nicht sagen. Möge ein gütiges Geschick uns hold sein! Meine Gedanken sind immer bei Euch!«[76]

Am 10. Februar schreibt Leopold Figl: »Vorerst tausend Dank für die so guten Pakete. Du weißt nicht, wie sie mich jedes Mal erfreuen, da ich dadurch ja doch etwas Heimatliches habe, wenngleich mir das Herz blutet, dass Du jeden Montag diesen schweren Gang [zum Abgeben des Paketes] machen musst. Hoffentlich nimmt es bald ein Ende.«

Offensichtlich dürfen andere Gefangene in der »Liesl« Besuch erhalten, denn auch Leopold Figl hofft sehnsüchtig darauf, dass er mit seiner Frau sprechen kann. Er hofft vergeblich. »Warum kommst du nicht? Auch Karten bekomme ich nicht! Bei den Luftangriffen bin ich immer in größter Sorge um Euch. Ich bitte Dich, geh doch mit den Kindern nach Kapelln. [...] Draußen ist es ja doch sicherer als hier in Wien. [...] Ich bin Tag und Nacht in Gedanken bei Euch und leide so fürchterlich, dass ich gerade jetzt in dieser harten Zeit Euch gar nicht beistehen kann. Aber wir müssen alles dem Schicksal überlassen und fest vertrauen, dass alles wieder recht wird. Bitte überlege nicht lange, geh aufs Land mit den Kindern, nimm keine Rücksicht auf mich! [...] Danke für alles! Gott mit Euch!«[77] Trotz dem Appell, zu vertrauen, klingen diese Zeilen wie ein Abschied. Die gefürchtete Überstellung ins Wiener Straflandesgericht steht unmittelbar bevor.

Tatsächlich ist es die letzte Karte, die Leopold Figl aus der Gefangenschaft schreiben kann. Wie in einem Brennglas zeigt ihr Inhalt zwei Charaktereigenschaften des Verfassers, die auch aus dem übrigen erhaltenen Schriftverkehr hervorgehen: Auch oder vielleicht gerade in der größten Not stellt Leopold Figl das Wohlergehen seiner Familie über sein eigenes Schicksal. Und er versucht sich und den anderen selbst in einer scheinbar ausweglosen Lage den Glauben an eine positive Wendung zu erhalten. Diese beiden Wesenszüge werden nur zwei Monate später, im April 1945, dazu beitragen, die Bevölkerung Wiens vor dem Verhungern zu bewahren. Im Ringen um den Staatsvertrag werden sie den Bundeskanzler und späteren Außenminister nicht aufgeben lassen, obwohl jahrelang alle Bemühungen gescheitert sind.

Kurz nachdem Leopold Figl die letzte Karte an seine Frau geschrieben hat, wird er ins »Graue Haus« überstellt: »Der Volksgerichtshof hatte offensichtlich die Verhandlungstermine fixiert. In der Einzelzelle, die das gefürchtete ›V‹ für Volksgerichtshof trug, warteten wir auf das sichere Todesurteil. Wie nahe der Tod war, konnte ich Nacht für Nacht hören, wenn vom Gefängnishof heraus der dumpfe Schlag des Fallbeiles in die Zelle hallte«, erinnert sich Figl 20 Jahre später.[78]

Die Front rückt immer näher, doch noch können die Gefangen nicht aufatmen. Das Überleben wird zum Wettlauf mit der Zeit.

8. KAPITEL

In der Todeszelle: April 1945

Es ist still in der kleinen Zelle, viel zu still. Kein Klopfen aus den benachbarten Räumen, keine Schritte auf dem Gang, keine Geräusche aus dem Hof. Leopold Figl ist mit sich und seinen Gedanken alleine. Die Ruhe vor dem Sturm. Seit Tagen werden die Häftlinge nicht mehr zu ihren üblichen Runden in den Hof geführt. Die Rationen werden immer kleiner, die Wachen immer nervöser. Immer unberechenbarer. Einmal war von der Ferne Kanonendonner zu hören. Die Russen müssen schon ganz nahe sein. Das wissen auch die SS-Männer. Aber noch sind sie Herren über Leben und Tod. Noch haben sie Zeit, möglichst viele ihrer Opfer zu liquidieren.

„Fertigmachen!", brüllt eine Stimme vom Gang, gleichzeitig kracht ein Gewehrkolben gegen die eiserne Zellentüre. Leopold Figl zuckt zusammen. Jetzt also. Es ist so weit. Gleich werden sie die Türe aufreißen. Mechanisch steht der Gefangene auf und sammelt seine wenigen Habseligkeiten ein: eine Blechschüssel, einen Löffel, ein dünnes Handtuch und ein winziges Stück Seife. Wozu? Er wird diese Dinge nicht mehr brauchen. Beim letzten Hofgang haben es sich die anderen Gefangenen zugeraunt. Die Politischen, die „Köpfler", gehen bald auf Transport. Nach Stein, heißt es. Oder in den Tod: „Auf der Flucht erschossen", sagt die SS dazu. Jetzt noch. Im allerletzten Moment, das ist das Bitterste.

Die Tür fliegt auf. „Los, raustreten!" Auch andere Gefangene werden aus ihren Zellen gestoßen. Da sind Hurdes und Weinberger - bleich, aber gefasst. Es tut gut, die Kameraden zu sehen; trotz allem. Rufe gehen hin und her, Grüße und aufmunternde Worte. Sie haben keine Angst mehr vor der Wut der Wachposten. Nicht mehr.

»Als der russische Einschließungsring um Wien immer enger wurde, mussten die Häftlinge drei Mal im Gefängnis zum Abtransport antreten. Sie waren schon aneinander gefesselt. Das Ziel sollte Stein sein. Doch der Abtransport wurde zu unserem Glück immer wieder hinausgeschoben. Wenige Tage später fand, wie wir nachträglich mit Schaudern erfuhren, in Stein das berüchtigte Häftlingsmassaker statt, bei dem zahlreiche Gefangene von der SS erschossen wurden«[79], berichtet Leopold Figl 1959 in einem Interview.

Über 60 Tage muss der spätere Bundeskanzler in einer Zelle zubringen, an deren Tür in großen Lettern »V« prangt. Das macht ihn in der harten und treffenden Sprache seiner Mitgefangenen zu einem »Köpfler«. Die Verhandlungen vor dem »Volksgerichtshof« sind eine Farce und enden mit an Sicherheit grenzender Wahrscheinlichkeit auf dem Schafott. Im Februar und März 1945 kann der Mann, der wenige Wochen später für das Schicksal Österreichs verantwortlich sein wird, nur warten. Auf die Freiheit. Oder den Tod.

Nicht nur vom Schafott des Volksgerichtshofes und den Maschinengewehren der SS, auch von den Bomben der Alliierten geht in diesen Wochen eine tödliche Bedrohung für die Häftlinge im Landesgericht aus. Wenn alliierte Bombengeschwader im Anflug sind, werden die Zellen besonders gut versperrt, und die Wachen ziehen sich in die Luftschutzkeller zurück. Die Häftlinge müssen auch diese Gefahr ohnmächtig über sich ergehen lassen. Wer Kraft genug hat, um zu dem vergitterten Zellenfenster hinaufzuturnen, kann den von Suchscheinwerfern erhellten Himmel über Wien sehen. Die Gefangenen hören das Zischen und Dröhnen der fallenden Bomben, das Bellen der Flak und schließlich die Explosionen, wenn die Abwürfe ihr Ziel erreicht haben. Sie bangen nicht nur um das eigene Leben. Sie zittern um ihre Frauen und Kinder, von denen sie seit Wochen oder Monaten

nichts gehört haben und die vermutlich in einem Wiener Luftschutzkeller sitzen.

Auch Leopold Figl sorgt sich in jenen Bombennächten um
seine Frau Hilde und die Kinder. Er weiß nicht, ob seine Familie
seinem Rat gefolgt ist und Zuflucht bei seiner Schwester auf dem
Land gesucht hat.

Der »Bauernbündler« vom 21. Oktober 1945 berichtet über
die letzten Stunden von Leopold Figl und seiner Kameraden in
den Händen der SS: »Von den über 8000 Häftlingen des Landesgerichtes waren bloß die 400 der ›schwerstbelasteten‹ Volks-
gerichtskandidaten zum Abmarsch befohlen. Jeder wusste,
dass dies nicht zu dem Zwecke geschah, um sie zu retten. Das
Marschziel würde keiner erreichen. [...] Eben als der Zählappell beginnen sollte, gab es Unruhe, Aufregung, einen Wirbel
unter der Wachmannschaft, und bald sickerte durch: ›Die
Rote Armee ist da, der Ring um Wien ist geschlossen, an ein
Durchkommen ist nicht mehr zu denken.‹ Mit bleichen
Gesichtern trieben die SS-Leute die Gefangenen wieder in die
Zellen zurück. [...] Am nächsten Morgen war die SS verschwun-
den.«

Am 5. April teilt der stellvertretende Kommandant des
Landesgerichtes, ein Österreicher, den Gefangenen mit, dass er
beabsichtige, nun alle Häftlinge zu entlassen. Der Moment, den
Leopold Figl seit dem Tag seiner neuerlichen Verhaftung herbeigesehnt hat, an den er trotz allem zur Schau gestellten Optimismus vermutlich nicht mehr geglaubt hat, ist da. Sie, die »Köpfler«,
leben noch. Sie werden frei sein. Die Frau, die Kinder wieder
sehen. Endlich. Doch Leopold Figl gibt sich keinem Freudentau-
mel hin. Er reagiert ruhig und besonnen. »Ich verlangte für alle
ordentliche Entlassungspapiere, denn noch immer kämpften
versprengte deutsche Truppen in der Stadt, und auch die Sowjets
gingen nicht eben freundlich mit Leuten ohne Dokumente um.

Auch schlug ich dem stellvertretenden Kommandanten des ›Grauen Hauses‹ vor, alle im Gebäude gestapelten Lebensmittel und Zigaretten an die Häftlinge zu verteilen«, erzählt der Kanzler später.[80]

Diese überlegte Haltung mag so manchem Mitgefangenen das Leben gerettet haben. Und so verlassen die Häftlinge im Laufe des 6. April das Landesgericht. Leopold Figl, der unaufgefordert die Verantwortung für die Entlassung seiner Leidensgenossen übernommen hat, geht als einer der Letzten. Auf einer Bank im Votivpark sitzt ein einsamer Mann, blass und ausgemergelt wie er selbst. Es ist Felix Hurdes, der ebenfalls im dritten Bezirk wohnt. Bevor die beiden Heimkehrer ihre Frauen und Kinder suchen, gehen sie in den Stephansdom. Es ist den beiden gläubigen Katholiken ein Bedürfnis, Gott für ihre Rettung zu danken. Wenige Tage später zerstört ein Brand, der durch einen überspringenden Funken ausgelöst wird, große Teile des »Steffls«.

Auch an jenem Nachmittag, als Figl und Hurdes vom Votivpark in den dritten Bezirk gehen, brennt die Stadt. Der Kampf um Wien hat seinen Höhepunkt erreicht. Jene Frauen und Kinder, die nicht rechtzeitig aufs Land geflohen sind, kauern verängstigt in den Kellern. 15-jährige Schulbuben und alte Männer werden im letzten Moment in den »Volkssturm« gepresst, um den Untergang des Regimes hinauszuzögern. Wer versucht, sich davonzumachen, wird erschossen.

»Wir kapitulieren nie«, können die verzweifelten Wiener an ihren zerschossenen Hausmauern lesen. Überall in der Stadt liegen Tote: Bombenopfer, gefallene Soldaten oder erhängte »Deserteure«. Am 8. April enthält das Lagebuch des Oberkommandos der Wehrmacht folgenden Eintrag: »Westlich Wiens weiteres Fortschreiten des Feindes, der den Kahlenberg erreichte. Die Wiener Bahnhöfe werden umkämpft. Ein Teil der

Wiener Bevölkerung hat die Haltung verloren. Die Versorgung macht Schwierigkeiten.«[81]

Als sich Leopold Figl seinen Weg durch das zerbombte Wien bahnt, ahnt er nicht, dass er in wenigen Tagen für die Versorgung dieser hungernden Stadt zuständig sein wird.

Teil III: Glaube

9. KAPITEL

Österreich ist auf das Wohlwollen der Besatzungsmächte angewiesen. Das wird die nächsten zehn Jahre so bleiben.

Vom Keller in die Kommandantur: April 1945

Wenn er nur endlich Luft bekommen würde. Ruhig, ganz ruhig. Der Mann, der sich unter einem Berg aus alten Kartoffelsäcken versteckt hält, versucht möglichst gleichmäßig zu atmen. Obwohl es kühl ist im Keller, ist seine Stirn feucht. Stimmen dringen an sein Ohr.

„Der Figl soll hier versteckt sein, das Dreckschwein. Wo ist er?", brüllt eine Stimme im verhassten Kommandoton.
„Der Figl?", fragt die Hausmeisterin. „Da is er net. Der war doch eing'sperrt."
„Dann würden wir ihn ja nicht suchen, du blöde Gans! Also, wo ist er?"
Sein Herz rast. Wenn es die Hausmeisterin jetzt mit der Angst bekommt … Schritte nähern sich. Es müssen mehrere Personen sein, vermutlich eine SS-Streife. Der Schein einer Taschenlampe dringt durch den groben Stoff der Säcke. Eine Bewegung, ein Husten - und alles ist vorbei. Er wird Hilde und die Kinder nie wieder sehen.
„Na ja, Herr Offizier, er war scho da, der Figl. Aber er is aufs Land, sei Frau suachen und die Kinder", stammelt die alte Frau. Sie macht ihre Sache gut.
Leopold Figl hört die SS-Männer fluchen, dann verschwindet der Schein der Taschenlampe. Schritte entfernen sich, die Tür fällt krachend zu.
Nach einer Ewigkeit sagt die Hausmeisterin: „Die SSler san weg. Kumman S' ausse, Herr Figl!"
Aus einem anderen Teil des dunklen Kellers kommen einige Wehrmachtssoldaten wieder zum Vorschein, die ebenfalls vor der SS-Streife in Deckung gegangen sind. Feuerzeuge flammen auf, Zigaretten werden herumgereicht. Für den Moment ist die Gefahr gebannt.
„Russen!", sagt ein abgehärmter, älterer Offizier, der sich als „Posten" erbötig gemacht hat. „Sie kommen!"
Wenig später poltern drei Rotarmisten die Stiegen hinunter. Sie halten Maschinenpistolen im Anschlag. Die Soldaten heben die Hände. Die Hausmeisterin und einige Nonnen, die ebenfalls Zuflucht im Keller gesucht haben, weichen ängstlich zurück. Leopold Figl erhebt sich. „Du Soldat!", radebrecht einer der Russen und deutet auf seine geschorenen Haare. Der Mann, der erst Tage zuvor der Todeszelle entronnen ist, schüttelt den Kopf. Dann zieht er seinen Entlassungsschein aus der Hosentasche. Der Älteste der drei Sowjetsoldaten beäugt das Papier

misstrauisch. Dann, nach Sekunden, die wie eine Ewigkeit scheinen, nickt er bedächtig: „Charaschó. Du nix Soldat!", sagt der Russe, und ein Grinsen breitet sich über seinem Gesicht aus.

Die Rotarmisten ziehen weiter. Einige Tage später, am 12. April, kommen wieder sowjetische Soldaten in das Haus Kundmanngasse 24. Sie wissen, wen sie suchen. Sie sollen »Gospodin Figl« zum Eroberer Wiens, Marschall Tolbuchin, bringen. Vermutlich hat Figl durchaus gemischte Gefühle, als er den Russen folgt. Er hat keine Ahnung, was ihm bevorsteht. Vielleicht hat der Gesuchte auf dem Weg Gelegenheit, den »Befehl Nr. 1 des Militärkommandanten« zu lesen, der an Häusern und Litfaßsäulen angeschlagen ist. Punkt 1 lautet: »Alle Gewalt ist in meiner Person konzentriert als dem Repräsentanten des Oberkommandos der Roten Armee. Die Anordnungen des Ortskommandanten der Roten Armee sind für die Bevölkerung bindend und haben Gesetzeskraft.«

Was will der Beherrscher Wiens von Leopold Figl?

Die Fahrt geht zum Palais Auersperg, wo ihn der Stadtkommandant schon erwartet. An seiner Seite ist Johann Koplenig, der Vorsitzende der KPÖ, was die Verständigung erleichtert. Der Befehl ist ebenso eindeutig wie schwierig: »Gospodin Figl«, der den Russen als Bauernführer bekannt ist, soll Lebensmittel auftreiben, um die Wiener Bevölkerung zu versorgen. Aber: Rund um Wien wird noch gekämpft. Figl hat keine Vorräte, kein Saatgut, keine Leute und keine Fahrzeuge. Er hat nichts, bis auf den Willen, seinen Landsleuten zu helfen. Das muss genügen.

Im Palais Auersperg trifft Figl auch Vertreter der Widerstandsbewegung 05, die er schon aus Dachau kennt. Unter ihnen seinen Freund Franz Sobek, der sich bald daranmacht, die Beamtenschaft um sich zu scharen.

Der ehemalige Reichsbauernbunddirektor bezieht wieder sein altes Büro in der Schenkenstraße. Auf dem Dach wird die rot-weiß-rote Fahne gehisst und auch die grüne des Bauernbundes. Symbole sind gut für die Moral, für den gemeinsamen Willen. Einen gemeinsamen Willen brauchen die Männer der ersten Stunde notwendiger als alles andere. »Wir errichteten das österreichische Amt für Landwirtschaft und Ernährung, denn Ministerium gab es noch keines; wir hatten noch keine Regierung, die Gemeinde Wien noch keine Verwaltung, einzig und allein der Bauernbund in der Schenkenstraße funktionierte«[82], erzählt Figl später nicht ohne Stolz.

Eduard Hartmann, einer seiner ersten Mitarbeiter, berichtet über jenen denkwürdigen Tag: »An den Toren des Bauernbundes und des Kammerhauses brachten wir die in russischer Sprache handgeschriebenen Dokumente an, durch die bestätigt war, dass in diesem Gebäude zur Sicherung der Ernährung des österreichischen Volkes gearbeitet wird. Das war – noch unter dem Eindruck des Kanonendonners des zu Ende gehenden Krieges – die Stunde des Wiedererstehens von Bauernbund und Landwirtschaftskammer.«[83]

Leopold Figl und seine Mannen verfügen nun zumindest über ein Gebäude. Es wird vorerst zum Mittelpunkt der ÖVP, die wenige Tage später gegründet wird. Am 16. April nimmt Figl gemeinsam mit dem Sozialdemokraten Oskar Helmer das Niederösterreichische Landhaus in Besitz, angeblich mit der Bemerkung: »Hier ist nicht Niederdonau, hier ist Niederösterreich!« Es wird ein Landesausschuss gegründet, in dem sich Leopold Figl ausdrücklich als Platzhalter für Landeshauptmann Reither versteht, der noch nicht aus dem KZ zurückgekehrt ist. Am 18. April bestätigen die Sowjets Leopold Figl als provisorischen Landeshauptmann von Niederösterreich.

In jenen turbulenten Tagen jagt ein Ereignis das nächste. Am

17. April 1945 wird im Schottenstift im 1. Bezirk die Österreichische Volkspartei formal gegründet. Obmann ist Leopold Kunschak, weitere Gründungsmitglieder sind Figls alte KZ-Kameraden: Hans Pernter, Lois Weinberger und Felix Hurdes sowie Julius Raab. »Das war ein Wirbel und ein Durcheinander, den sich heute kaum noch jemand vorstellt. Als wir die ersten Schritte außer Haus wagten, gab es noch manche Tiefliegerangriffe und eine Reihe anderer Gefahren, die durchaus ernst genommen werden mussten. Wir sind trotzdem drauflos marschiert und haben das verwirklicht oder zu verwirklichen begonnen, wofür wir gekämpft und gelitten haben«[84], schreibt Weinberger in seinen Erinnerungen.

Zwei Jahre später, am 18. April 1947, wird Leopold Figl vor dem ersten Bundesparteitag der ÖVP erklären: »Wir haben es wiederholt gesagt, man hat es uns anfangs nicht immer recht geglaubt, wir sind keine Nachfolgepartei, sondern wir sind eine neue Partei. [...] Wir haben nichts von vorgestern übernommen, aber wir versuchen aus dem Schutt von vorgestern, der uns nach der politischen Weltkatastrophe 1938 im Jahre 1945 überblieb, all das zu retten, was uns des Rettens wert scheint.«[85]

Im April 1945 machen sich die österreichischen Politiker, die sieben Jahre keine sein durften, daran, den Schutt des untergehenden »Dritten Reiches« zu beseitigen. Der 75-jährige Karl Renner, der erste Staatspräsident der Republik, wagt es, am Semmering gegen die Ausschreitungen sowjetischer Soldaten zu protestieren. Bald schon beginnt der alte Herr seinen Mut zu bereuen. Er wird auf ein Lastauto verladen und weggebracht. Eine Reise ohne Wiederkehr? Es kommt anders, als Renner vermutlich befürchtet hat. Eine größere Anzahl hoher Offiziere empfängt ihn, die über die Geschichte Renners Bescheid wissen. Es entspinnt sich eine Diskussion über die momentane Lage, und Renner betont, dass sich die Mehrheit der Bevölkerung nichts anderes wünsche als die Wiederherstellung der Republik Österreich.

Nach einem weiteren Gespräch mit dem sowjetischen Generaloberst Alexej Scheltow wird Renner von den Russen in Wien einquartiert und beginnt mit der Bildung einer provisorischen Regierung. Am 23. April einigen sich in Renners Hietzinger Wohnung Vertreter der Sozialisten, der Volkspartei und der Kommunisten auf die Zusammensetzung dieser Regierung.

Felix Hurdes, der neue Generalsekretär, hat in parteiinternen Gesprächen ein Amt in dieser Regierung abgelehnt. Insider Weinberger schreibt darüber: »So waren wir gezwungen, einen neuen Kandidaten zu nennen. Irgendwer, ich glaube, dass es Kunschak selbst war, nannte dann den Exponenten der Bauernschaft, Ing. Figl. So kam dieser schon in das erste Kabinett Renner und damit auch in den politischen Vordergrund. Ich bin überzeugt, dass die damalige Kandidatur Figls in weiterer Folge auch zu seiner Obmannschaft in der Volkspartei und schließlich zur Übernahme der Kanzlerschaft durch ihn geführt hat. So können Zufälle und wenige Minuten für sehr weit tragende Entscheidungen von Bedeutung werden. Hurdes, der sehr viel mitgemacht hatte, magenleidend war und dessen Nerven damals auch etwas auszulassen drohten, wäre vielleicht auch gar nicht so durchgekommen wie der weitaus robustere und zähere Bauernsohn Figl. Dessen Stärke war es schon damals und ist es bis zur Stunde geblieben, dass er mehr aushielt als alle anderen. Figl hat von seinen Vätern eine Zähigkeit und Robustheit vererbt bekommen, die ich oft bewunderte und die gewiss viel dazu beigetragen hat, dass unser Land über manche auch sehr kritische Situation hinwegkam.«[86]

Die Proklamation: 29. April 1945

Es zieht. Unwillkürlich schlingt Leopold Figl den weiten
Mantel enger um seine knochige Gestalt. Von draußen
dringt kühle Luft in den hohen Raum. Der April 1945 ist
wenig frühlingshaft, und die Fenster des ehrwürdigen
Rathaus-Sitzungssaales sind noch ohne Glas. Doch was tut
das schon. Heute ist ein großer, ein feierlicher Tag. Die
provisorische Regierung wird das Parlament in Besitz
nehmen. Gestern erst hat die Wiener Feuerwehr Reichs-
adler und Hakenkreuze von den Fahnenmasten vor dem Parlament geholt. Die Russen haben den armen Feuerwerkern mit
Sibirien gedroht, wenn die Nazi-Symbole nicht bis heute
verschwunden wären. Zuerst war die Aufregung groß, doch
dann hat sich ein mutiger Mann bereiterklärt, hinaufzu-
steigen und die Embleme des Dritten Reiches zu entfernen.
Und heute ist es so weit: In weniger als einer halben
Stunde wird der Regierungschef im Parlament seine Erklärung verlesen.
Leopold Figls Blick fällt auf den weißhaarigen Mann, der
den Vorsitz führt. Ob Karl Renner der Richtige ist, um den
Russen Paroli zu bieten? Vor sieben Jahren hat er sich
nicht gerade wie ein österreichischer Held verhalten.
Sogar in Dachau hat der ehemalige „Schutzhäftling" von
dem Interview gehört, das Renner gegeben hat. „Ich stimme
mit ja", hat er verkündet und sich so vor den Karren der
Nazi-Propaganda spannen lassen. „Ja" zum „Anschluss",
„Ja" zur Auslöschung Österreichs. Der erste Kanzler der
Republik hat dem Untergang des Staates, den er selbst
mitbegründet hat, applaudiert. Er und Millionen andere
haben sich in der Stunde der Not von der Heimat abgewandt.
Das Gefühl der Verzweiflung, als in Dachau das Ergebnis
der Volksabstimmung triumphierend bekannt gegeben wurde, ist plötzlich ganz nah. So etwas darf es nie wieder
geben. Die Österreicher müssen lernen, zu ihrer Heimat zu
stehen.
Wenig später verlassen 30 Männer in alten, abgewetzten

Anzügen das Rathaus in Richtung Parlament. Karl Renner und Bürgermeister Theodor Körner, fast gleich alt und ebenso weißhaarig, an der Spitze; Leopold Figl, Adolf Schärf und Johann Koplenig in der zweiten Reihe. Figls Gedanken wandern zu jenem Tag, als er auf der anderen Seite des Rathauses aus dem „Grauen Haus" kam. Der Tag, seit dem er keine Angst mehr haben muss, dass … Nein, er will nicht mehr daran denken. Das ist vorbei, aus und vorbei. Sie haben keine Macht mehr über ihn.

Plötzlich schiebt sich ein Arm unter den seinen: Sein Nebenmann, der Sozialdemokrat Schärf, hat sich untergehakt. Leopold Figl lächelt und tut dasselbe bei Koplenig, dem Kommunisten. In diesem Moment spüren es alle drei: Sie sind die Jungen, auf sie kommt es an. Ob rot, schwarz oder kommunistisch spielt keine Rolle; sie müssen zusammenarbeiten. Die Heimat braucht sie.

Schon sind sie bei der Parlamentsrampe angelangt. Alles erscheint ein wenig unwirklich. Sowjetsoldaten sind als Ehrenformation angetreten, sie präsentieren ihre Maschinengewehre. Stadtkommandant Blagodatow begrüßt die Regierungsmitglieder. Unten, am Ring, sammeln sich immer mehr Menschen. Obwohl es kein reguläres Radioprogramm und keine regelmäßig erscheinenden Zeitungen gibt, muss die Bevölkerung von dem heutigen Geschehen erfahren haben. Die provisorische Regierung nimmt das Parlament wieder in Besitz. Sieben lange Jahre war das ehrwürdige Gebäude am Ring zum „Gauhaus" degradiert, aber jetzt soll es wieder dem österreichischen Volk dienen. Als sichtbares Zeichen dafür wird die rot-weiß-rote Fahne gehisst. Jubel brandet auf. Niemand hat diese Leute herbestellt, und doch sind sie gekommen, um ihre neue Regierung zu begrüßen.

Leopold Figls Blick wandert von einem Gesicht zum anderen. Tief in den Höhlen liegende Augen, abgehärmte Gesichtszüge, schlotternde Kleider. Männer und Frauen, die vor ihrer Zeit gealtert sind. Doch da ist noch etwas: Man sieht es in ihren Augen, an ihrem Blick. Die Menschen vor dem Parlament haben zum ersten Mal seit Monaten, seit Jahren wieder Hoffnung. Hoffnung, dass es wieder besser wird in diesem Land. „Wir werden sie nicht enttäuschen", denkt der Mann, der schon bald Bundeskanzler sein wird.

Adolf Schärf erinnert sich: »Uns war feierlich zumute, als wir die Rampe hinaufstiegen; wir bemerkten in vieler Augen Tränen. [...] Unter der Aufsicht von russischen Soldaten wurde auf den Masten die rot-weiß-rote Fahne hochgezogen. Viele von uns schluchzten vor Freude auf. Und Renner sprach vor dem sowjetischen Stadtkommandanten Blagodatow und den Zehntausenden von Wienern ein großes Wort: ›Nehmen Sie die Versicherung entgegen, dass wir uns bemühen werden, so bald es die Umstände erlauben, alle Erwachsenen Österreichs zur Urne zu rufen, damit sie sich selbst regieren, durch eine von ihnen selbst eingesetzte Regierung. [...] Es lebe die unabhängige, freie, Zweite Republik Österreich. [...] Freundschaft für alle! Freiheit für alle! Glück und Segen dem neuen Österreich!‹«[87]

Feierliche Worte. Unabhängig und frei ist dieses Österreich am 29. April 1945 freilich keineswegs. Die Rote Armee hat Wien und weite Teile des Burgenlands, der Steiermark und Niederösterreichs erobert. So weit erstreckt sich das »Hoheitsgebiet« der provisorischen Regierung, die dabei aber völlig vom Wohlwollen der Sowjets abhängig ist. Die drei westlichen Alliierten betrachten die Regierung von Stalins Gnaden mit Misstrauen.

Auch die Proklamation, die Karl Renner im beschädigten Parlament verliest, enthält starke Worte. Der Mann, der für Hitlers Abstimmung geworben hat, stellt ehemaligen Nationalsozialisten eine düstere Zukunft in Aussicht: »Jene, welche aus Verachtung der Demokratie und der demokratischen Freiheiten ein Regime der Gewalttätigkeit, des Spitzeltums, der Verfolgung und Unterdrückung über unserem Volk aufgerichtet, welche das Land in diesen abenteuerlichen Krieg gestürzt und es der Verwüstung preisgegeben haben und noch weiter preisgeben wollen, sollen auf keine Milde rechnen können. Sie werden nach demselben Ausnahmerecht behandelt werden, das sie selbst den anderen aufgezwungen haben und jetzt auch für sich selbst für gut befinden sollen.« Renner ist der Ansicht, das demokratische Österreich solle für schuldig befundene Nationalsozialisten nach den nationalsozialistischen Gesetzen für politische Gegner aburteilen.[88] Wer sich allerdings den Nazis aus »Willensschwäche«, aufgrund seiner »wirtschaftlichen Lage« oder aus »zwingenden öffentlichen Rücksichten« angeschlossen habe, solle in die »Gemeinschaft des Volkes zurückkehren« und habe nichts zu befürchten. Damit ist – echt österreichisch – die Ausnahme in die allgemeine Drohung gleich eingebaut. Zum Schluss richtet der 75-Jährige einen flammenden Appell an die Österreicher. »Verzagt nicht! Fasset wieder Mut! Schließt Euch zusammen zur Wiederaufrichtung Eures freien Gemeinwesens und zum Wiederaufbau Eurer Wirtschaft! Vertagt allen Streit der Weltanschauungen, bis das große Werk gelungen ist!«

Später werden draußen am Ring die Deutschmeister aufspielen. Ohne Uniform und ohne passende Hymne. So intonieren sie den Donauwalzer und »Oh du mein Österreich«. Einige Paare tanzen, die sowjetischen Kameraleute filmen. Sie werden diese Bilder für Propagandazwecke einsetzen, doch die Freude der Menschen ist echt. Die Fahne, die auf den Masten gehisst wird, die gestern noch die Insignien des »Dritten Reiches« trugen, wird von allen als die ihre anerkannt.

Das war nicht immer so. An dem Tag, als Deutschösterreich zur Republik wurde, am 12. November 1918, sammelt sich eine weitaus größere Menschenmenge vor dem Parlament: 150 000 Menschen strömen zusammen. Doch es vermag keine Feierstim-

Familie Figl 1918: Witwe Josefa mit ihren neun Kindern.

Noch ist das Familienglück ungetrübt: Die Eltern mit ihrem 1932 geborenen Hansl.

1933: Bundeskanzler Dollfuß besucht Niederösterreich. Rechts von ihm der Niederösterreichische Landeshauptmann Josef Reither und der Direktor des Niederösterreichischen Bauernbundes Leopold Figl.

Bundeskanzler Schuschnigg und Leopold Figl (im Hintergrund).

»Ja, kleine Kinder habe ich verlassen, und große Kinder werde ich sehen, wenn ich es überhaupt erlebe!« – Hansl und Liesl um 1940.

Wie oft mag Leopold Figl dieses Foto betrachtet haben? Seine Frau schickt es ihm nach Dachau, liebevoll beschriftet er es: »Meine teuren Kinder«.

Endlich frei: Leopold Figl bei
der Weinernte 1943.

Vater und Tochter nach
dem Krieg.

Die Schrecken von KZ und Todeszelle liegen hinter ihm, Verantwortung und Arbeit vor ihm: Leopold Figl 1945.

Besuch in Rust: Leopold Figl bei seiner Familie.

Überzeugungsarbeit im Gasthaus: Leopold Figl fällt es nicht schwer, auf Menschen zuzugehen. Das ist vor allem im Wahlkampf wichtig.

Regelmäßige Kirchenbesuche sind Teil des Alltags von Leopold Figl, auch wenn er beruflich noch so beschäftigt ist.

Sie haben sich unbeschwerte Stunden zu zweit verdient. Doch das Arbeitspensum des Bundeskanzlers lässt kaum Zeit dafür.

Ein entspannter Leopold Figl.

Bei Nichte Maria und seinem Neffen Hubert kann Leopold Figl ein wenig nachholen, was er bei seiner eigenen Tochter schmerzlich versäumt hat: die Kleinkinderjahre.

Urlaub in Matrei: Auch hier muss Korrespondenz erledigt werden. Der Bote wartet schon mit der Posttasche.

Die Zeit vergeht zu schnell: Aus den Kindern sind Jugendliche geworden.

Der perfekte Urlaub:
Jagen in Osttirol.

Das einzige Hobby, für das sich der
Kanzler Zeit nimmt. Er mag vor allem
das »einfache Leben« in Natur und
Hütten.

ÖSTERR. POST- UND TELEGRAPHENVERWALTUNG

| Dienstliche Angaben: | Gattung: X | Telegramm Eing.-Nr. 52 | Die Telegraphenverwaltung übernimmt hinsichtlich der ihr zur Beförderung oder Bestellung übergebenen Telegramme keine wie immer geartete Verantwortung. |

Frau Josefa Figl
Tullnerfeld Rust
P. Michelhausen NÖ

Aufgenommen von Tulln	Aus Graz	Nr. 2385 Worte 26	Aufgegeben am 31. I. 1953
auf Ltg. Nr.			um 6 Uhr
am 31. I. 1953 um 3.30 Uhr M. durch:	Die obigen Angaben bedeuten: 1. den Namen des Aufgabebeamtes, 2. die Aufgabenummer, 3. die Wortzahl (auch in Bruchform), 4. den Monatstag, 5. die Aufgabezeit.		

Zum heutigen Geburtstag
wünsche ich von Herzen Gottes reichsten
Segen und vor allem Gesundheit
Dein dankbarer
Sohn Leopold

Ein Glückwunschtelegramm anlässlich des Geburtstages der Mutter.

Auch wenn er noch so viel Arbeit hat, besucht Leopold Figl regelmäßig seine Mutter.

Der Bundeskanzler mit seiner Mutter und seinen Brüdern.

Wahlkampfzeit, Redezeit.

Lebensfreundschaften: Leopold Figl im Kreis seiner Bundesbrüder.

Außenminister Figl und Bundeskanzler Adenauer bei einem Ball.

Opernball Anfang der 1960er-Jahre.

Vor allem in den stressigen Jahren als Bundeskanzler raucht Leopold Figl sehr viel. Er soll auf bis zu 80 filterlose Zigaretten am Tag gekommen sein.

Eine typische Geste.

Leopold Figl und der König von Schweden. Auch ohne Dolmetscher gibt es keine Verständigungsschwierigkeiten.

Figl und Chruschtschow
bei dessen legendären
Besuch auf dem Hof von
Bruder Pepi.

Der Landeshauptmann
vor Ort bei einer Hoch-
wasserkatastrophe.

Ein Blick sagt mehr als tausend Worte.

In guten wie in schlechten Tagen: Die Ehe von Hilde und Leopold Figl hat sich in schweren und in glücklichen Zeiten bewährt.

mung aufzukommen. Als zwei Parlamentsdiener rot-weiß-rote Fahnen hissen wollen, werden sie ihnen von Kommunisten entrissen. Mit Säbeln werden die weißen Streifen entfernt. Übrig bleibt ein zerfetztes, rotes Tuch, das unter Protestgeschrei, aber auch Jubelrufen, hochgezogen wird. Das Flattern dieser verstümmelten österreichischen Fahne ist ein Omen für die innerlich zerrissene Erste Republik.

Es bleibt nicht bei symbolischen Akten: Radikale fordern die Ausrufung einer sozialistischen Republik und stürmen mit Bajonetten die Parlamentsrampe. Schüsse fallen, Panik bricht aus. Zwei Menschen, darunter ein zwölfjähriger Bub, werden zu Tode getrampelt. Hass und Gewalt stehen an der Wiege der Ersten Republik. Viele Österreicher werden nie lernen, diesen Staat zu lieben.

Am 30. April 1945 tritt die neue Regierung zum ersten Mal zusammen. Auch das Bundeskanzleramt ist beschädigt, das Kanzlerzimmer liegt in Trümmern. Doch das Ministerratszimmer ist intakt, hier tagen die 30 Regierungsmitglieder. Noch steht der Exekutive kein gewähltes Parlament, keine Legislative, gegenüber. Gesetze werden von ein und demselben Organ vorgeschlagen, angenommen und treten auch gleich in Kraft. Es ist das Gegenteil von Gewaltenteilung, doch bis zur ersten Wahl muss man sich mit dieser Vorgangsweise behelfen. Die österreichische Rechtsordnung muss wiederhergestellt werden. Doch noch entfalten die Gesetze, die die provisorische Regierung erlässt, im Großteil Österreichs keine faktische Kraft.

In den westlichen Landeshauptstädten erscheinen noch Zeitungen der NSDAP. Die »Salzburger Zeitung« schreibt am 1. Mai: »Wie die sowjetische Nachrichtenagentur TASS meldet, haben die Bolschewisten in Wien eine Regierung gebildet, an deren Spitze der ehemalige Führer der Austromarxisten Dr. Karl Renner steht.«

Auch wenn Anfang Mai noch eine regimetreue Zeitung erscheint: Die Zeit der Nationalsozialisten ist abgelaufen. Am Tag zuvor hat sich Adolf Hitler im Führerbunker in Berlin seiner Verantwortung durch Selbstmord entzogen.

10. KAPITEL

Die Familie hat überlebt. Leopold Figl und seine Mutter 1945.

An der Wand: April 1945

Was für eine Verschwendung. Zerstörte Straßen, kaputte
Brücken, brachliegende Felder, von Panzern durchpflügte
Wiesen. Bis vor Kurzem wurde hier noch gekämpft und
gestorben. Eigentlich sollte jetzt die Frühjahrssaat
ausgebracht werden, doch die Felder sind verwaist. Viele
Bauern sind noch nicht aus dem Krieg zurück, und ihre
Frauen und Töchter fürchten sich vor den Übergriffen der
Rotarmisten.
Leopold Figl kramt in seiner Manteltasche nach einer
Zigarette. Wie immer deprimiert ihn die Ausfahrt ins
Wiener Umland zutiefst. Was soll nur werden? Man kann es
den Bäuerinnen nicht verdenken, dass sie sich nicht auf

ihre Felder trauen. Immer wieder hört man auch von Unfällen, weil da oder dort noch eine Mine explodiert. Trotzdem, er muss die Bauernfamilien hinaus auf die Felder bringen. Ohne Saat, keine Ernte. Was es bedeutet, wenn eine Millionenstadt ohne Lebensmittellieferungen bleibt, weiß der Landeshauptmann nur zu gut. Hunger tut weh. Und Hunger tötet.

Seit seiner Zeit in Dachau kennt Leopold Figl die verschiedenen Stadien des körperlichen Verfalls aus eigener Erfahrung. Jetzt sind auch Kinder vom Verhungern bedroht. Dieser Gedanke quält den zweifachen Vater besonders. Nur mehr für Säuglinge und Schwerkranke werden kleine Mengen Milch ausgegeben. Vor Kurzem erst kam die Meldung, dass nicht einmal mehr diese Rationen vorhanden sind. „Die Kinder können doch nichts dafür!", bei diesem Argument wird der härteste Besatzungsoffizier weich. Der Staatssekretär ist sich nicht zu schade, zu den Alliierten betteln zu gehen. Auch heute ist er ja auf einer „Bettelfahrt". Von Dorf zu Dorf, von Hof zu Hof. Man muss persönlich mit den Bauern reden: Liefert eure letzten Vorräte ab, hortet nichts. Lasst die Wiener nicht verhungern!

Wenigstens das ehrwürdige Stift steht noch. Gerade hat der sowjetische Jeep mit seiner ungewöhnlichen Besatzung Klosterneuburg hinter sich gelassen. Die Hagenbachklamm, die in besseren Zeiten einmal romantisch war, liegt vor ihnen. Das unverwechselbare Geräusch von Maschinengewehrfeuer lässt den Zivilisten auf dem Beifahrersitz zusammenzucken.

„Herr Oberst, da muss die Front sein. Da rührt sich was!", sagt Figl zu dem Sowjetsoldaten, der hinter ihm sitzt. Auch der Kriminalbeamte am Steuer schaut beunruhigt.

„Nein. Nix, nix", gibt der Russe scheinbar unbeeindruckt zurück.

„Da schießen s' doch mit Maschinengewehren."

Pospischil, der Fahrer, bremst abrupt. Rotarmisten, MGs im Anschlag, sperren die Straße ab. Ein Offizier kommt auf

Leopold Figl zu und spricht ihn an. Vermutlich fragt er, was sie hier im Frontgebiet zu suchen haben, aber der Angehaltene versteht ihn nicht. Der niederösterreichische Landeshauptmann spricht kein Wort Russisch. Aber er hat ja seinen „Propusk", seinen in Kyrillisch verfassten Ausweis. Der Russe reißt ihm das Papier aus der Hand, wirft einen Blick darauf und steckt es weg. Mittlerweile redet der Oberst vom Rücksitz aus auf seine Kameraden ein. Doch was er sagt, scheint nicht den gewünschten Effekt zu haben. Die Bewaffneten schauen immer grimmiger. „Aussteigen", bedeuten sie den Dreien mit vorgehaltener Waffe. Dann geht alles ganz schnell: Hände hoch. Dawai, dawai. Ein kleines Haus, das von den Russen besetzt wurde. Die Österreicher und der sowjetische Oberst werden getrennt. Leopold Figl zündet sich eine Zigarette an. Was hat das zu bedeuten? Eines ist sicher: Die Russen fackeln nicht lange, wenn sie einen Verdacht haben. Und sie haben panische Angst vor Spionen. Aber der Oberst wird doch seinen Landsleuten den Zweck ihrer Fahrt erklären können.

Aus dem Nebenraum sind erregte Stimmen zu hören. Sie werden immer lauter. Gepolter, Geschrei. Dann wird es still. Sekunden später fliegt die Türe auf. In wenigen Schritten ist der Offizier bei Leopold Figl. Wortlos schlägt er dem Österreicher die Zigarette aus dem Mund. Die Rotarmisten stoßen ihren Kameraden in den Raum. Der Oberst der sowjetischen Armee ist machtlos.

»Dann seh ich den Oberst, ohne Distinktionen, ohne Orden. Der ist kasweiß, denk ich mir, no allerhand, da sind wir in einer schönen Gegend. Der wird abgeführt und dann führen sie mich auch weg, stellen uns hinter dem Haus an die Wand, den russischen Oberst und mich auch. Dann zieht ein Peloton auf, sechs Mann mit Maschinenpistolen, und ein Offizier erklärt uns als Spione. Unterdessen ist das Gefecht aus. Das war damals der letzte Kampf zwischen Kreuzenstein und St. Andrä im Hagental. Und der Kommandant (Anm.: von dem Abschnitt), ein Oberstleutnant, kommt herauf und erkennt den russischen Oberst, der noch vom NKWD (Anm.: Vorläufer des KGB, des sowjetischen Geheimdienstes) war. Der Oberstleutnant fällt dem Obersten um den Hals und sagt dann zu mir: ›Charaschó, wenn ich jetzt nicht komme, du kaputt!‹«, erzählt Leopold Figl in einem raren Film-Interview[89]. Er soll diese Geschichte oft und gerne zum Besten gegeben haben. Kein Wunder: Sie spiegelt etwas wider, das den späteren Kanzler in den späten 1930er- und in der ersten Hälfte der 1940er-Jahre am Leben erhält: Er hat »Glück«. Er kommt gerade noch einmal mit dem Leben davon. Menschen mit einer anderen Persönlichkeitsstruktur würden möglicherweise lebenslang die Gefahren bejammern, denen sie ausgesetzt waren. Figl zieht aus »Gerade noch«-Erlebnissen wie diesem den Optimismus, den er braucht, um die Verantwortung für »seine Österreicher« in der Stunde Null zu schultern.

Und es ist wahrlich die »Stunde Null«, in der sich die Österreicher im Frühjahr 1945 befinden: Diktatur, Gewalt, Zerstörung und Tod liegen hinter ihnen. Vor ihnen liegt das Ungewisse. Man lebt von einem Tag zum anderen, buchstäblich von der Hand in den Mund.

Menschen, denen kleine Kinder anvertraut sind, spüren diese Not am bittersten. 1945 können während einiger Monate nur 5000 Liter Milch ausgegeben werden. Zum Vergleich: 2013 beträgt der monatliche Pro-Kopf-Verbrauch an Milch 76,9 Kilogramm.[90] Eine besonders traurige Folge des Nahrungsmangels ist der Anstieg der Kindersterblichkeit: Auf 1000 Geburten kommen im Jahr 1945 191 Sterbefälle. 1938, im letzten Friedensjahr, waren es nur 53.

Das sind die Zahlen, die Leopold Figl antreiben, die ihm keine Ruhe lassen. Es gelingt ihm, den Russen 40 Lastkraftwagen abzuringen. Mit je einem russischen Fahrer, einem russischen Soldaten und einem Österreicher fahren sie täglich um sechs Uhr früh nach Niederösterreich, um Milch und Gemüse in die hungernde Stadt zu bringen.[91]

Für die Bauern, so sie überhaupt aus dem Krieg heimgekehrt sind, müssen Arbeitsbedingungen geschaffen werden, die es zulassen, dass sie ihre brachliegenden Felder bestellen. Ausgangssperren behindern ihre Arbeit. Figl erreicht, dass die Bauern schon ab fünf Uhr früh bis zehn Uhr abends unterwegs sein dürfen. Im Bezirk Zwettl wird plötzlich die Moskauer Zeit eingeführt, was bedeutet, dass die Uhren – unabhängig vom Sonnenstand – zwei Stunden zurückgestellt werden müssen. Es kostet einige Mühe, die Besatzer von der Unsinnigkeit dieser Bestimmung zu überzeugen.

Auch Staatskanzler Renner bleibt angesichts des allgegenwärtigen Hungers nicht untätig. Er schreibt dem »hochverehrten Genossen« Stalin einen Brief und berichtet, »dass wir von den zehn Wochen bis zur neuen Ernte nur auf drei Wochen eingedeckt sind und für die weiteren sieben Wochen nicht wissen, wie wir unsere Bevölkerung am Leben erhalten sollen«.

Erstaunlicherweise bittet Renner nicht, er stellt fest: »Ich fühle mich verpflichtet, Ihnen, verehrter Genosse, von diesem alarmierenden Zustande Mitteilung zu machen, damit Sie über die Tatsachen, wie sie sind, genau unterrichtet sind. Darüber, welche Schritte die österreichische Staatsregierung angesichts dieser Lage zu unternehmen haben wird, hat sie sich noch nicht schlüssig werden können.«

Tatsächlich reagiert der »hochverehrte Genosse« in Moskau. Die Feier des 1. Mai wird propagandistisch genützt, um die sogenannte »Stalin-Spende« an die Wiener auszugeben: Trockenerbsen und 800 Tonnen Mehl sowie 7000 Tonnen Getreide. So kann zum ersten Mal seit dem Ende der Kampfhandlungen wieder Brot gebacken werden. Es gibt noch keine neuen Lebensmittelmarken, die Verteilung erfolgt nach einem einfachen System: pro Familie ein Laib Brot – solange der Vorrat reicht. Die österreichische Regierung bedankt sich höflich, obwohl man weiß, dass die Vorräte aus den Lagerhäusern in Albern und einer Wiener Zuckerfabrik stammen, wo sie von der Wehrmacht zurückgelassen wurden.[92]

Leopold Figl, der gesundheitlich aus seiner KZ- und Haft-Zeit angeschlagen sein muss, ist Ende April 1945 ein viel beanspruchter Mann. Er ist gleichzeitig Staatssekretär der Provisorischen Regierung, Landeshauptmann von Niederösterreich, stellvertretender Obmann der ÖVP und Reorganisator des Bauernbundes.

Als Landeshauptmann muss Figl die Verwaltung des Landes wieder aufbauen. Unterstützt wird er dabei vom Sozialdemokraten Oskar Helmer. Die beiden sprechen am 17. April in der russischen Kommandantur vor und bitten um die Zustimmung zum Aufbau der Verwaltung von Niederösterreich. Gleichzeitig bringen sie eine Beschwerde vor.»Unser Hinweis auf die Übergriffe von Besatzungsangehörigen wurde weniger freundlich aufgenommen. Man verlangte ›Beweise‹. Erst wenn solche vorhanden seien, könne weiteres veranlasst werden«[93], schildert Helmer in seinen Erinnerungen.

Wie gefährlich »Hinweise« solcher Art sind, zeigt der Umstand, dass Oskar Helmer bereits zwei Tage später verhaftet und erst nach mehreren Verhören wieder freigelassen wird. Dieser unerfreuliche Vorfall hindert Figl und Helmer nicht, wieder in der Kommandantur zu erscheinen und Fahrzeuge für ihre dringend notwendigen Fahrten zu erbitten. Die Russen stellen tatsächlich einen Jeep zur Verfügung.»Die Fahrten mit dem Russenauto waren im übrigen alles andere als ein Vergnügen«[94], schreibt Helmer. Einmal werden die Begleitsoldaten »bockig«, verweigern die Weiterfahrt, legen sich ins Gras und trinken aus einem requirierten Benzinkanister Wein. Bald sind sie so betrunken, dass an eine Weiterfahrt nicht zu denken ist. Oskar Helmer beschließt, seinen Bruder in Oberwaltersdorf zu besuchen und macht eine entsetzliche Entdeckung: Sein Bruder wurde bei dem Versuch, seine weiblichen Verwandten vor Vergewaltigungen zu bewahren, von russischen Soldaten erschossen. Daraufhin nahmen sich die Frauen das Leben. Mit diesen schrecklichen Eindrücken im Kopf wandert der spätere Innenminister zu Fuß nach Wien.

Trotz Vorfällen wie diesem oder gerade deshalb, besteigen Figl, Helmer und der Kommunist Otto Mödlagl immer wieder den sowjetischen Jeep. »Tag für Tag fuhren wir aufs Land hinaus, in jedem Ort, den wir durchfuhren, von der Bevölkerung begeistert begrüßt. Wir setzten Bürgermeister, Gemeinderäte, Bezirkshauptleute ein und gaben den Ärzten den Auftrag, bei allen von den Besatzungsangehörigen geschwängerten Frauen die Schwangerschaft zu unterbrechen. Der § 144 wurde durch diese Verfügung praktisch außer Kraft gesetzt, und kein Mensch wagte es, dagegen auch nur ein Wort einzuwenden. Die Frauen waren darob glücklich. Weniger war das bei den Besatzungsstellen der Fall, die in unseren Anordnungen einen unfreundlichen Akt erblickten. Wir wendeten uns auch gegen die Requisitionen und versuchten, die Übergriffe einzudämmen. Hierbei kamen wir oft mit den örtlichen Besatzungsstellen in Konflikt«[95], berichtet Helmer.

Den Österreichern wird ihre Machtlosigkeit immer wieder vor Augen geführt. In Hollabrunn verweigern die Russen den Besuchern kurzerhand das Betreten des Rathauses; als sie in Matzen den Bürgermeister einsetzen, muss der russische Fahrer den Wagen gegen andere Russen verteidigen.

Solche Widrigkeiten schweißen zusammen. Bald schon werden Figl, Helmer und Mödlagl, ob ihrer Unzertrennlichkeit, als »Dreieinigkeit« bezeichnet. Einigkeit quer durch alle Parteien ist das Gebot der Stunde. Echte Kameradschaft entsteht. Auf einer ihrer »Landpartien« bietet ein Bauer Figl etwas Schmalz an: »Geh, brauchst a Bröckl Schmalz?« – »Na, i hab eh ans, aber gib dem Helmer a Patzl, der hat kans.«[96] In einer Zeit, in der sich die Menschen aus Hunger jeden Bissen neiden, lässt diese Antwort tiefe Rückschlüsse auf den Charakter Leopold Figls zu.

Unter welchem Druck Leopold Figl in diesen Monaten steht, kann man auch aus dem Umstand erkennen, dass er erst Anfang Mai dazu kommt, in seinem Heimatort Rust nach dem Rechten zu sehen.

Der erste Besuch: Mai 1945

Wie schmal er geworden ist. Liebevoll betrachtet Hansl seinen Vater. Seit dem Wiedersehen vor einigen Wochen versucht der 13-Jährige, so viel Zeit wie möglich mit dem Papa zu verbringen. Es war der schönste Tag seit langer, langer Zeit. Der Weg von Kapelln nach Wien war weit und anstrengend. Am nächsten Tag gehen die Mutter, Liesl und er selbst weiter, quer durch die Stadt, in den 3. Bezirk. Alle sind müde, als sie endlich in der Kundmanngasse ankommen.

Gott sei Dank, das Haus steht noch, ist sogar unbeschädigt. Ob der Vater zu Hause ist? Seit einiger Zeit ist die sporadische Verbindung zu ihm abgerissen. Auch wenn es die Mutter nicht sagt, weiß Hansl, dass sie sich große Sorgen macht. Wenn ihm jetzt, ganz zum Schluss, noch etwas zugestoßen ist…

Die kleine Familie will gerade das Haus betreten, als der 13-Jährige von einem Fremden angesprochen wird. „Warst schon bei deinem Vater? Was, du waßt net, dass dein Vater Landeshauptmann von Niederösterreich ist?"

Später dann, im Landhaus, geht eine Türe auf und der Vater kommt auf ihn zu. Das Leuchten in seinen Augen, die erste

Umarmung, wird er nie vergessen. Jetzt werden sie immer zusammenbleiben, auch wenn der Vater nicht viel Zeit hat. Hansl ist froh, dass er den Papa bei seiner ersten Fahrt nach Rust begleiten darf. Hoffentlich ist auf dem Hof alles in Ordnung, der Vater hängt ja so an der Großmutter.

Je näher sie seinem Heimatort kommen, desto schweigsamer wird Leopold Figl. Er hat schon gehört, dass die Umgebung von Rust von den Bombern der Alliierten besonders stark getroffen worden ist. Doch jetzt, als er das Ausmaß der Zerstörung mit eigenen Augen sieht, krampft sich sein Herz zusammen. Sein Blick ist starr auf die Landschaft gerichtet, die an ihm vorüberzieht. Zerbombte Höfe, zerschossene Häuser, zerstörte Felder. Wie viele Tote mögen diese Angriffe gefordert haben? So viel sinnloses Leid.

Die Mutter und die Geschwister haben überlebt, Gott sei Dank. Aber wie geht es der Familie wirklich? Der ehemalige Häftling weiß, dass man - auch ohne Zensur - nicht immer die Wahrheit schreibt, weil man seine Lieben nicht beunruhigen will. Der Landeshauptmann ist so in seine Gedanken versunken, dass er nicht bemerkt hat, dass der Wagen immer langsamer wird. Schließlich hält der Jeep. „Tut ma leid, da geht's net weiter", sagt der Fahrer und deutet auf die Bombentrichter auf der Straße.

»Es muss Anfang Mai gewesen sein, da sind wir nach Rust gefahren. Der Ort war so zerstört, dass sich Papa schwergetan hat, sich zurechtzufinden. Wir mussten außerhalb der Ortschaft stehen bleiben und sind dann über Bombentrichter hineingegangen«, erinnert sich Johannes Figl später.

Rust ist zur traurigen Berühmtheit gelangt, das im Zweiten Weltkrieg am meisten zerstörte Dorf des ehemaligen Großdeutschen Reiches zu sein. Die Gegend zwischen Donau und Rust gilt als kriegswichtig, da im Werk Moosbierbaum, das nach dem

»Anschluss« den IG-Farben eingegliedert wurde, zunächst Flug-
benzin und später Spezialtreibstoff für Hitlers Wunderwaffe V2
hergestellt wird. Das Umland der Fabrik wird es bitter büßen.
Die Alliierten fliegen immer wieder Angriffe, um das Werk
auszuschalten. Die Flakgeschütze sind machtlos. Zwölf Mal
kommen die Bomber, zwölf Mal verkriechen sich die Bauern in
ihre Weinkeller. Rust wird fast zur Gänze in Schutt und Asche
gelegt.

Leopold Figl ist vermutlich deprimiert und dankbar zugleich,
als er sich mit seinem Sohn den Weg durch die Trümmerhaufen
zu seinem Geburtshaus bahnt. Deprimiert, als er an den traurigen Überresten der Kirche, in der er getauft wurde, vorbei-
kommt. Deprimiert, als er sieht, dass auch die Schule, in der er
und seine Geschwister lesen und schreiben gelernt haben,
zerstört ist. Dankbar, dass der elterliche Hof noch steht. Das Figl-
Haus hat »Glück« gehabt: Eine Bombe fiel in den Misthaufen, was
die Sprengwirkung schwächte. Das Dach ist beschädigt, die Fenster zersprungen, aber der Hof ist bewohnbar und die Familie
gesund.

Jetzt kann Leopold Figl beruhigt sein, denn kurze Zeit davor
sind auch seine Frau und die Kinder gesund zurückgekehrt. Seine
Tochter erinnert sich:»Wir waren in den Osterferien bei meiner
Tante in Niederösterreich und wollten am Ostermontag wieder
nach Hause fahren. Da kam die Front dazwischen. Wir sind also
geblieben, aber am nächsten Tag wurde der ganze Ort aus Angst
vor den Russen evakuiert. Wir sind für einige Tage abgetaucht
und dann wieder nach Kapelln zurückgekehrt. Aber dort waren
die Zustände so, dass meine Mutter mit uns nicht dort bleiben
wollte. Wir sind also mit zwei Leiterwagerln losgezogen: Eines
für unser Hab und Gut und eines für die Großmutter, wenn sie
nicht mehr gehen kann. Eineinhalb Tage später waren wir in
Wien.«[97] Es ist ein Marsch in die Ungewissheit. Die kleine Familie

ist ohne Nachricht vom Vater. »Wir wussten nicht: Lebt er? Lebt er nicht?«, sagt Anneliese Figl.

Leopold Figl ist – wie immer in diesen Tagen – bei der Arbeit, als seine Familie eintrifft. Sohn Johannes hat dieses Wiedersehen nie vergessen: »Die Mutter ist zu Hause geblieben und ich bin dann weiter in die Innenstadt, in die Herrengasse, aber rund um das Landhaus, in dem der Vater sein musste, war alles abgesperrt. Da sah ich von weitem einen alten Freund, Franz Sobek. Ich schrie ›Onkel Franzi‹ und er schleuste mich durch die Absperrungen ins Landhaus, in dem es vor russischen Soldaten wimmelte.

›Wo ist der Figl?‹, fragte Sobek.

›Der hat jetzt keine Zeit, der verhandelt gerade mit den russischen Generälen über Mehl und Brotlieferungen.‹

›Das ist egal, sein Sohn ist da.‹

Ein paar Minuten musste ich noch warten. Dann ging die Tür auf und der Vater ist vor mir gestanden und hat mich umarmt.

›Ich hab jetzt leider ka Zeit, ich muss mit den Russen verhandeln. Geht's in die Kundmanngasse, da seid's sicher, i komm am Abend.‹ Er wollte schon wieder in das Beratungszimmer, da drehte er sich noch einmal um: ›Und an Hunger wirst haben; gebt's dem Buam was zu essen.‹

Irgendjemand hat mir ein ordentliches Stück Brot in die Hand gedrückt, und ich bin so schnell wie möglich nach Hause gerannt.«[98]

Trotz allem, was Leopold Figl mitgemacht hat, kann er sich glücklich schätzen: Die Familie hat unversehrt überlebt, die Wohnung in der Kundmanngasse und der Hof in Rust sind bewohnbar geblieben. Das ist mehr an gütigem Schicksal als viele seiner Mitbürger 1945 erleben. Vermutlich dankt Leopold Figl als gläubiger Mensch Gott dafür, dass ihm erhalten blieb, was er am meisten liebt.

Der Neubau der Ruster Kirche ist dem Kanzler ein besonderes Anliegen. Er bittet die Besatzungsmächte immer wieder, zu spenden. Die US-Behörden weisen ihn darauf hin, dass sie bereits einige Male Beihilfen gewährt hätten. Darauf soll Figl geantwortet haben: »Das ist ganz einfach zu verstehen, weil ihr Amerikaner die Bomben abgeworfen und den Schaden angerichtet habt! Außerdem: Kirchen bombardiert man nicht!«[99]

Zu Hause, in der Kundmanngasse, ist der Familienvater trotz der langen Trennung in jenen anstrengenden Wochen selten. Die Arbeit geht vor – ein Prinzip, dass sich freilich auch in besseren Zeiten nicht ändern wird. Einer jener Abende, an dem Leopold Figl, wenn auch vermutlich erst zu vorgerückter Stunde, in der Kundmanngasse verbringt, ist der 8. Mai 1945. Nach zwei Jahren schreibt er wieder in sein Gästebuch. Der Eintrag ist gewohnt unsentimental:

»Vor genau 2 (zwei) Jahren aus
dem K.Z. Dachau zum ersten Mal nach
62 Monaten zu Hause.
Vom 8. Oktober 44 bis 6. April 1945 wieder in
Haft. (K.L. Mauthausen, Polizei-Gefängnis und
LandesGericht Wien (VolksGerichtshof!)
Heute am 8. Mai 1945: Wieder Bauernbund-Direktor.
Staatssekretär der I prov. Regierung, Vorsitzender des
prov. Landesausschuß für Nied. Oest. (Landeshauptmann)
Gott schütze uns unseren Reither! – Um 11 h nachts
Frieden! – Österreich in Treue! –
Ing. Figl«

Gefühlsbetonter schreibt Leopold Figl, wenn es um andere Menschen geht. Im Juni 1945 kehrt Landeshauptmann Josef Reither nach KZ- und Krankenhausaufenthalt endlich aus Berlin zurück.

»Der stolzeste Tag meines Lebens ist da: Mein Chef und Freund Reither ist bei mir als erster eingekehrt!
Gott schütze ihn!«

Wie geplant scheidet Figl aus der Landesregierung aus, er hat sich nur als »Platzhalter« für Reither verstanden. Die Zeit ist nicht danach, an Ämtern zu hängen, und Leopold Figl ist nicht der Mann dafür. Auch acht Jahre später wird er anstandslos seinen Sessel als Bundeskanzler räumen, weil es die Partei wünscht.

Mitte September 1945 hält die ÖVP in Salzburg ein Treffen ab, um sich auf die große Länderkonferenz in Wien vorzubereiten. Leopold Figl weiß, dass die Westösterreicher »den Wienern« mit Misstrauen begegnen, weil sie in ihnen Marionetten der Sowjets vermuten. »Man kannte Renner als den Gründer der Ersten Republik, aber auch als Austromarxisten und ›Anschluss‹-Befürworter. Wir anderen waren alle unbekannte Leute. Was war schon der Figl? Ein Bauer«[100], sagt er später. »Dem Bauern« gelingt es, das Misstrauen zu zerstreuen und seine Parteifreunde auf eine Linie einzuschwören. »Bei der Länderkonferenz in Wien werden wir gemeinsam mit den übrigen Parteien die Forderungen aufstellen, die unserem Österreich eine Regierung, eine Wirtschaft, eine Verwaltung geben sollen, damit es endlich wieder aufwärts kommt. Wir sind uns darüber klar, dass dieser Weg schwer und hart sein wird. [...] Wir brauchen aber eines – dass dieses Volk so bald wie möglich mit dem Stimmzettel entscheidet, wer in Stadt und Land sein Vertrauen hat und seine Interessen vertreten soll.«[101]

Die Länderkonferenz ist eine Art Parlamentsersatz, bei der die Landeshauptleute, die provisorische Regierung und Parteienvertreter zusammenkommen und die Anerkennung der Regierung Renner sowie freie Wahlen fordern. Nach einer zweiten

Länderkonferenz anerkennt der Alliierte Rat am 20. Oktober die provisorische Regierung und beauftragt sie, die Österreicher bis spätestens 31. Dezember 1945 wählen zu lassen.

An diesem Abend besucht der »rote« Staatssekretär Adolf Schärf den »schwarzen« Staatssekretär Leopold Figl und schreibt in sein Gästebuch: »Trotz allem! Es muss gelingen!«

Die Wahlen werden für den 25. November angesetzt. Es ist also ein kurzer Wahlkampf. Das stört niemanden, denn man hat ohnehin keine Ressourcen dafür. Trotz Papier- und Kleistermangel werden Wahlplakate fabriziert. Die Slogans sind denkbar einfach: »Wiener Frauen, Wiener Männer – wählen Körner, Seitz und Renner!« oder »Spart Enttäuschung euch und Ärger, wählt Figl, Raab, Weinberger!« kann man darauf lesen. Sehr überzeugend wirkt der Spruch: »Wer die Rote Armee liebt, wählt kommunistisch!« Die Sozialisten werben mit einem Plakat, das bewirkt, dass sich alle Familienmitglieder ehemaliger Nationalsozialisten von der SPÖ abwenden: »Alle Nazi sind schuld; alle im Land befindlichen Parteigenossen und Anwärter der NSDAP nach Sibirien im Austausch gegen Kriegsgefangene!« In einem Land, in dem viele Familien mit dem Regime »verbunden« waren, keine schlaue Werbung, wie sich bald herausstellen wird.

Leopold Figl wirbt hauptsächlich mit seiner eigenen Person und genießt, seinem Naturell entsprechend, den kurzen, intensiven Wahlkampf. Mit einem Mercedes, der vormals Gauleiter Jury gehörte, tourt er durchs Land und lässt sich dabei weder durch Zonengrenzen noch durch alliierte Verbote aufhalten. In Gmunden sitzt er eine halbe Nacht auf einer Polizeiwache, weil er ein abendliches Fahrverbot der Amerikaner nicht beachtet hat. Die Polizisten haben sich vermutlich blendend mit dem Kanzler unterhalten.

Am 26. November 1945 um zwei Uhr früh steht das Wahlergebnis fest: Die ÖVP hat die absolute Mehrheit gewonnen, die

Kommunisten eine vernichtende Niederlage erlitten. Diese Niederlage kann die Ostösterreicher, die unter den Ausschreitungen der Roten Armee gelitten haben und die Kommunisten mit den Sowjets identifizieren, kaum überraschen. Auch Leopold Figl ist vermutlich wenig erstaunt. Trotzdem hat er, wie ein ehemaliger Mitarbeiter später erzählt, den Sowjets bei verschiedensten Gelegenheiten eingeredet, die Kommunisten würden bei den Wahlen »mindestens 30 Prozent« bekommen.

Herbert Grubmayr kennt den Grund für die gewagte Prognose seines ehemaligen Chefs: »Das war richtig bauernschlau. Er hat dem Hochkommissar einfach eine möglichst hohe Zahl gesagt, damit sie auf eine demokratische Wahl in Ostösterreich eingehen.«[102]

11. KAPITEL

Die Regierungserklärung: 21. Dezember 1945

Mit einer flüchtigen Handbewegung streicht sich Leopold Figl den Scheitel glatt. In wenigen Augenblicken werden alle Augen auf ihn gerichtet sein, wenn er ans Rednerpult tritt. Der neu gewählte Bundeskanzler wird die Regierungserklärung verlesen. Auch die anwesenden Vertreter der Alliierten werden aufmerksam zuhören. Aber das genügt ihnen scheinbar nicht. Neben dem Parlamentsstenografen hat ein Angehöriger der US-Army ein Tonbandgerät aufgebaut. So können die Besatzer später leicht überprüfen, ob sich der österreichische Kanzler an ihre Zensur gehalten hat. Die Rede musste dem Alliierten Rat vorgelegt werden, und die Herren haben darauf bestanden, dass bestimmte Sätze gestrichen werden. Allerdings hat ihm niemand ausdrücklich untersagt, etwas hinzuzufügen. Und genau das wird er tun: Er wird die Themen ansprechen, die die Österreicher wirklich bedrücken. Das lässt sich der Bundeskanzler nicht verbieten, auch von den Besatzern nicht.

Ob ihn die Alliierten für seine Worte zur Rechenschaft ziehen werden? Gesagt ist gesagt, daran können sie nichts mehr ändern. Ihr Ärger wird vorübergehen.

Sein Blick wandert hinauf zur Präsidentenloge. Er sieht eine alte Frau mit einem schwarzen, seidenen Kopftuch. Die Mutter. Sie ist aus Rust gekommen, um an diesem Tag bei ihm zu sein. Still und bescheiden wie immer sitzt sie neben dem Bundespräsidenten. Sie hat auf so vieles verzichtet, damit der „Bua" aufs Gymnasium gehen kann, damit er in Wien studieren kann. Sie hat ein Leben lang nur gearbeitet - für die Geschwister und für ihn. Jetzt wird die Bäuerin miterleben, wie die Regierungsmitglieder, die Abgeordneten und die Vertreter der Besatzungsmächte den Worten ihres Sohnes lauschen.

„Sie wird stolz auf mich sein", denkt Leopold Figl glücklich.

Kurz darauf beginnt der erste gewählte Bundeskanzler der Zweiten Republik zu sprechen:

»Unser Heimatland, das erste Opfer des faschistischen Imperialismus in der Welt, ist so wieder frei und unabhängig geworden. [...] ist es mir eine heilige Pflicht und ein aus tiefster innerlicher Überzeugung kommendes Bedürfnis, den alliierten Mächten für ihre große Befreiungstat zu danken.

[...] Vorerst muss wieder die Einheit der Verwaltung und die Einheit der Gesetzgebung in Österreich hergestellt werden. Die Wiederherstellung der Einheit Österreichs ist eine der vordringlichsten Voraussetzungen für jede Aufbauarbeit in unserem Staate. Die Öffnung der Demarkationslinien ist unerlässlich! Ich möchte deshalb auch bei dieser Gelegenheit mich mit dem dringenden Appell an die alliierten Mächte wenden, sich bereits in nächster Zeit mit der Frage der Wiederherstellung der verwaltungstechnischen, wirtschaftlichen und politischen Einheit Österreichs zu befassen und diese Frage im Interesse Österreichs zu lösen. [...]

Wir sind Bettler geworden und müssen von Grund auf neu anfangen in einem Ausmaß, wie es die österreichische Wirtschaftsgeschichte noch niemals erlebt hat. [...]

In diesem Zusammenhang muss ich auch an die alliierten Mächte appellieren und um die eheste Herabsetzung der Besatzungstruppen auf ein für unsere Wirtschaft erträgliches Maß bitten. [...]

Wir müssen Opfer bringen, nur dann kann es besser werden. Ich weiß schon, dass dies unpopulär ist, aber wir wollen auch diesmal wieder beweisen, dass es uns nicht um parteipolitische Demagogie geht, sondern um Österreich. [...]

Die größte und heiligste Aufgabe aber für uns wird es sein, unsere Kinder über diesen Winter hinwegzubringen. Dazu möchte ich jetzt schon unsere Bevölkerung zur Mithilfe auffordern. [...]

Uns Erwachsenen darf kein Opfer zu groß sein, um das Leben unserer Kinder zu sichern. [...]

Wir wollen nicht von der Ungerechtigkeit gewisser Grenzziehungen des Jahres 1918 reden, eines aber ist für uns kein Politikum, sondern eine Herzenssache, und das ist Südtirol. Die Rückkehr Südtirols nach Österreich ist ein Gebet jedes Österreichers.

Als zweites unabdingbares Gesetz unserer Außenpolitik muss ich die Unteilbarkeit unseres Kärntner Landes in seinen alten Grenzen bezeichnen. [...]

Wir sind kein zweiter deutscher Staat, wir waren niemals ein Ableger einer anderen Nationalität, noch wollen wir es jemals werden, wir sind nichts anderes als Österreicher.«[103] Der Kanzler schließt mit den Worten »Und nun wollen wir an die Arbeit gehen!«

Die Rede Leopold Figls vereint zwei scheinbar widersprüchliche Merkmale: Einerseits enthält sie den den Besatzungsmächten geschuldeten Respekt, andererseits lässt es sich der Kanzler nicht nehmen, in für Österreich lebenswichtigen Fragen deutliche Worte zu finden. Er umgeht damit sogar die der österreichischen Regierungserklärung auferlegte Zensur. Der Kanzler ist gezwungen, die von ihm geplante Rede den Alliierten vorzulegen, und tatsächlich beanstanden sie nicht weniger als sechs Punkte. Der Satz, Österreich bildete immer eine Brücke zwischen Ost und West und möchte dies auch in Zukunft im Interesse der Bewahrung des Friedens in Europa gerne sein, muss gestrichen werden. Dafür verlangen die Alliierten eine Versicherung, dass die Bundesregierung loyal mit dem Alliierten Rat zusammenarbeiten werde. Außerdem soll Figl die Österreich bereits gewährte Wirtschaftshilfe erwähnen.[104]

Mangels Alternativen sagt Figl, was die Alliierten verlangen. Aber der österreichische Kanzler sagt noch mehr: Die Öffnung der Demarkationslinien, die Abschaffung der Zonenteilung, die Wiederherstellung der Einheit Österreichs, die Rückkehr Südti rols und die Einheit Kärntens sind in dem vorgelegten Entwurf nicht vorgekommen. Gerade diese Punkte werden mit stürmischem Beifall bedacht.

Die Amerikaner haben im Dezember 1945 bereits eine Vorstellung von dem Menschen, der der österreichischen Regierung vorsteht. Ein Besatzungsoffizier mit österreichischen Wurzeln berichtet seiner Regierung, Figl sei ein »undestructible peasant« (ein »unverwüstlicher Bauer«). Er sei »eupeptic« und »hardy« (»verträglich« und »robust«), und es mache ihm Freude, zu verhandeln und Kompromisse zu schließen (»to bargain and to compromise«).[105] Der Beobachter schätzt Figls Charakter mehr als seinen Intellekt, hält ihn aber für eine gute Wahl als Bundeskanzler, weil er über ein außerordentliches Durchhaltevermögen (»exceptional staying power«), einen mäßigenden Einfluss in Auseinandersetzungen, über Courage und einen unermüdlichen Optimismus und Standhaftigkeit angesichts äußeren Drucks verfüge.[106] Der Kanzler wird in den nächsten Monaten und Jahren jedes Quäntchen dieser Eigenschaften brauchen, um »seine Österreicher« über die Runden zu bringen.

Am Nachmittag des 21. Dezember 1945 ist Josefa Figl zu Besuch bei ihrem Sohn, auch einige der Geschwister sind da. Sie schreibt ins Gästebuch:

»Meinem lieben Poldl,
Gottes und der Mutter Segen,
deine Mutter.«

Auch Julius Raab, der auf Wunsch der Russen von der Ministerliste gestrichen werden musste, ist bei dem Familientreffen dabei und verewigt sich; diesmal ohne Gedicht. Drei Tage später, am Weihnachtsabend, spricht der Kanzler im Radio jene Worte, die sich in das Gedächtnis einer ganzen Generation einbrennen werden.

Die Weihnachtsansprache: 24. Dezember 1945

»Glaubt an dieses Österreich!«

Es ist schon lange dunkel draußen. Die schwarze Schreib-
tischlampe verbreitet einen schwachen Lichtstrahl. Ein
Mitarbeiter der RAVAG baut das Mikrofon auf. Der Kanzler
überfliegt noch einmal den Text, der vor ihm liegt. Es ist
eine einfache Rede. Es ist nicht die Zeit für pathetische
Ansprachen. Den Menschen geht es schlecht. Der Krieg und
der Nazi-Terror sind vorbei, doch die Not ist erschüt-
ternd. Die Überlebenden frieren, hungern und hausen in
Ruinen. Viele haben Angst, ihre Kinder nicht über den
Winter zu bringen. Hansl und Liesl haben wenigstens ein
Dach über dem Kopf und bekommen regelmäßig zu essen.
Leopold Figl weiß, dass manche Eltern ihren Kindern nicht
einmal das Notwendigste geben können. Wir müssen es
schaffen, ihretwegen. Die Menschen müssen versorgt
werden. Das ist jeden Bettelanruf und jede Konfrontation
mit den Russen wert.

Der Redakteur zählt ins Mikrofon, um den Ton auszuprobieren. Noch eine Zigarette. Leopold Figl geht zum Fenster. Auf der Straße ist kaum ein Passant zu sehen. Die Menschen drängen sich in ihren kalten Wohnungen zusammen, um Weihnachten zu feiern. Die erste Friedensweihnacht. Die Glücklichen unter ihnen sind heute mit ihrer Familie vereint. Die Unglücklichen wissen, dass der Mann, der Sohn, der Bruder nie wieder Weihnachten mit ihnen feiern wird. Heute Nacht werden viele Tränen geweint werden. Leopold Figls Gedanken wandern ein Jahr zurück. Weihnachten 1944. Allein in einer Zelle, das nächste Gestapo-Verhör vor sich. Die Angst, die Sorge um die Familie sind plötzlich wieder ganz nah. Dann ist der Moment vorbei. Leopold Figl dämpft seine Zigarette aus. Der Kanzler darf nicht schwach sein, er muss den anderen Mut machen.

»Ich kann euch zu Weihnachten nichts geben. Ich kann euch für den Christbaum, wenn ihr überhaupt einen habt, keine Kerzen geben. Ich kann euch keine Gaben für Weihnachten geben. Kein Stück Brot, keine Kohle zum Einheizen, kein Glas zum Einschneiden. [...] Wir haben nichts. Ich kann euch nur bitten: Glaubt an dieses Österreich!«, heißt es in der legendären Ansprache.

Kurz vor seinem Tod wird Leopold Figl seine – von zwei Journalisten recherchierten – Worte für eine Gedenkveranstaltung nachsprechen. Die Aufzeichnung dieser Rede aus dem Jahr 1965 wird zu einer der Ton-Ikonen der Zweiten Republik.

Am Heiligen Abend 1945 sitzt auch die neunjährige Liesl vor dem Radio: »Die Stadt zerbombt, kein Wasser, kein Gas, Strom – ein bissl, das Brennmaterial hat man aus der Ruine des Nachbarhauses geholt, ums Wasser ist man einen Kilometer mit dem Kübel gegangen – und dann kommt Papas Stimme aus dem Radio. Das war Sensation pur!«[107]

»Es ist eine stille und besinnliche Weihnacht nach den Jahren unsagbarer Not. Das Land ist arm, die Stadt liegt in Trümmern, und durch die Ruinen des Doms pfeift der nächtliche Sturm. In den Straßen liegt noch der Schutt aus den Tagen der Vernichtung, die Auslagen sind leer, und es gibt nichts, was man schenken könnte, um Menschen, die man liebt, Freude zu machen«, beschreibt der Journalist und KZ-Kamerad von Leopold Figl, Rudolf Kalmar, Wien zu Weihnachten 1945.[108]

Aber für Millionen Menschen wird der Appell Leopold Figls zum Inbegriff des ungebrochenen Überlebenswillens der Österreicher. Das Land ist vierfach geteilt und zerstört, die ausgegebenen Nahrungsrationen reichen kaum zum Überleben, doch es muss weiter gehen. Auch wenn die Finger klamm sind und der Magen kracht, überall wird gearbeitet. Der Schutt wird weggeräumt, Fabriken notdürftig instand gesetzt, Gesetze beschlossen, Schulen wieder aufgesperrt, Ämter eingerichtet. Die Menschen tun alles, um ein Land wieder zum Leben zu erwecken, das es sieben Jahre lang nicht geben durfte.

Am 7. Jänner erfolgt die De-jure-Anerkennung der Regierung durch die Besatzungsmächte. Im Ministerrat betont der Kanzler eine außenpolitische Grundsatzentscheidung. »Österreich war kein kriegsführender Staat und hat infolgedessen keinen Friedensvertrag zu schließen. Wir müssen auf dem Standpunkt stehen, dass es für uns nur einen Freundschaftsvertrag oder einen Grenz-Festlegungsvertrag geben kann. Dies ist auch in den Deklarationen von Jalta, Teheran und Moskau begründet, in denen immer betont wurde, dass Österreich der erste von den Nationalsozialisten vergewaltigte Staat war, daher als erster befreit werden müsse, und einem Staat, den man befreit, kann man keinen Friedensvertrag aufzwingen.«[109]

Es wird neuneinhalb Jahre dauern, bis Leopold Figl seine Unterschrift unter einen solchen »Freundschaftsvertrag« setzen kann. Eine solch lange Besatzungszeit kann sich wohl in jenen hektischen Wochen, in denen das Kabinett Figl seine Arbeit aufnimmt, niemand vorstellen. Man ist vom Aufbauwillen beseelt.

Dieser Wille und ein sehr pathetischer Patriotismus finden auch im Figl'schen Gästebuch Eingang. Ein KZ-Kamerad des Kanzlers, der Chefredakteur der Salzburger Nachrichten, schreibt:

»Wir haben gewartet sieben Jahr
Wir brauchten warten nicht mehr.
Dass Österreich wieder Österreich war
Ist ein Traum so schön und hehr.
Die Arbeit und Kraft eines Lebens –
einst zerbrochen
Wird in uns, die wir litten, jetzt
Bestätigung finden.
Die Jahre der Gefangenschaft, die das
›Wunder‹ vollbracht haben, den Österreicher
zum Österreicher finden zu lassen, sind
das Band, das nimmer getrennt werden
soll.
Meinem Freund
Meinem Kanzler
16. Jänner 1945 Dr. Canaval«

Denkt man daran, dass dieses Gefühl unter dem Hohn und den Prügeln der KZ-Wachen gewachsen ist, verliert sich die unfreiwillige Komik, die diese Zeilen auslösen mögen.

12. KAPITEL

Die Konfrontation: 1946

Generalissimus Stalin blickt streng auf den hageren Österreicher herab. Leopold Figl seufzt. Der Kanzler hat sich immer noch nicht daran gewöhnt, dass im ehrwürdigen Hotel Imperial jetzt statt Kaiser Franz Joseph der sowjetische Diktator in Porträtform die Wand schmückt. Dabei muss er seit über einem Jahr immer wieder hierherkommen, um den Besatzern Bericht zu erstatten. Sie rufen ihn zu jeder Tageszeit, manchmal sogar mitten in der Nacht. Immer ist der Kanzler angespannt, wenn er ins Imperial kommt. Die Russen sind völlig unberechenbar: Manchmal steht Wodka und Kaviar auf dem Tisch, und die Atmosphäre ist entspannt. An anderen Tagen gleicht die „Aussprache" einem Verhör. Der sowjetische Generaloberst Alexej Scheltow droht und schreit und versucht ihn zu irgendwelchen Zusagen zu bewegen, die er nicht geben kann. Nicht geben darf, weil sie schlecht für Österreich sind.

Ein paar Schritte noch, dann ist das „Allerheiligste", in dem Scheltow Hof hält, erreicht. Ein russischer Offizier sitzt im Vorzimmer. Mit steinerner Miene steht er auf und öffnet wortlos die hohe Türe. Auch der Generaloberst schweigt, als der Kanzler eintritt. Der bullige Russe sitzt hinter einem Tisch, der seltsam zierlich neben ihm wirkt. Er erhebt sich nicht. Mit einer herrischen Handbewegung bedeutet er dem österreichischen Kanzler, näher zu kommen. Es steht kein Sessel für den Gast bereit. Von solchen Tricks lässt sich Leopold Figl nicht beeindrucken. In drei Schritten durchquert er den Raum und trägt eine Sitzgelegenheit zum Tisch. Scheltow nickt und räuspert sich geräuschvoll. Dann beginnt das Duell.

Viereinhalb Stunden später ist Leopold Figl fast am Ende seiner Kräfte. Er hat geahnt, dass es hart werden würde.

Es war schon öfters schwierig, aber so wie heute war es noch nie. Scheltow ist keinen Millimeter von seiner Position abgerückt, wurde immer wütender und lauter. Immer aggressiver. Trotzdem darf er sich von dem Gebrüll des Glatzkopfes nicht beeindrucken lassen. Draußen ist es mittlerweile dunkel geworden. Ob er heute noch nach Hause kommt?

Immer wieder verschwinden Menschen. Die Unglücklichen landen in sibirischen Arbeitslagern. Auch und gerade hohe Beamte, die durch ihre Arbeit für Österreich die Wut der Sowjets auf sich gezogen haben, sind darunter. Ob die Macht der Besatzer vor dem Kanzler halt machen würde?

Leopold Figls Mund ist trocken. Heute gibt es nichts zu trinken für ihn, nicht einmal Wasser hat man ihm angeboten. Noch schlimmer ist aber, dass er nicht rauchen kann. Obwohl sonst immer geraucht wird, ist heute nirgendwo ein Aschenbecher zu sehen. Ein Druckmittel mehr. Die Russen wissen genau, wie viel der Kanzler raucht. Unauffällig tastet Leopold Figl nach seinen Zigaretten. Er betrachtet Scheltows grimmiges Gesicht. Wütender kann der Generaloberst kaum werden, denkt der Kanzler. Er zieht eine Zigaretten aus der Sakko-Tasche und gibt sich selbst Feuer.

Die Augen des Russen werden schmal. Er hört auf zu schreien. Die Stille, die plötzlich in dem großen Raum herrscht, ist noch bedrohlicher. Als er weiterspricht, tut er es leise und bedächtig. Der Dolmetscher starrt seinen Vorgesetzten an. Dann übersetzt er: „Wissen Sie, Herr Figl, der Weg nach Sibirien ist nicht sehr weit!"

»Und Vater antwortete ihm ungerührt: ›Passen S' auf, ich hab Dachau, Mauthausen und das Landesgericht überlebt, also würd i das auch schaffen!‹«, erinnert sich Sohn Johannes Figl 40 Jahre später in einem Interview.[110]

Der sowjetische Generaloberst nimmt die »patzige Antwort« des österreichischen Bundeskanzlers mit Humor und schlägt sich vor Lachen auf die dicken Oberschenkel. Trotzdem muss die Drohung mit Sibirien dem ehemaligen KZ-Häftling in alle Glieder gefahren sein.

Es ist keine leere Drohung: Immer wieder werden Menschen von den Sowjets aus nichtigen Gründen verhaftet oder von der Straße weg verschleppt. Einer der bekanntesten Fälle ist jener der Sektionschefin Margarethe Ottilinger, die 1948 bei einer Dienstreise mit ihrem Chef, Minister Peter Krauland, an der Zonengrenze verhaftet wird und nach quälenden Verhören durch den sowjetischen Geheimdienst zu 25 Jahren Zwangsarbeit verurteilt wird. Erst nach Unterzeichnung des Staatsvertrages kehrt die mutige Frau 1955 in die Heimat zurück.

An jenem Tag, an dem Leopold Figl für Stunden im sowjetischen Hauptquartier verschwunden bleibt, ruft seine Frau Fritz Eckert an: »Mir ist angst und bang, der Poldl ist schon fünf Stunden im ›Imperial‹, so lang war er noch nie dort.« Eckert ist ebenfalls besorgt und verständigt die Amerikaner, die den Kanzler aus dem Imperial befreien wollen. Die Österreicher wiegeln ab.

Schließlich kommt Leopold Figl doch nach Hause: schweißgebadet, abgespannt und erschöpft. »So habe ich ihn noch nie gesehen«, berichtet Fritz Eckert später.

»Wenn ich nur eine halbe Minute feig gewesen wäre, dann wäre es für Österreich für eine Ewigkeit aus gewesen«, sagt Leopold Figl zu seinem Freund.«[111]

Es ist zu dieser Zeit kein Vergnügen, der – zumindest den Alliierten gegenüber – ohnmächtige Bundeskanzler eines ohnmächtigen Staates zu sein. Wie stark der Druck ist, lässt sich erschließen, wenn man in den Ministerratsprotokollen der Regierung Figl I nachliest. So sieht sich Außenminister Karl Gruber am 9. Jänner 1946 beispielsweise zu folgender Äußerung veranlasst:

»Ich möchte Wert darauf legen, dass solche militärisch forsche Akte ein für alle mal zurückgewiesen werden. Ohne irgendwie die Autorität des Alliierten Rates anzweifeln zu wollen, liegt doch kein Grund vor, dass man einem Oberst das Recht einräumt, um 12 Uhr nachts den österreichischen Bundeskanzler aus dem Bett zu holen.«[112]

Der Alliierte Rat hat die absolute Kontrolle über Österreich, also auch über die Bundesregierung und den Nationalrat. So wird etwa die Erlassung eines Gesetzes vom Parlament verlangt, und der Versuch des Ministerrates, die Beschlussfassung darüber hinauszuschieben, vom Vorsitzenden der Justizkommission der Alliierten in einer scharfen Note als »hinterhältige Handlung gegen den Alliierten Rat« bezeichnet. Offensichtlich hat ein Regierungsmitglied dem Alliierten Rat die von den Österreichern geplante Vorgangsweise hinterbracht.

In einem Gedächtnisprotokoll über eine Sitzung des Ministerrates am 1. Februar heißt es:»Der Bundeskanzler stellt fest, dass die Verhandlungen im Ministerrat streng vertraulich sind. Er bedauert, dass die im letzten Ministerrat besagte Taktik dem Alliierten Rat mitgeteilt wurde. Die Situation sei jetzt nicht gut; er hoffe nicht noch einmal in die Lage zu kommen, dass er einen Bruch der Vertraulichkeit rügen müsse.«

Zur Situation heißt es:»Die Regierung hat sich an die Beschlüsse des Alliierten Rates [...] unter Fortbestand der Kontrolle und des Mitbestimmungsrechtes bzw. Unterwerfung unter die Genehmigung des Alliierten Rates zu halten. Wir [...] müssen vielmehr einen Weg finden, um weitere Konsequenzen zu vermeiden und Missstimmungen mit den Alliierten im jetzigen Zeitpunkt (Besprechungen über Potsdamer Beschlüsse, Südtirol, UNRRA [United Nations Relief and Rehabilitation Administration, die Nachkriegshilfeorganisation der UNO]) nicht aufkommen zu lassen.«[113]

»Missstimmungen« der Besatzer, insbesondere der Sowjets, bekommt der Bundeskanzler meist persönlich und unmittelbar zu spüren. Wenn er ins »Imperial« zitiert wird, geht er alleine. Die Sekretäre warten vor der Türe, in der Gesellschaft russischer Offiziere. Eines der heiklen Themen, das zwischen den ungleichen Gesprächspartnern, dem großen, stiernackigen Scheltow – dem mächtigsten Vertreter der sowjetischen Besatzer – und dem kleinen, viel zu dünnen Figl, diskutiert wird, ist der Kredit von 400 Millionen Reichsmark, den die Russen der österreichischen Regierung gewährt haben.

»Beim russischen Element habe es etwas Verstimmung hervorgerufen, dass sich die Bundesregierung – gemäß dem Beschlusse des Ministerrates – an den Alliierten Rat gewendet habe. Der österreichische Standpunkt: Mark erhalten, Mark zurückzahlen sei undurchführbar«, formuliert der Kanzler in seinen Mitteilungen an den Ministerrat. Dann präsentiert er Vorschläge, um »aus den ganzen Schwierigkeiten herauszukommen und endlich eine bessere Stimmung der russischen Militärbehörden uns gegenüber zu erzielen«[114].

Eine weitere, entscheidende Frage, die zu ernsten »Zusammenstößen« zwischen dem österreichischen Kanzler und den Besatzern führt, ist die sogenannte »russische Landnahme«. Bis zum März 1946 hat die Rote Armee 43 000 Hektar Grund und Boden sowie große Mengen an Saatgut beschlagnahmt. Angesichts des Hungers in der Bevölkerung ein Umstand, den die Österreicher nicht hinnehmen können. Es ist der Bundeskanzler, der Widerstand gegen diese Vorgangsweise leisten muss. Die Sowjets legen ihm ein Abkommen vor, das die Beschlagnahme legitimiert, und verlangen kategorisch die Unterzeichnung. Leopold Figl verweigert die Unterschrift. Es sei unmöglich, von der UNRRA Hilfe zu verlangen und andererseits so große landwirtschaftliche Flächen abzugeben. 8000 Hektar sei die äußerste Grenze, überdies müsse man die Frage zuerst dem Ministerrat und dann dem Parlament vorlegen. Darüber seien die Russen »einigermaßen ägriert« gewesen, heißt es im Ministerratsprotokoll.[115] Nach langen Verhandlungen werden sich die Russen damit begnügen, nur auf »reichsdeutschen« Besitz zuzugreifen.

Die Russen sind in dieser anstrengenden Zeit nicht die einzigen, die den Bundeskanzler unter Druck setzen. Immer wieder erscheinen – unangemeldet – Abordnungen einzelner Betriebe bei ihm, um ihre Sorgen vorzubringen. Es geht um ein breit gefächertes Spektrum an Themen: Schleichhandel, Ernährung, Arbeitsleistung, Steuern. Die Vorsprachen erreichen ein solches Ausmaß, dass ein »normales« Arbeiten kaum mehr möglich ist.

Am 12. April 1946 weist der Bundeskanzler erstmals einen »Wunsch« der Besatzer entschieden zurück. Die Alliierten haben die Ausarbeitung einer neuen Verfassung verlangt, aber Regierung und Parlament bekennen sich öffentlich zur Verfassung von 1929. Ein kleiner Sieg der Österreicher, doch schon bald kommt ein neues Problem auf sie zu. Es droht, die Existenzgrundlage des jungen Staates zu vernichten. Im Frühjahr 1946 werden immer mehr Industriebetriebe von den Sowjets beschlagnahmt. Ein russischer Offizier erscheint und nimmt zum Entsetzen der Belegschaft das Werk aufgrund eines Befehles von Marschall Iwan Konew, des Oberbefehlshabers der sowjetischen Truppen in Österreich, für Russland in Besitz. Betroffen sind Unternehmen wie AEG, die Siemens-Schuckert-Werke, Osram oder aber die Glanzstofffabrik AG. Damit kommen für Österreich lebenswichtige Erzeugungskapazitäten unter ausländischen Einfluss.

Wieder einmal sind im Ministerrat alle Augen auf den Regierungschef gerichtet. Ein Minister regt an, der Bundeskanzler solle ersucht werden, sofort bei den Alliierten zu intervenieren. Wörtlich heißt es im Protokoll: »Der BK gibt an, dass er sich bemüht habe, etwas in dieser Angelegenheit zu unternehmen.

Scheltow war aber angeblich verhindert. Am kommenden Donnerstag, 2.5., ist eine Rücksprache geplant. Er werde hart bleiben. Einzelne Minister werden dieser Besprechung nur zugezogen, wenn Scheltow dies wünscht, sonst wünscht er nur allein zu unterhandeln.«[116]

Die Last der Verantwortung trägt, wieder einmal, Leopold Figl. Eine andere Front, an der er kämpfen muss, ist die nach wie vor katastrophale Ernährungslage. Bei den Bauern muss der Bauernsohn seine ganze Autorität aufbieten, um sie zur Abgabe der bitter benötigten Lebensmittel zu bringen. Er berichtet seinen Ministern, dass er die Landwirte angegangen sei wie niemand vor ihm und dass er an ihr Solidaritätsgefühl als Österreicher appelliert habe.

Befehl Nr. 17: 5. Juli 1946

Retten, was zu retten ist. Wenigstens die westlichen Alliierten lassen die Österreicher ihre großen Betriebe selbst verwalten.

Leopold Figl ist müde. Die Woche war anstrengend, noch anstrengender als gewöhnlich. Besprechung folgte auf Besprechung, Termin auf Termin. Heute Vormittag waren 80 Journalisten im Kanzleramt, die über das Zweite Kontrollabkommen informiert werden sollten. Später kam ein amerikanischer General, der Geschenke aus den USA schicken lassen will. Jetzt noch das Fest für den „Furche"-Chefredakteur. Der Kanzler hätte die Rede, die er gerade anlässlich des 50-jährigen Dienstjubiläums von Friedrich Funder gehalten hat, auf jemanden anderen abschieben können. Aber erstens hält man, was man versprochen hat, und zweitens ist Friedrich ein feiner Kerl.

Leopold Figl lässt sich noch ein Glas Grünen Veltliner nachschenken. Trotz aller Müdigkeit denkt er noch nicht daran, nach Hause zu gehen. Es ist eine nette Gesellschaft, die sich hier in der Bundesparteileitung getroffen hat. Gerade hat er mit einem alten Bekannten Jägergeschichten ausgetauscht. Es tut gut, einmal mit Menschen zu sprechen, denen man nichts abringen oder versprechen muss. Es tut gut, einmal ein bisschen unbeschwert zu sein.

Leopold Figl überlegt gerade, ob er einen kleinen Kreis der Anwesenden zu sich nach Hause bitten soll, als sein Sekretär den Raum betritt.

„Herr Bundeskanzler, kann ich dich unter vier Augen sprechen?"

„Was is denn los, Bua? Du bist ja kasweiß!"

Draußen drückt ihm der junge Mann ein Blatt Papier in die Hand. Es ist eine Meldung der sowjetischen Nachrichtenagentur TASS: „Übergang des reichsdeutschen Vermögens an die Sowjetunion", liest der Kanzler. Dürre Worte geben wieder, was den Untergang Österreichs bewirken kann.

„Jetzt haben sie uns an der Gurgel", sagt der Jüngere.

Der Kanzler nickt langsam und schweigt. Eine neue Bedrohung, gefährlicher als alle bisherigen. „Hol die Minister her, die da sind. Wir müssen reden!"

Eine halbe Stunde später geht der Bundeskanzler die Peter-Jordan-Straße hinauf. Er lässt sich gerne chauffieren, aber heute hat er den Fahrer gebeten, ihn früher aussteigen zu lassen. Er muss seine Gedanken ordnen. Es ist ein schöner Sommerabend, aber Leopold Figl bemerkt es nicht. Der Kanzler ist in Gedanken versunken.

„Jetzt haben sie uns an der Gurgel", die Worte gehen ihm nicht aus dem Kopf. Der Bua hat recht. Sie brauchen nur zuzudrücken, die Russen. Es ist wie ein Albtraum. Hunderte Betriebe in sowjetischer Hand. Waren alle Anstrengungen umsonst? Wird Österreich jetzt auf Gedeih und Verderb den Russen ausgeliefert sein? „Wie lange werden wir standhalten können", denkt der Kanzler verzweifelt. Je näher Leopold Figl der Wohnung kommt, desto klarer werden seine Gedanken. Die Müdigkeit ist verschwunden. Österreich muss reagieren, der Kanzler muss handeln. Er kann es sich nicht leisten, verzweifelt zu sein.

Zu Hause angekommen, ruft Leopold Figl Vizekanzler Schärf an. Die beiden sind sich darüber einig, dass sich die Regierung auf den Standpunkt stellt, dass alles Vermögen, das bis 13. März 1938 österreichisches Eigentum war, österreichisches Eigentum zu bleiben hat. Danach bespricht sich der Kanzler noch bis 1 Uhr früh mit Minister Krauland.[117]

Drei Tage nach dem abendlichen Telefongespräch besucht der Vizekanzler den Regierungschef in der Peter-Jordan-Straße. Man merkt seiner Eintragung nicht an, wie ernst die Lage ist.

»Zur Erinnerung an das erste Zusammensein
von Rechts und Links, in der Zuversicht auf
menschliches Verstehen, und in der Hoffnung auf
gemeinsame Arbeit zum Wohl des Landes!«

Vier Tage zuvor war Bundespräsident Renner mit Gattin Luise zu Gast in der Figlschen Bauernstube. Er schreibt:

»Meinem treuen standhaften Mitarbeiter
in der Prov. Regierung, dem Miterbauer
des Neuen Österreich, dem ersten Kanzler
des demokratisch erneuerten Österreich
zum Gedenken an den gemütlich-freundschaftlichen
Familienabend
die besten Grüße des Bauernsohnes
dem Bauernsohn, die aufrichtigen
Wünsche für erfolgreiche Arbeit
am Wohl unseres Volkes!«

Schon am nächsten Abend, dem 5. Juli, sieht es so aus, als ob eine »erfolgreiche Arbeit am Wohl des Volkes« kaum mehr möglich ist. Die österreichische Regierung hat allen Grund, auf das Äußerste besorgt zu sein. Mit »Deutschem Eigentum« meinen die Sowjets circa 250 Fabriken mit rund 50 000 Arbeitern, die DDSG (Donaudampfschifffahrtsgesellschaft), alle Ölfelder und 157 000 Hektar Boden. Im sogenannten Befehl Nummer 17 ordnet der erst vor wenigen Tagen eingetroffene neue Hochkommissar General Wladimir Kurassow an, dass als »teilweise Wiedergutmachung des von Deutschland der UdSSR zugefügten Schaden«, die österreichische Regierung und die Bevölkerung davon in Kenntnis zu setzen ist, dass die im östlichen Österreich befindlichen »deutschen Vermögenswerte« als deutsche Reparationsleistungen in das sowjetische Eigentum übergegangen sind. Außerdem werden die Österreicher durch Punkt 6 des Befehls gezwungen, binnen zehn Tagen Angaben über »etwaiges Deutsches Eigentum« zu machen, widrigenfalls sie zur »gerichtlichen Verantwortung« zu ziehen sind.

Mit anderen Worten: Wer sich weigert mit den Sowjets zu kooperieren, wandert in ein sibirisches Arbeitslager. Tatsächlich werden aufgrund dieser Bestimmung viele Österreicher bittere Jahre in sowjetischen Lagern zubringen.

Der nächste Tag, der 6. Juli 1946, ist ein Samstag. Ab 14 Uhr 45 tagt im Bundeskanzleramt am Ballhausplatz ein eilig einberufener außerordentlicher Ministerrat. Der Kanzler informiert seine Minister zunächst darüber, dass die österreichische Regierung von diesem Befehl nicht in Kenntnis gesetzt wurde. Der Bundeskanzler wörtlich:»Wenn wir zu dem Ja sagen, dann ist im östlichen Österreich die Wirtschaft erledigt. [...] Wenn wir das alles zusammennehmen, können wir feststellen, dass nicht mehr viel für Österreich übrig bleibt. Ich glaube nicht, dass die Regierung, die erklärt hat, alles daran zu setzen, die Wirtschaft wieder aufzubauen, auf alles wie Zistersdorf, DDSG, Schoeller-Bleckmann usw. verzichten kann.«

Bundesminister Übeleis:»Deutsche Reichsbahn und Deutsche Reichspost.«

BK:»Ja, Hofburg, Parlament und Rathaus. Wir wissen ja nicht, ob wir nicht an einem verbotenen Tisch sitzen.«

In die Endzeitstimmung mischt sich Galgenhumor, doch niemandem ist zum Lachen zumute.

BK:»Die Situation ist sehr ernst, insbesondere mit Rücksicht auf Punkt 6 [Anmerkung: die Strafdrohung]. Am Lande wird aus Angst und Sorge mit Rücksicht auf die Drohung mit Gericht alles als deutsches Eigentum angegeben werden. Jedenfalls herrscht am Lande Unruhe und das ist unmöglich.«

Was tun? Leopold Figl legt den Ministern die mit Schärf und Krauland besprochene Strategie dar.»Die Investitionen gehen nicht zu 100 % etwa zugunsten des Deutschen Reiches, denn sie sind auf unserem Boden mit unserem Material, mit unseren Arbeitskräften, mit unseren Steuern durchgeführt worden.

Diesen Standpunkt müssen wir aufrecht erhalten und daher den Befehl ablehnen. [Ich] glaube [...], dass die Frage von lebensentscheidender Bedeutung für Österreich ist, denn bei Durchführung dieser Befehle verbliebe nur finis Austriae. Wir müssen der Welt darlegen, dass Österreich gewillt ist zu arbeiten. Aber hat man das Land befreit, so muss man dem Volk auch das Recht und die Möglichkeit geben zu leben und das ist unmöglich, wenn man die Substanz wegnimmt.«[118]

Der Ministerrat beschließt, für 10. Juli eine außerordentliche Sitzung des Nationalrates einzuberufen. Zwei Tage nach Bekanntwerden des Befehls Nr. 17 ist die österreichische Regierung immer noch nicht offiziell von der Besatzungsmacht über ihre Vorgangsweise informiert worden. Erst am Abend des 7. Juli, um 20.35 Uhr, gibt ein Major des russischen Oberkommandos telefonisch bekannt, dass in einer Stunde eine dringende Note überreicht werde, die noch an diesem Abend dem Kanzler zur Kenntnis gebracht werden müsse. Nach mehrmaliger Urgenz überreicht um 22.30 Uhr ein Offizier einen Brief in russischer Sprache. Im Stundenbuch ist dazu vermerkt: »Es besteht der Eindruck, dass dieser Brief in deutscher Fassung vorgelegt und zwischen 19 und 20 Uhr an die österreichischen Zeitungen ausgegeben wurde, während dem Herrn Bundeskanzler eine russische Fassung erst um 22.30 Uhr zugestellt wurde.«[119]

Auch diese betonte Unhöflichkeit hat die österreichische Regierung hinzunehmen. Kanzler Figl muss bei seiner Rede am 10. Juli vor dem Parlament vermutlich Zorn und Verzweiflung unterdrücken, als er sich höflich an die Besatzungsmächte wendet: »Die Voraussetzung [für den Wiederaufbau des Staates] ist, dass man uns den Hammer, die Schaufel und die Pflugschar nicht wegnimmt. Wir bitten also um nichts anderes als das eine: Lasst uns Österreicher arbeiten!«[120]

Bei den Sowjets stößt dieser Appell auf taube Ohren. Die Sowjetunion wird durch den Befehl Nr. 17 zum größten Konzernchef Österreichs. Sie gründet eine eigene Verwaltung für ihr Eigentum, die sogenannte USIA.

Auch die Amerikaner hatten ursprünglich nichts dagegen, dass sich die Alliierten das »deutsche Eigentum« zu Wiedergutmachungszwecken untereinander aufteilen. Jetzt aber, als Hochkommissar General Mark Clark Präsident Truman über die Vorgänge in Österreich informiert, zeigt sich dieser bestürzt über das tatsächliche Ausmaß der sowjetischen Beschlagnahme. Nicht zu Unrecht befürchtet man, dass die Sowjets nun ein probates wirtschaftliches Mittel hätten, um die Österreicher willfährig zu machen. Truman gibt die Weisung, das »deutsche Eigentum« in der amerikanischen Zone den Österreichern zur Verwaltung zu übergeben. Am 16. Juli fährt Kanzler Figl nach Linz, wo die Amerikaner im Rahmen einer demonstrativen Feier die »Hermann-Göring-Werke« in österreichische Treuhänderschaft übergeben. Eine Militärkapelle spielt auf, die gesamte Belegschaft versammelt sich. General Clark sagt: »Amerika hat Österreich nichts genommen, es gibt ihm sein Eigentum zurück.«

Leopold Figl antwortet: »Nur dann, wenn wir unser von österreichischen Menschen, mit österreichischem Geld in jahrzehntelanger Arbeit aufgebautes Nationalvermögen wieder in unseren Besitz zurückbekommen, zuzüglich all jener Wirtschaftsbetriebe, die zwar durch reichsdeutsche Initiative, aber ebenfalls mit österreichischen Steuergeldern errichtet wurden, nur dann kann dieser Staat lebensfähig sein, und nur dann ist die ruhige Entwicklung der friedlichen, demokratischen Arbeit aller Menschen in diesem Lande gewährleistet.«[121]

Die Briten folgen dem Beispiel und übergeben das ihnen zustehende Vermögen ebenfalls den Österreichern, darunter vor allem das Stahlwerk Leoben-Donawitz.

Die Österreicher selbst versuchen zu retten, was zu retten ist. ÖVP und SPÖ einigen sich darauf, die Schwerindustrie, alle Großbanken und zahlreiche Großbetriebe zu verstaatlichen, darunter auch Betriebe wie die DDSG und die Erdölfelder, die schon von den Sowjets übernommen sind. Die Besatzer warnen Regierung und Parlament vor der Annahme dieses Gesetzes, der Nationalrat nimmt es trotzdem einstimmig an.

Dieser mutige Schritt nützt den Österreichern aber nichts: Der sowjetische Hochkommissar teilt der Regierung mit, dass er die Anwendung des Verstaatlichungsgesetzes auf die Betriebe, die sich in sowjetischer Hand befinden, verbietet. Trotz aller großen Gesten melden auch die westlichen Alliierten Vorbehalte bezüglich ihrer möglichen Ansprüche an. Die österreichische Regierung ist machtlos.

Eine andere Situation, in der die österreichischen Politiker so gut wie machtlos sind, ist die katastrophale Ernährungslage. Der Normalbürger muss 1946 mit 700 Kalorien auskommen; viel zu wenig, um zu überleben. Der Prozentsatz der schwer unterernährten Kinder steigt auf erschütternde 70 Prozent. Als der Generaldirektor der UNRRA an Bürgermeister Körner schreibt, dass die erst vor Kurzem begonnene Hilfe wieder eingestellt werden müsse, lädt der verzweifelte Wiener Bürgermeister den Amerikaner kurzerhand nach Wien ein, damit er sich selbst ein Bild machen kann. »Das österreichische Volk zählt zu jenen Völkern der Welt, die dem Hungertod am nächsten sind«, urteilt der Besucher. Er verspricht, so lange wie möglich weiter zu helfen, doch selbst mit den UNRRA-Lieferungen wird nur ein Satz von 900 Kalorien am Tag erreicht.

Am 29. Oktober 1946 ruft die Regierung den Nationalrat zu einer geheimen Sitzung zusammen. Die Abgeordneten sollen informiert werden, doch es steht so schlecht um Österreich, dass man der Bevölkerung nicht die Wahrheit zumuten kann. Nach

Ausschluss der Öffentlichkeit wird dem Kanzler das Wort erteilt. Über das Gesprochene existiert kein Protokoll, doch Leopold Figl kann nur Schlechtes, ja Katastrophales berichten: keine Aussicht auf Abzug der Besatzungsmächte, keine Aussicht auf die Rückkehr Südtirols, kaum Handelsbeziehungen. Niemand, außer den Amerikanern, ist bereit, Kredite zu gewähren. Es gibt kaum Nahrungsmittel und viel zu wenig Kohle für den nahenden Winter.

Und der Winter kommt ausgerechnet in diesem Jahr viel zu früh. Schon Ende Oktober sinken die Temperaturen auf Minusgrade. Die E-Werke, die nicht genügend Kohle geliefert bekommen, müssen abgeschaltet werden. »Elektrischer Strom ab sofort täglich von 7 bis 17 Uhr ausgeschaltet«, lesen die frierenden Österreicher in der Zeitung. Auch der Straßenbahnverkehr muss teilweise stillgelegt werden. Die Österreicher gehen mit hungrigem Magen bei Eis und Schnee zu Fuß zur Arbeit. So lange sie noch einen Arbeitsplatz haben. Im Winter 1946/1947 ist die Regierung gezwungen, eine »Industriesperre« anzuordnen. Es gibt keinen Strom und keine Kohle, um die Betriebe führen zu können.

Am 14. Jänner 1947 entschließt sich der Bundeskanzler zu einer ungewöhnlichen Maßnahme, die den Ernst der Lage widerspiegelt. Er setzt für 16. Jänner eine Landeshauptmännerkonferenz mit »verpflichtender Teilnahme« für alle Landeshauptleute und Ernährungsreferenten an. Im Ministerrat begründet er diesen Schritt: »Der Ausdruck ›verpflichtend‹ mag vielleicht als autoritär angesehen werden. Aber in einer Notzeit, wie der heutigen, kann man nicht anders vorgehen. Die Konferenz wird unter dem Motto ›Kampf gegen Hunger und Kälte‹ stehen. [...] Ich habe die Landeshauptleute mit aller Deutlichkeit auf ihre große Verantwortung und Verpflichtung gegenüber dem Staate als Gesamtheit hingewiesen. Wenn nicht im Inlande das letzte kg an Lebensmitteln und Brennstoff aufgebracht und die größte Opferbereitschaft an den Tag gelegt wird, kann man sich nicht an das Ausland mit der Bitte um Hilfe und Kredite wenden. Ich habe die Landeshauptleute des weiteren darauf hingewiesen, dass wir e i n Staat sind, dass auch die Länder zugrunde gehen müssten, wenn der Staat zugrunde ginge und dass Wien nicht nur die Bundeshauptstadt Österreichs, sondern auch sein Zentrum ist und in Wien sich die Politik des gesamten Staates entscheidet. Wenn sich Wien nicht hält, können auch die Bundesländer von sich aus den Staat nicht halten.«[122]

Der im persönlichen Gespräch oft charmante Bundeskanzler kann auch harte Worte finden, wenn es die Situation erfordert. Manche Landeshauptleute wollen offenbar die in ihrem Land aufgebrachten Lebensmittel und Heizmaterialien nicht außerhalb der Landesgrenzen zur Verteilung gelangen lassen. Leopold Figl muss energisch erkämpfen, was auf den ersten Blick verständlich erscheinen mag. Wenn der Rest Österreichs nicht bereit ist zu teilen, müssten die Wiener verhungern.

13. KAPITEL

An der Zonengrenze: 1947

Der schwarze Mercedes fährt zügig, fast zu zügig für die schmale Straße. Die Landschaft fliegt an Leopold Figl vorbei. Hier, 100 Kilometer von Wien entfernt, könnte man fast vergessen, wie schlecht es um Österreich steht. Man sieht kaum beschädigte Häuser, die Straße scheint halbwegs intakt zu sein. Aber den Menschen sieht man auch hier die Not an, denkt der Kanzler traurig. Mit einer energischen Handbewegung schnippt er den winzigen Rest der gerade gerauchten Zigarette aus dem Fenster und wendet sich seinem Sekretär zu. „Komm, schreib auf, was ich zum Herrn Landeshauptmann sagen werd!"

Der junge Mann nimmt seinem Chef die leere Zigarettenpackung aus der Hand. Die zweite Packung „Probemischung" heute, und dabei ist erst Vormittag. Er streicht das Papier glatt und zückt einen Bleistift. Die kleinen, weichen Päckchen eignen sich hervorragend für Konzepte. Kurz darauf sind die beiden Männer ins Gespräch vertieft. Es ist wichtig, die richtigen Argumente für die kommende Aussprache zu finden. Der Landeshauptmann muss davon überzeugt werden, dass sein Land mehr Lebensmittel nach Wien zu liefern hat. Er wird sich wehren; wird argumentieren, dass sie „draußen" selbst nicht genug haben. Leopold Figl weiß, dass er unerbittlich zu bleiben hat: Alle Länder müssen Opfer für die Hauptstadt bringen, sonst kann das Leben in Wien nicht aufrechterhalten werden. Es kommt auf den richtigen Ton an: nicht zu freundlich, sonst wird man nicht ernst genommen. Nicht zu barsch, sonst werden die Leute trotzig.

Der Wagen wird langsamer und bleibt schließlich stehen. Sektorengrenze. Verwundert sieht der Kanzler aus dem Fenster. Normalerweise öffnen die sowjetischen Soldaten den Schlagbaum, wenn sich der schwarze Mercedes mit dem rot-weiß-roten Stander nähert. Auch die Besatzungssoldaten wissen, dass die mittlerweile altersschwache Limousine der Wagen des Kanzlers ist. Der Wein, den ihnen der Fahrer zusteckt, mag ihr Erinnerungsvermögen schärfen.

Heute bleibt der Schlagbaum unten. Ein Soldat mit umgehängter MP sagt einige Worte zum Fahrer. Es klingt wie ein Befehl. Die Österreicher können kein Russisch, aber sie verstehen auch so, was der Mann meint. Wortlos zücken die beiden Mitarbeiter ihre viersprachigen Personalausweise und reichen sie dem Soldaten. Doch zwei Ausweise für drei Passagiere sind dem Rotarmisten nicht genug. Er beginnt auf den armen Fahrer einzureden und deutet unmissverständlich auf den Kanzler.

„Ich hab keinen Ausweis mit!", bestätigt Leopold Figl die Befürchtung seines Sekretärs. Seufzend steigt der junge Mann aus. Sein Chef sieht, wie er versucht, den Russen klarzumachen, wer da im Auto sitzt. Mittlerweile ist ein zweiter Soldat dazugekommen, die beiden hören dem Österreicher mit steinerner Miene zu.

Leopold Figl kann nicht länger zuschauen. Er muss dem „Buam" helfen. Er geht auf die kleine Gruppe zu und beginnt mit Händen und Füßen auf die Russen einzureden. Er deutet auf sich, er deutet auf den rot-weiß-roten Stander und versucht den Besatzungssoldaten verständlich zu machen, dass sie den österreichischen Regierungschef vor sich haben. Die Mienen der Sowjets werden langsam freundlicher, schließlich nickt einer der beiden: „Da, da". Endlich scheinen sie verstanden zu haben. Die beiden Soldaten besprechen sich, dann scheint der Ältere eine Idee zu haben. Er nickt, grinst und bedeutet dem Kanzler mitzukommen. Der Soldat führt ihn zu einem kleinen, hölzernen Wachhäuschen. Aus Platzmangel muss der Kanzler vor der Türe warten, während der junge Russe mit wichtiger Miene an einem alten Holztisch Platz nimmt.

Ungehalten sieht Leopold Figl auf die Uhr. Der Landeshauptmann wird wütend über die Verspätung sein. Der Rotarmist kramt in einer Lade, zieht ein Formular hervor und beginnt zu schreiben. Was hat das nun wieder zu bedeuten? Ein Offizier erscheint und beobachtet seinen Untergebenen beim Schreiben. Auch der Sekretär ist gekommen, um zu schauen, wo der Chef so lange bleibt. Endlich ist der junge Mann fertig und überreicht dem Offizier sein Werk. Er liest, nickt zufrieden und gibt es an Leopold Figl weiter.

Für Sekunden schaut der Regierungschef verständnislos auf das sowjetische Dokument. Dann begreift er: Die Besatzungsmacht hat ihm einen Grenzübertrittsschein ausgestellt. Leopold Figl faltet das Papier sorgfältig zusammen und zerreißt es in vier Teile: „Der Bundeskanzler von Österreich braucht keinen Ausweis, wenn er von einem Bundesland in das andere fährt!" Die Wachposten mit ihren Maschinengewehren scheinen erstarrt zu sein, der „Bua" wird weiß wie die Wand. Im Gesicht des alten Offiziers arbeitet es. Er kommt auf Leopold Figl zu, hebt die Hand - und klopft ihm freundschaftlich auf die Schulter. „Charaschó!" Dann öffnet sich der Schlagbaum.

Die Alliierten haben sich eingerichtet in Österreich, dem ersehnten Abschluss eines Staatsvertrages ist man 1947 nicht näher gekommen. Wie um sich selbst Mut zu machen, schreibt der Kanzler an seinen Freund und ehemaligen Mitgefangenen: »Wenn wir auch heute noch nicht das Ziel erreichten, das wir uns in Dachau gesteckt haben, so bin ich doch fest überzeugt, dass es unseren Bemühungen gelingen wird, unsere Heimat wirklich frei zu sehen. Dann wird ein Herzenswunsch erfüllt sein, für den wir alles aufs Spiel setzten.«[123]

Wer in dem kleinen, vierfach geteilten Land von Wien nach Vorarlberg reist, muss mehrere Zonengrenzen passieren. In den von den Sowjets besetzten Landesteilen leben die Menschen in ständiger Angst vor Übergriffen oder Verschleppungen. Österreichische Politiker prangern die unhaltbaren Zustände an – und sind machtlos. So protestiert der sozialistische Nationalratsabgeordnete Bruno Pittermann in einer Parlamentsdebatte gegen »alle Barbarei und Gewalttätigkeiten, die auf dem Boden unseres Landes verübt werden. Brutale Gewalttaten ausländischer Soldaten sind uns verabscheuenswert, ob sie von der Wolga oder vom Mississippi kommen. Wir protestieren gegen den Hochmut mancher alliierter Stellen, die glauben, sich bei uns benehmen zu können, wie sie sich in den Zeiten eines zu Ende gegangenen Kolonialimperialismus zu den Eingeborenen benommen haben.«[124]

Immer wieder wird Leopold Figl ins sowjetische Hauptquartier im »Hotel Imperial« zitiert und muss sich für die »unbotmäßigen« Reden seiner Minister oder anderer Politiker rechtfertigen. Gelegentlich endet die ungleiche »Diskussion« damit, dass Figl unter Protest den Raum verlässt: »So können Sie mit mir nicht reden, schließlich bin ich der Bundeskanzler von Österreich!« Wenn ihm der Kragen platzt, sagt Leopold Figl den Besatzern einfach die Wahrheit ins Gesicht.

Wie widersprüchlich das Verhalten der österreichischen Politiker ist, zeigt die folgende Begebenheit: Am 5. November 1948 wird, wie bereits erwähnt, die Ministerialbeamtin Margarethe Ottillinger an der Demarkationslinie von den Sowjets verhaftet. Es ist nur eine von vielen Verhaftungen, die Angst und Schrecken – auch und besonders unter den Beamten – verbreiten. Vermutlich geht sie den Regierungsmitgliedern aber besonders nahe, weil sie die loyale und intelligente Mitarbeiterin kennen und schätzen. Trotzdem erscheint Leopold Figl zwei Tage später bei einem Empfang des sowjetischen Hochkommissars in der Neuen Hofburg anlässlich des 31. Jahrestages der Oktoberrevolution. Es ist Leopold Figl wahrscheinlich nicht danach zumute, mit den Sowjets auf den Sieg des Kommunismus anzustoßen, aber er kann es sich nicht leisten, aus Protest fern zu bleiben. Während der Festlichkeiten sagt er aber einem der mächtigsten Vertreter der Sowjetunion in Wien, dem stellvertretenden Hochkommissar Scheltow, völlig unverblümt seine Meinung.

Später berichtet der Regierungschef über das spannungsgeladene Gespräch im Ministerrat: Scheltow habe gesagt, erzählt der Kanzler, ich mache ihm das Leben sauer. Der Bundeskanzler darauf: »Ich sagte, das sei wohl umgekehrt der Fall, er macht mir das Leben sauer. Ich sei nur ein ›kleiner Bundeskanzler‹ in einem kleinen Land, während er ein Generaloberst in einem großen Reiche sei. Hierauf bemerkte er [...], dass ich ein großer Feind der Sowjetunion sei. Er sprach dies alles mit großem Ernst.«[125]

Tatsächlich wird die Westorientierung der Regierung immer stärker. Kredite und Ernährungshilfe kommen aus dem Westen, vor allem aus den USA. Ende Juni 1947 signalisiert die Bundesregierung, dass Österreich am Marshall-Plan teilnehmen möchte – gegen den Willen der Sowjetunion. Politisch wird das kleine Österreich mit seinem »kleinen« Kanzler immer mehr zum Feind der sowjetischen Besatzer. Sowohl die österreichische Regierung als auch die Alliierten beschäftigen sich mit der Frage, ob die Sowjets die Absicht haben könnten, Ostösterreich (nach DDR-Vorbild) ihrem Satellitenimperium einzugliedern. Die amerikanische Gesandtschaft in Wien erstellt ein Grundsatzpapier mit dem Vermerk »Betrifft: Die Teilung Österreichs«. Darin heißt es, dass nach dem neuerlichen Scheitern der Verhandlungen über den österreichischen Staatsvertrag (in London im Dezember 1947) die Sorge der österreichischen Politiker vor einer Zerreißung Österreichs sehr groß sei.[126]

Bei den westlichen Alliierten erstellt man auch Pläne darüber, in welcher Reihenfolge österreichische Spitzenpolitiker im Falle einer Blockade oder Teilung zu evakuieren wären. Leopold Figl steht an erster Stelle der Liste. Selbstverständlich sind die betroffenen Personen über diese Pläne informiert. Das heißt aber nicht unbedingt, dass sie in eine solche »Flucht« auch einwilligen. Hans Dorrek, der langjährige Sekretär Figls, hat dem »Österreich II«-Team die Einstellung seines Chefs geschildert: »Für mich kommt das nicht in Frage, ich bleibe in Österreich. Was auch immer geschehen mag, ich bleibe unbedingt hier. Ich will mit meinem Volk zusammen sein,«[127], habe Figl zu ihm gesagt.

Es ist mit der Persönlichkeit des Kanzlers konsistent, dass er plant, im Ernstfall eine von den Alliierten organisierte Flucht zu verweigern. Wenn es hart auf hart kommt, kann Leopold Figl – im Gegensatz zu seiner normalerweise umgänglichen Art – dickköpfig sein; durchaus auch zu seinem eigenen Schaden.

Am 2. Juli 1948 unterzeichnen Vizekanzler Schärf und Außenminister Gruber das Marshallplan-Abkommen. Der Grundstein für den wirtschaftlichen Wiederaufbau ist gelegt. Damit werden aber auch politische Weichen gestellt. Österreich tritt der Dachorganisation des Marschallplans, der OEEC, bei. Es ist die erste große Wirtschaftsorganisation des Westens. Österreich ist damit auch politisch im Westen verankert.

Nicht unwesentlich zur »emotionalen Westbindung« Leopold Figls trägt die Persönlichkeit des amerikanischen Hochkommissars Mark Clark bei. In ihm hat der Bundeskanzler und damit Österreich einen Freund gefunden. Oft hilft Clark dem verzweifelten Regierungschef, wenn er wieder um Lebensmittel betteln muss. Auch wenn der mächtige »Ami« zu verstehen gibt, dass er keine Zeit habe, lässt sich Figl nicht abwimmeln. Als Clark einmal zum Kanzler sagt, jetzt sei es unmöglich, er gebe gerade ein Dinner, antwortet der Österreicher: »Macht nix, dann komm ich zum Kaffee!« Not macht nicht nur erfinderisch, man verliert auch »den Genierer«, wie man in Wien sagen würde. Doch der amerikanische Hochkommissar nimmt Leopold Figl seine »Nachstellungen« nicht übel. Er weiß, wie groß der Hunger im Land ist. Am 22. Mai 1946 besucht er den Kanzler in der Bauernstube und schreibt:

»To: A great Austrian Patriot: Leopold Figl.«

Franz Matscher weiß, dass die legendären Einladungen in die Bauernstube und zum Heurigen einem politischen Kalkül entspringen: »Figl hat gesagt, wir müssen derzeit mit der Besatzung leben. Später werden wir schauen, dass wir sie loskriegen. Jetzt bauen wir einmal ein gutes Verhältnis auf. Besonders zum Mayer am Pfarrplatz hat er gerne eingeladen. Dort hängt ja heute noch ein Bild von ihm.«[128]

Ein »Alliierter«, der Österreich nur das Beste wünscht, ist der englische Journalist Patrick Smith. 1946 schreibt er ins Gästebuch:

»Österreich braucht jetzt gute Patrioten, die sich nicht schämen Österreicher zu sein. Dass der jetzige Bundeskanzler nicht nur ein guter Österreicher, sondern auch seinerzeit ein eifriger ›Schwarzhörer‹ gewesen ist, freut mich außerordentlich.

Möge das neue Österreich unter seiner Führung gedeihen, denn dieses schöne Land muss wirklich das Herzstück Europas wieder werden.«

1948 schreibt Patrick Smith: »Vor mehr als zwei Jahren war ich zum ersten Male beim Bundeskanzler Figl. Damals haben wir beide auf die baldige Souveränität Österreichs gehofft. Wir hoffen immer noch. Es wird nicht umsonst sein.«

Weniger schmeichelhaft als die Ansichten des Engländers Smith sind die demoskopischen Untersuchungen der Amerikaner zur innenpolitischen Situation Österreichs 1947. Figl hätte zwar die Unterstützung der Landbevölkerung, würde aber von der städtischen Bevölkerung als »komische Figur« abgetan. In den Kinos werde gelacht, wenn der Bundeskanzler in der Wochenschau auftauche.[129]

Es ist gut möglich, dass die Österreicher hin und wieder lachen, wenn sie den »Poldl« in der Wochenschau sehen. Der Kanzler selbst, der bis zu seinem Tod fünf Schilling für jeden neuen Figl-Witz zahlen wird, gönnt ihnen diese kurze »Aufheiterung« vermutlich. Die Österreicher haben in diesen Jahren wahrlich wenig genug Anlass zu lachen. Bestimmt lacht auch keiner der Hörer, als die Neujahrsansprache des Kanzlers 1948 übertragen wird: »Wir können das Jahr 1947 als das Jahr der vier großen Enttäuschungen nennen. Vier Konferenzen beschäftigte das Schicksal Österreichs: London, Moskau, Wien und wiederum London. [...] Sind wir voller Hoffnungen im Jänner nach London gefahren, so mussten wir bald erkennen, dass der Weg in die Freiheit für uns weitaus steiniger ist, als wir es uns je vorstellen konnten.

Wie lässt es sich vereinen, dass man einerseits der Anerkennung, ja der Bewunderung voll ist, dass das österreichische Volk unter den gegenwärtigen schweren Bedingungen so unermüdlich und, soweit es in seiner Macht steht, so erfolgreich an seinem Wiederaufbau arbeitet, dass man aber andererseits ihm sein oberstes Recht, die Freiheit seines Staatswesens, versagt. Wir kennen die Ursachen. Wir können aber, so bitter es ist, nichts zu deren Beseitigung beitragen. [...] Sie werden von mir einen Ausblick auf das nächste Jahr erwarten. Ohne ein großer Prophet sein zu müssen, kann man sagen, dass es ein hartes Jahr werden wird und dass unsere einzige Parole nur die sein kann: arbeiten, unverdrossen arbeiten.«[130]

Die Wahlschlacht: Frühling 1949

Der Wahlkampf wird mit »harten Bandagen« geführt: Kommunisten greifen Versammlungen der Kanzlerpartei an.

Der schwarze Alfa Romeo kommt nur im Schritttempo voran. Die Straße ist voll mit Menschen, tobenden Menschen. Im Wageninneren kann der Kanzler nicht verstehen, was die Leute grölen, aber es scheint nichts Schmeichelhaftes zu sein. Sollen sie schreien, die Kommunisten! Das wäre ja noch schöner, wenn man in Niederösterreich nicht einmal mehr eine Wahlkundgebung abhalten könnte. Weil sie im Parlament keine Chance haben, wollen die Kommunisten den Kampf jetzt auf die Straße verlegen. Hier, in der sowjetisch besetzten Zone, finden sich in den USIA-Betrieben immer wieder Leute, die bereit sind, für die KP in die Schlacht zu ziehen. Nun ja, die Gendarmen haben ja gewarnt. Sie wollten ihn schon nicht nach St. Pölten fahren lassen. „Am besten wäre es, die Versammlung abzublasen, Herr Bundeskanzler. Da ist etwas geplant!", hat es geheißen. Die Rede wurde trotzdem gehalten. Schließlich haben die Leute ja auf ihn gewartet. Allerdings war

die Ansprache kürzer als geplant. Der Kanzler schmunzelt bei dem Gedanken an ihr abruptes Ende. Er hat sich gerade erst warm geredet, als ihm jemand einen Zettel in die Hand drückt: „Rede kürzen, damit wir früher wegkommen!" Gut, dass er diesmal dem Rat gefolgt ist. Es war wirklich knapp. Raus aus dem Saal, rein ins Auto und ab durch die Mitte. Hinter ihnen haben die Störer gebrüllt und die Fäuste geschüttelt. Aber was tut das schon.
Hier in Mödling scheint die Stimmung nicht besser zu sein. Es heißt, die Kommunisten haben die Arbeiter der Brunner Glasfabrik mobilisiert. Wieder verstopfen Hunderte Leute die Zufahrt. An der rot-weiß-roten Fahne am Wagen erkennen sie, wer da kommt. Als das Auto in der Menge stecken bleibt, trommeln wütende Fäuste aufs Blech. Endlich ist der Eingang erreicht. Irgendwie kommen sie ungeschoren ins Haus. Ein kurzes Verschnaufen, eine Zigarette und rauf aufs Podium. Der Saal ist gesteckt voll, die Stimmung fabelhaft. Wenn einer der Schreihälse hereinkäme, hätte er nichts zu lachen. Wenn jemand ihrem „Poldl" etwas Böses will, verstehen die Niederösterreichischen Bauern keinen Spaß. Das spürt Leopold Figl genau.

Zwar kommt es an diesem Tag in Mödling zu keiner Saalschlacht, wohl aber zu Handgreiflichkeiten vor dem Veranstaltungsort. Figl selbst wird nicht attackiert, was er vermutlich der Umsicht seiner Begleiter zu verdanken hat. Während draußen die »werktätigen Massen« toben und der Kanzler vor den Gefahren des Kommunismus warnt, wird ihm nämlich wieder ein Zettel zugesteckt. Diesmal lautet die Botschaft: »So lange als möglich weiterreden!« Um das Versammlungslokal hat sich mittlerweile eine Art Belagerungsring geschlossen, um Leopold Figl gehörig »in Empfang zu nehmen«.

Aber aus der »Kanzlerjagd« wird nichts: Seine Begleitung alarmiert Wiener Polizeischüler und Figl redet und redet, bis die jungen Uniformierten eintreffen. Während sich Polizisten und Kommunisten prügeln, schaffen die Sekretäre ihren heiseren Chef zum Auto. Es ist ein aufreibender Wahlkampf.

Die kommunistische Gefahr, die sogenannte »rote Katze«, ist nicht sein einziges Thema. Es gibt eine neue Wählergruppe, deren Gunst erobert werden will: die ehemaligen Nationalsozialisten, die 1945 nicht wählen durften. 550 000 »Ehemalige« und deren Angehörige werden die kommende Wahl entscheiden. Figls KZ-Kamerad Alfons Gorbach sagt im Jänner 1948 bei einer Nationalratsdebatte: »Ein Gesetz kann auf die Dauer nicht auf dem Prinzip beruhen, dass nur die Mitgliedsnummer und weniger die Schuld bestraft wird. Seit Monaten bemühen wir uns vergeblich, wenigstens jene Amnestie Minderbelasteter durchzusetzen, die in den alliierten Zonen Deutschlands gang und gäbe ist.«[131]

Im März 1948 beschließt das Parlament ein Gesetz, das diese sogenannten »Minderbelasteten« amnestiert. Auch die ÖVP beginnt nun, um diese neue Wählergruppe zu werben. Am 4. Februar wird in Salzburg der Verband der Unabhängigen (VdU) gegründet, eine vierte Partei, die den »Schwarzen« bürgerliche Wähler abspenstig machen könnte. Obmann wird Herbert Kraus, der in der ÖVP für eine Integration der »Minderbelasteten« geworben hat. Um ihn scharen sich ehemalige Nationalsozialisten, aber auch der Journalist und ehemalige politisch Verfolgte Viktor Reimann.

Leopold Figl unterschätzt die Gefahr einer neuen Partei oder tut zumindest so. Rund einen Monat vor der Gründung sagt er im Wiener Apollo-Kino: »Wir fürchten eine vierte Partei nicht. Möge sie ruhig kommen und eine fünfte, sechste und zehnte Partei dazu. Man ist einigermaßen in Verlegenheit, wo diese vierte Partei stehen soll. Es ist bisher keine aufgetaucht, die ein Programm zustande gebracht hätte, das man als halbwegs vernünftig bezeichnen könnte.«[132]

Julius Raab sieht die neue Lage realistischer und nimmt Kontakt mit den »neuen Männern« auf. Parteiobmann Figl wird über dieses Treffen nicht informiert. Im Gegensatz zu Julius Raab, der im »Dritten Reich« unter dem persönlichen Schutz von Gauleiter Hugo Jury stand, hat der Kanzler »Verständigungsschwierigkeiten« mit ehemaligen Nationalsozialisten. Doch in dieser schwierigen Zeit sind die Grenzen zwischen Abneigung und Zusammenarbeit, Regel und Ausnahme fließend. So betont ein ehemaliger Mitarbeiter von Leopold Figl, dass der vormalige KZ-Insasse sich durchaus erweichen ließ, Nationalsozialisten zu helfen. »Er war ein gütiger Mensch. Wenn die Frau eines entlassenen Nazis zu ihm gekommen ist und die eine oder andere Träne geflossen ist, hat er geholfen.«[133]

Die geheime Kontaktaufnahme Raabs lässt noch einen Schluss zu: Bereits 1949 ist die parteiinterne Macht Leopold Figls nicht mehr sehr groß. Er verlässt sich auf seinen Freund Julius Raab und »seine Bauern«. Ersterer beteuert 1947 im Gästebuch:

»Ich folge in Treue dem neuen Schöpfer von Österreich.«

Es wird noch einige Jahre dauern, bis Leopold Figl erkennen muss, dass er das Verfestigen seiner internen Vormachtstellung zugunsten seiner Arbeit für Österreich vernachlässigt hat. Er wird dafür einen bitteren Preis bezahlen.

Der Ausgang der Wahl 1949 trägt jedenfalls nicht dazu bei, die Hausmacht des Kanzlers zu stärken. Die absolute Mehrheit der ÖVP geht verloren; die »Schwarzen« rutschen von 85 auf 77 Mandate. Da ist es kaum ein Trost, dass die »Roten« sogar neun Mandate verloren haben. Der große Gewinner ist der Verband der Unabhängigen, der mit 16 Abgeordneten ins Parlament einzieht. Das Regieren wird dadurch nicht leichter für Leopold Figl werden.

Am 8. November 1949 wird das Kabinett Figl II – eine Koalition mit den Sozialisten unter Vizekanzler Adolf Schärf – vom Bundespräsidenten angelobt. In seiner Regierungserklärung richtet der Kanzler das Wort auch an die Alliierten: »Die österreichische Bevölkerung nimmt das Andauern der Besetzung, die mit den international anerkannten Grundsätzen der Menschenrechte in krassem Widerspruch steht, nur mit größter Verbitterung hin. Wir glauben, ein Recht darauf zu haben, von jeder Bevormundung durch andere Mächte befreit zu werden und so zu leben, wie es alleine dem Willen des österreichischen Volkes entspricht.«[134]

Nicht nur das österreichische Volk, auch Leopold Figl selbst ist verbittert. Er hat große Hoffnungen auf die Pariser Außenministerkonferenz 1949 gesetzt. Nach einer Pause von eineinhalb Jahren treten im Frühjahr 1949 die Außenminister der Alliierten wieder zu Verhandlungen zusammen. Der österreichische Nationalrat richtet einen dramatischen Appell an die Siegermächte: »Unter dem System des gegenwärtigen Kontrollabkommens, das im Juni 1946 für die Dauer von ursprünglich sechs Monaten erlassen wurde, hat das österreichische Volk schwerste Opfer an der Freiheit des Staatswesens, des einzelnen Staatsbürgers und an wirtschaftlichen Gütern erbringen müssen. Es ist am Ende seiner Kräfte. [...] Schafft den Staatsvertrag, dass Österreich frei werde und sein Volk in Freiheit leben kann!«

Doch so wichtig ihr Staatsvertrag für die Österreicher auch ist, das kleine Land ist nicht das Hauptthema der Konferenz. In erster Linie geht es um Deutschland, um die Aufhebung der Blockade Berlins und um die Frage, ob die momentane Teilung weiter bestehen wird. Bald geraten die Verhandlungen ins Stocken. Aber zumindest in der österreichischen Frage könnte man sich einigen, jedenfalls sieht es zunächst danach aus. Selbst für den größten Streitpunkt wird eine Lösung gefunden: Die Sowjets erklären sich bereit, das von ihnen in Besitz genommene

»Deutsche Eigentum« den Österreichern für 150 Millionen Dollar zurück zu verkaufen. Eine Ausnahme bilden die Erdölfelder, die noch für einige Jahre, und die DDSG, die für immer sowjetisches Eigentum bleiben soll. Im Großen und Ganzen scheint eine Einigung erzielt, Sonderbeauftragte sollen zum 1. September 1949 den Entwurf des Gesamtvertrages ausarbeiten.

Am 20. Juni 1949 schreibt ein optimistischer Kanzler ins Gästebuch:

»Unser Ziel war immer: ›Alles für Österreich!‹
Das Ziel ist in große Nähe gerückt, die Heimat gehört bald wieder nur uns allein!«
Der 20. Juni 1949 ist ein denkwürdiger Tag!«

Am 21. Juni 1949 titelt das »Neue Österreich« euphorisch: »Die Pariser Verhandlungen über den Staatsvertrag: Erfolgreich abgeschlossen«. Im Nationalrat legt der Kanzler einen Rechenschaftsbericht ab: Der Vertrag werde große Opfer erfordern, doch die Freiheit müsse dies wert sein. 150 Millionen Dollar in bar werde man schwer verdienen müssen; auch wäre es bitter, dass die Erdölfelder auf lange Zeit in sowjetischem Besitz bleiben würden; schließlich sei es auch schmerzhaft, die DDSG, ihre Schiffe und Anlagen zu verlieren, aber man werde auch ohne sie sein Auskommen finden.[135]

Die Österreicher sind bereit, die größtmöglichen materiellen Opfer zu erbringen, wenn nur endlich die Besatzungsmächte das Land verlassen. Doch wie so oft in diesem Jahrhundert ist das Schicksal des kleinen Österreich mit jenem Deutschlands verbunden. Dort wird in jenem Herbst, für den sich die Österreicher die Freiheit erhofft haben, die Teilung in zwei deutsche Staaten vollzogen.

Am 20. September 1949 tritt in Bonn der Bundestag zusammen, um den ersten Bundeskanzler der neuen Bundesrepublik Deutschland, Konrad Adenauer, zu wählen. Am 7. Oktober beschließt der »Deutsche Volksrat«, das ostdeutsche Parlament, die Gründung der DDR.

Die Sowjets reagieren auf die veränderte Situation in Europa, indem sie beginnen, die im Herbst 1949 wieder aufgenommenen Staatsvertragsverhandlungen zu verschleppen. Als sie sich endlich zum Abschluss bereit zeigen, zögern die Amerikaner. Die Gründe sind nicht bei den Österreichern zu suchen, sondern in der weltpolitischen Lage. Österreich ist nur der Spielball der Interessen der Alliierten. Die Bundesregierung ist sich ihrer Machtlosigkeit bewusst, dennoch hat man es satt zu schweigen.

Am 7. März 1950 richtet die Regierung eine Note an die Alliierten, um »angesichts der sich dauernd ergebenden Verzögerungen in der Fertigstellung des Vertrages [...] an die Regierung der vier Besatzungsmächte mit Vorschlägen heranzutreten, die bezwecken sollen, die Lage der österreichischen Bevölkerung sofort zu erleichtern.« Ein Auszug der wichtigsten Forderungen:
- Übernahme der Besatzungskosten durch die Sowjetunion, Großbritannien und Frankreich in derselben Weise, wie dies durch die USA schon geschieht.
- Weitgehende Verminderung der Besatzungstruppen.
- Freigabe des beschlagnahmten Wohnraumes.
- Beseitigung der Militärgerichtsbarkeit.
- Abstandnahme von Verhaftungen von Österreichern durch die Besatzungsmächte.
- Unterstellung aller Ausländer unter die österreichische Rechtsordnung.
- Aufhebung der Zonenkontrollen.[136]

Aus dem Inhalt der Wünsche kann man erschließen, in welcher Lage sich Österreich 1950 immer noch befindet. In den nächsten drei Jahren wird sich die Lage nicht wesentlich verbessern.

14. KAPITEL

Der Streik: Oktober 1950

Der Ballhausplatz ist schwarz vor Menschen. Sie toben und schreien kommunistische Parolen. Leopold Figl steht schon seit geraumer Zeit am Fenster seines Arbeitszimmers und beobachtet das Geschehen. Auf dem Platz ist eine regelrechte Straßenschlacht im Gange. Schon vor einiger Zeit wurde ihm berichtet, dass die Demonstranten die Barrieren der Polizei durchbrochen haben und auf das Kanzleramt zuströmen. Dem Beamten, der die Meldung gemacht hat, stand das Entsetzen ins Gesicht geschrieben. Kein Wunder, die Menschenmeute draußen scheint wie von Sinnen zu sein. Die Männer haben Holzplanken von einem Baustellenzaun gerissen und dreschen wild auf die wenigen Polizisten los. Auch den Wasserwerfer haben sie schon erobert. Seine Besatzung wurde schwer verprügelt und musste verletzt weggebracht werden.
So viel Gewalt, so viel Wut. Der Kanzler zündet sich eine Zigarette an. Haben wir etwas falsch gemacht? Die Preiserhöhungen sind richtig. Schließlich müssen doch auch die Bauern endlich etwas von der Besserung der Ernährungslage haben. Natürlich, für die Leute ist es hart, wenn das Brot plötzlich 2 Schilling 40 statt 1 Schilling 90 kostet. Und die Kommunisten tun alles, um die Arbeiter aufzuhetzen. Verteilen Flugblätter, fordern Streiks. „Weg mit dem Preistreiberpakt", ist immer wieder zu hören. Sicher keine Losung, die sich ein verzweifelter Arbeiter ausgedacht hat.
Wenig später klettert der kommunistische Abgeordnete Ernst Fischer auf einen Lautsprecherwagen, der direkt vor dem Kanzleramt steht. Leopold Figl hört jedes Wort. Er hört, dass er ein Feigling ist, der sich vor den Massen versteckt. Und er hört einen tausendfachen Sprechchor: „Nieder mit der Schandregierung!" Für den Moment hat der

Kanzler genug gesehen. Er dämpft seine Zigarette aus und beginnt mit einem Rundgang durchs Haus. Er muss schauen, wie es den Leuten geht. Viele werden nervös sein, manche werden Angst haben. Nur kein falsches Heldentum. Wer will, kann das Kanzleramt durch den Ausgang am Minoritenplatz verlassen.

Zurück in seinem Zimmer geht der Kanzler automatisch wieder zum Fenster. Immer noch ist der Platz voll. Wenn das überhaupt möglich ist, scheinen die Demonstranten jetzt noch aufgebrachter zu sein. Vermutlich weil er sich geweigert hat, mit einer Abordnung zu sprechen. Reden ist immer gut, aber nicht unter dem Einfluss eines tobenden Mobs. Von unten dringt jetzt ein hämmerndes, metallisches Geräusch ins Kanzlerzimmer. Macht sich die Meute etwa am Eingangstor zu schaffen? Wollen die Kommunisten tatsächlich das Kanzleramt stürmen?

Für einen Moment wandern die Gedanken Leopold Figls zu seinem toten Freund Engelbert Dollfuss. Es ist 16 Jahre her, dass er im Zimmer nebenan verblutet ist. Dann platzt Inspektor Pospischil in den Raum: „Herr Bundeskanzler, ich kann für nichts mehr garantieren!"

Wie zuvor schon Sektionschef Eduard Chaloupka, will auch der Staatspolizist den Kanzler dazu bewegen, sich in Sicherheit zu bringen. Doch Leopold Figl hat seine Entscheidung schon getroffen.»Meine Herren, da daneben is der Dollfuß g'storben, auch ich weiche der Gewalt nicht. Ich verlasse das Haus nicht, eher sterb ich.« Wie so oft in Extremsituationen kommt der harte Kern Figls zum Vorschein, persönlicher Mut gepaart mit einer gewissen Dickköpfigkeit. Der österreichische Bundeskanzler lässt sich nicht von Demonstranten aus seinen Amtsräumen vertreiben, auch wenn es einige Tausend sind und nicht wenige gewalttätig werden.

Was treibt die Demonstranten unter das Kanzler-Fenster? 1950 ist eigentlich, in materieller Hinsicht, ein gutes Jahr für die meisten Österreicher. Endlich greift der Marshallplan, die Wirtschaft beginnt sich zu erholen. Endlich können sich die Menschen wieder satt essen. Jetzt wollen aber auch die Bauern von der allgemeinen Besserung der Lebensumstände profitieren und fordern höhere Preise. Der Streit um den Weizenpreis zieht sich über den ganzen Sommer, dann einigt man sich auf einen Preis von 1,35 Schilling pro Kilo statt 80 Groschen. In der Folge werden die Preise für Brot, Mehl, Zucker und Kohle drastisch erhöht, die zehnprozentige Lohnsteigerung bietet keinen Ausgleich dafür.

Eine ideale Ausgangslage für die Kommunisten, die darauf lauern, die staatliche Ordnung zu erschüttern, um dann mit sowjetischer Hilfe die Macht an sich reißen zu können. Ihre Agitatoren ziehen durch die Betriebe und halten Brandreden gegen die Regierung und die »kapitalistischen Ausbeuter«. Anfänglich stoßen die Kommunisten mit ihren Streikforderungen auf Zustimmung. Als der Ministerrat am 26. September das Lohn- und Preisabkommen unterzeichnet, streiken rund 120 000 Arbeiter. Naturgemäß am stärksten ist die Streikbewegung bei den großen Industriebetrieben wie der VOEST in Linz und Steyr Daimler Puch.

Aber auch in Wien wird bald die Hölle los sein. Der Ministerrat ist zu Ende und die Minister haben sich wieder in ihre Ämter begeben. Aus den Außenbezirken marschieren lange Kolonnen von Streikenden in den 1. Bezirk, 10 000 bis 15 000 Menschen. Sie durchbrechen die schütteren Sperren der Polizei am Burgtheater und stoßen Richtung Ballhausplatz vor. Ihr Ziel: das Kanzleramt. Dort wollen sie so lange demonstrieren, bis die Regierung das eben unterzeichnete Lohn- und Preisabkommen widerruft. Die Polizei weiß, dass sie einen Angriff auf das Kanzleramt mit ihren mageren Kräften kaum abwehren kann. Man kann auch keine Verstärkung anfordern, weil die Sowjets jede Verwendung der

Polizei in einem anderen Bezirk verboten haben. Das weiß man auch drinnen, in den belagerten Amtsräumen des Kanzlers. Leopold Figl telefoniert mit dem amerikanischen Hochkommissar und sagt ihm, dass es fraglich sei, wie lange die Polizei das Kanzleramt noch halten könne. Die Amerikaner sind in Alarmbereitschaft, greifen aber – aus Sorge, die Sowjets zu reizen – nicht ein.

Tags darauf empfängt der Kanzler, wie versprochen, eine Delegation der Streikenden. Der Inhalt des Gespräches ist nicht überliefert, jedenfalls erfüllt der Bundeskanzler ihre Forderungen nicht. Der Kampf geht weiter. Es ist ein Kampf mit harten Bandagen: Kommunisten hindern Streikunwillige am Arbeiten und machen auch sonst den Österreichern das Leben schwer. Bahnhöfe werden gestürmt, Straßenbahnschienen mit Zement ausgegossen, Fabriken besetzt. Es wird versucht, den Eisenbahn- und Postverkehr zu unterbrechen. Dort, wo sie es können, hindern die sowjetischen Besatzer die Polizei und Gendarmerie am Einschreiten. »Bürgermeister, Bezirkshauptmänner, Leiter von Post- und Telegrafenämtern, Vorstände von Bahnhöfen wurden zu den jeweiligen russischen Kommandanten geholt und dort unter stärksten Druck gesetzt. Man versuchte, sie zu beeinflussen, den Streik mitzumachen, oder verbot ihnen die Heranziehung von Polizei und Gendarmeriekräften. Am 5. Oktober trugen mittags russische Soldaten aus dem Schweizer Garten Bänke auf die Straßenbahngleise, setzten sich darauf und verhinderten so den Straßenbahnverkehr«[137], rekapituliert der Kanzler im Parlament, als die Krise überstanden ist.

Die RAVAG, die von den Sowjets kontrolliert wird, verbreitet Falschmeldungen. Kurzum: Es herrscht Chaos. Der Regierung wird ein Ultimatum gestellt: Wenn sie bis 3. Oktober das Lohn- und Preisabkommen nicht zurücknimmt, wird der Generalstreik ausgerufen.

Doch die Drohung verhallt. Am 3. Oktober beschließt der Ministerrat, auf die Forderung nicht einzugehen. Neun Tage später sagt der Bundeskanzler im Parlament: »Es war klar, dass ein anderer Beschluss nicht gefasst werden konnte. Nicht allein deswegen, weil man dem kommunistischen Terror nicht nachgeben konnte und wollte, sondern vor allem deswegen, weil das neue Lohn-Preis-Abkommen den Bedürfnissen gemäß abgeschlossen worden und eine Abänderung vollkommen ausgeschlossen war.«[138] Außerdem teilt der Ministerrat dem Alliierten Rat mit, die Bundesregierung erhebe gegen das Vorgehen der sowjetischen Besatzungstruppen energischen Protest.

Die Regierung, die in diesen Tagen mit dem Rücken zur Wand steht, verfasst einen Aufruf an die Bevölkerung: »Es ist kein wirtschaftlicher Streik. Der ÖGB lehnt ihn daher ab. Dieser Streik soll das zerschlagen, worauf eure Zukunft ruht: das demokratische, freie und lebensfähige Österreich. Österreicher! Mitbürger! Zeigt Mut und Besonnenheit in der Abwehr des verbrecherischen Anschlags. Die österreichische Bundesregierung.«

Mut zeigt auch und besonders Franz Olah, Leopold Figls Freund aus der KZ-Zeit. Der Sozialist und nunmehrige Chef der Bauarbeitergewerkschaft bildet Kommandos, die streikunwillige Arbeiter dort schützen, wo es die Polizei oder Gendarmerie dank der sowjetischen Einmischung nicht kann. Olah ist ein Mann der Tat. In seinen Erinnerungen »Erlebtes Jahrhundert« beschreibt er, was zu tun war, um die österreichische Demokratie zu schützen: »Den Unternehmern machte ich klar, die Arbeiter nicht zu entlassen, sie würden nicht streiken. Man sollte ihnen auch die Lastwagen überlassen, womöglich mit Benzin. [...] Waffen hatten wir natürlich keine – mit einer Ausnahme: jemand verfiel auf die Idee, dass es einen Drechslermeister aus Fünfhaus gebe, der uns schnell ein paar hundert Holzknüppel erzeugen und mit einer

Schlaufe versehen könnte. Das musste genügen. [...] Wir mussten versuchen, überall dort einzugreifen, wo Betriebe bedroht wurden.«[139]

Es hat genügt. Am 6. Oktober schreibt die kommunistische »Volksstimme«: »Durch die Anwendung von Waffengewalt wurde in den westlichen Bundesländern die Arbeiterschaft nach dem heroischen Kampf zur Wiederaufnahme der Arbeit gezwungen.«[140]

Neben den geschilderten Holzknüppeln verfügt der streitbare Gewerkschaftschef in diesen aufregenden Tagen tatsächlich noch über andere Waffen: eine alte spanische Pistole, mit der er in die Luft schießt, als der kommunistische »Werkschutz« der USIA-Erdölbetriebe mit Eisenstangen und Messern über ihn und seine Mannen herfällt, und einige Tränengasbomben, die er bei heiklen Einsätzen in einer Aktentasche mitführt.[141] »Wir waren gewarnt und haben uns zu wehren gewusst. Wir hatten nicht sieben Jahre in den KZs überlebt, um dann für immer im Gulag der Stalinisten zu verschwinden.«[142]

Ähnliche Gefühle mögen Leopold Figl bewegen, als er am 12. Oktober im Nationalrat sagt: »Ohne Unterschied der Partei steht das österreichische Volk heute einiger und geschlossener denn je da, es ist fester denn je entschlossen, sich gegen kommunistische Gewaltakte zur Wehr zu setzen. [...] Es nützt auch die Unterstützung von außen nichts, wenn ein Volk entschlossen ist, seine Freiheit zu verteidigen. Wir bleiben Österreicher, und das bedeutet: Österreich bleibt frei!«[143]

Die Reise: Mai 1952

»Großer Bahnhof«: Die Österreicher bereiten ihrem Kanzler einen triumphalen Empfang, als er mit seiner Frau Hilde von seiner Reise zu den westlichen Alliierten zurückkehrt.

Der Zug setzt sich langsam in Bewegung und rattert aus der Station. Immer noch steht Leopold Figl am Fenster und winkt. Es ist so schön, zu sehen, wie die Menschen sich freuen. Bei jedem Halt begrüßen sie ihren Kanzler begeistert. Trachtenkapellen spielen, Chöre singen, Kinder bringen Blumen zum Zug. Niemand hat sie herbestellt, ihre Freundlichkeit ist echt. Der Kanzler spürt, dass seine Landsleute das Gleiche empfinden wie er selbst während seiner dreiwöchigen Reise: Freude und Dankbarkeit, dass der österreichische Bundeskanzler im Ausland als Partner und Freund empfangen wird.
Erst als sich Leopold Figl neben seine Frau auf die Polsterbank sinken lässt, spürt er, wie müde er ist. Versonnen streicht er mit der Hand über den samtigen Stoff. In

den letzten Wochen ist viel passiert. Zuerst London. Gott sei Dank war die Stimmung diesmal ganz anders als vor fünf Jahren. Auch wenn damals alle höflich waren, konnte man spüren, dass die Briten den Österreichern noch reserviert gegenüberstanden. Jetzt hat ihn sogar die junge Queen empfangen, obwohl ihr Vater erst vor Kurzem verstorben ist. London war eindrucksvoll, aber der Höhepunkt der Reise war Amerika.

New York ist der reinste Hexenkessel. Hochhäuser, so weit das Auge reicht, ein wahnsinniger Verkehr, Menschen aller Rassen und Hautfarben. Sogar einen Sohn österreichischer Einwanderer hat der Kanzler getroffen - er hat zufällig das herbeigerufene Taxi chauffiert. Leopold Figl erinnert sich gerne an diese Fahrt durch New York. Nie hätte er sich träumen lassen, dass er einmal in einem riesigen amerikanischen Wagen über die Fifth Avenue fahren würde. Harry Truman, der amerikanische Präsident, hat die Österreicher sogar in seiner Maschine durch die Staaten fliegen lassen.

Der Besuch in der Hauptstadt war allerdings weniger angenehm. Die leidige Angelegenheit mit den Marshallplan-Geldern ist immer noch nicht vom Tisch. Auch in Paris gab es ein unangenehmes Thema: die Besatzungskosten. Freundlichkeit hin oder her, weder die Briten noch die Franzosen wollen darauf verzichten. Da wird man noch einmal reden müssen, denkt der Kanzler, dann döst er ein wenig ein.

„Wir sind gleich in Linz", sagt Hilde und rüttelt ihren Mann sanft am Arm. Auch auf diesem Bahnhof drängen sich winkende, gut gelaunte Menschen. Es ist noch nicht lange her, dass der Kanzler hier Tausende fröhliche, ja glückliche Österreicher gesehen hat. Allerdings galt der Jubel nicht ihm, sondern der neu gegossenen Pummerin. Die „Stimme Österreichs" ist in den Stephansdom heimgekehrt und zeigt den Menschen: Es geht wieder aufwärts!

1 Die erste Seite der Gästebücher.

2 Noch ahnt niemand, was auf Österreich und die Familie Figl zukommen wird.

3 Segenswünsche von Kardinal Innitzer.

4 Ein Bekenntnis zum ermordeten Engelbert Dollfuß: Ein Jahr zuvor, am 25. Juli 1934, wurde der Bundeskanzler von Nationalsozialisten erschossen.

Frontappel 18. Oktober 1936
abgeblasen u. Vergatterung in der V. F.
erbrecht Treue - Dollfuß
Schuschnigg - Starhemberg,
wir halten durch ...!!!
f. Werner Deibl.
O. S. S. A. D.
Seidl Gen...
Generalmajor f. österr. Heimatschutzes a. D.

5 V. F. steht für »Vaterländische Front«, die Nachfolgeorganisation der »Christlichsozialen Partei«. Ab 1933 fungierte sie als Einheitspartei mit Monopolstatus.

6 Der Staat, dem diese Männer die Treue schwören, wird in rund einem Monat aufhören zu bestehen.

7 Julius Raab reimt noch einmal patriotisch und pathetisch, doch der Untergang der Ersten Republik steht unmittelbar bevor.

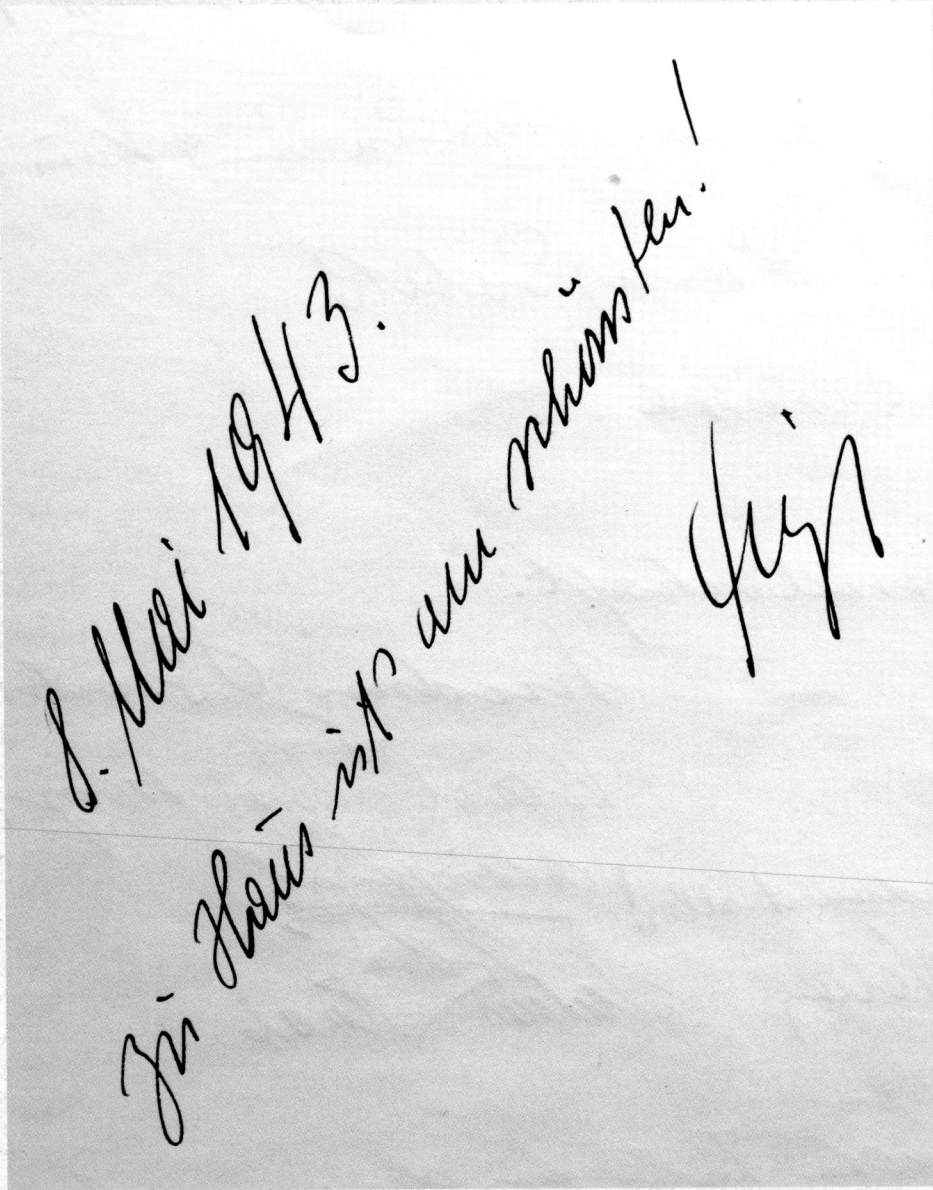

8 Ein unvergesslicher Tag für die Familie Figl: Der Vater kehrt nach fünf Jahren KZ zurück.

14. VIII. 1934.

Neu begonnen in alter Treue und Kameradschaft.

Möchte jetzt die Dr. Franz Sobek
glückliche.

In alter Freundschaft:
27/8. 43.
           Ludwig Buchinger
           Karl Berbig

Wahre Freundschaft überdauert alles!
28.8.43   Felix Wellek   Julius Raab

Wir wollen an dem alten Jahr für das neue gelernt haben.
        In unwandelbarer Treue
31. VII. 1943.
        Wir bleiben, was wir waren
            In alter treuer Freundschaft

9 Ein Datumsfehler: Am 14.8.1943 treffen sich die KZ-Freunde Figl und Sobek, um Pläne für die Heimat zu schmieden.

29. Jänner 1944.

10 Die Hoffnung auf das Wiedererstehen Österreichs in Reimform. Diese Seite hätte dem Verfasser, aber auch Gastgeber Figl, im wahrsten Sinne des Wortes den Kopf kosten können.

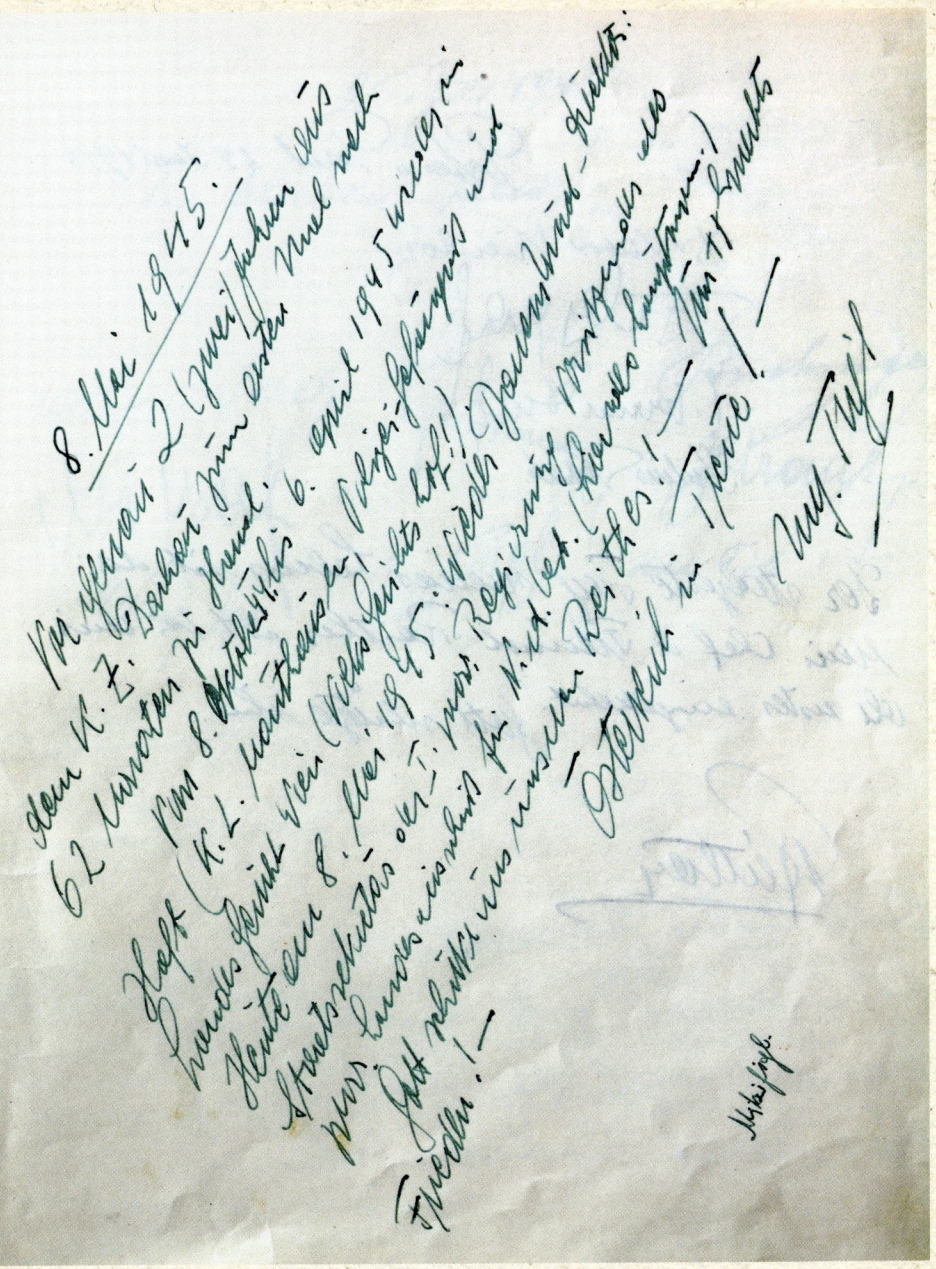

11 Die Waffen schweigen, doch bis zum Frieden ist es noch ein langer Weg.

12 Die Wünsche der Mutter anlässlich der ersten Regierungserklärung am 21. Dezember 1945. Für Leopold Figl mag dieser Eintrag der wertvollste des Gästebuches gewesen sein.

13 Ein KZ-Kamerad erinnert an die Jahre der Sehnsucht nach der Familie.

To: A great Austrian Patriot
Leopold Figl:

Mark W. Clark.

14 Der amerikanische Hochkommissar wird zu einem Freund Leopold Figls und damit auch Österreichs.

Zur Erinnerung an den 11. 3. 1938.
Acht Jahre später.
Ein österreichisches Halleluja!
Vom Gefangenen zum Kanzler Österreichs!
Gott schütze Österreich
Gott helfe Österreich

11. 3. 46.
/46

15 Noch sind die Schrecken der Nazi-Zeit präsent.

Wir haben gewartet viele Jahre
Wir brauchen warten nicht mehr.
Daß Österreich wieder Österreich war
Ist ein Traum so schön und hehr. —
Die Liebe und Kraft eines Lebens —
                    sind gewachsen
Sind in uns, die wir litten, jetzt
Bestätigung finden.
Die Jahre der Gefangenschaft, die das
„Wunder" vollbracht haben, den Österreicher
zum Österreicher finden zu lassen, sind
das Band, das nimmer getrennt werden
soll.
        Meinem Freund
        meinem Kanzler
16. Jänner 1946

16 Der Chefredakteur der »Salzburger Nachrichten«, Gustav Canaval, blickt auf die gemeinsame KZ-Zeit zurück.

17 Eine österreichische Delegation fliegt zu Staatsvertragsverhandlungen. Der Schreiber ist optimistisch: »Aber Poldi, der wird's mit den R(usse)n schon machen«.

4. Juli 1946.

*Meinem treuen pflichgetreuen Mitarbeiter
in der Prov. Regierung, dem Mitarbeiter
des Neuen Österreich, dem ersten Kanzler
des demokratisch erneuerten Österreich
zum Gedenken an die grauenvollsten
Häftlingsfamilie abends*

*als bester Schützer des Bauernstandes
dem Bauernstande, die ... zuverlässlichsten
Wächter für erfolgreiche Arbeit
am Wohl unseres Volkes!*

*D. Karl Renner
Bundeskanzler.
... Freundliche.*

18 Bundespräsident Karl Renner, ebenfalls ein Bauernsohn, zu Gast in der Bauernstube.

8. Juli 1946:

Zur Erinnerung an das erste Zusammensein von Rechts und Links, in der Zuversicht auf unser allseitiges Vertrauen, und in der Hoffnung auf gemeinsame Arbeit zum Wohl des Landes!

Dr. Adolf Schärf
Vizekanzler

19 Nicht nur in der Regierung, sondern auch bei einem abendlichen Glas Wein: Rot und Schwarz an einem Tisch. Zehn Jahre zuvor undenkbar.

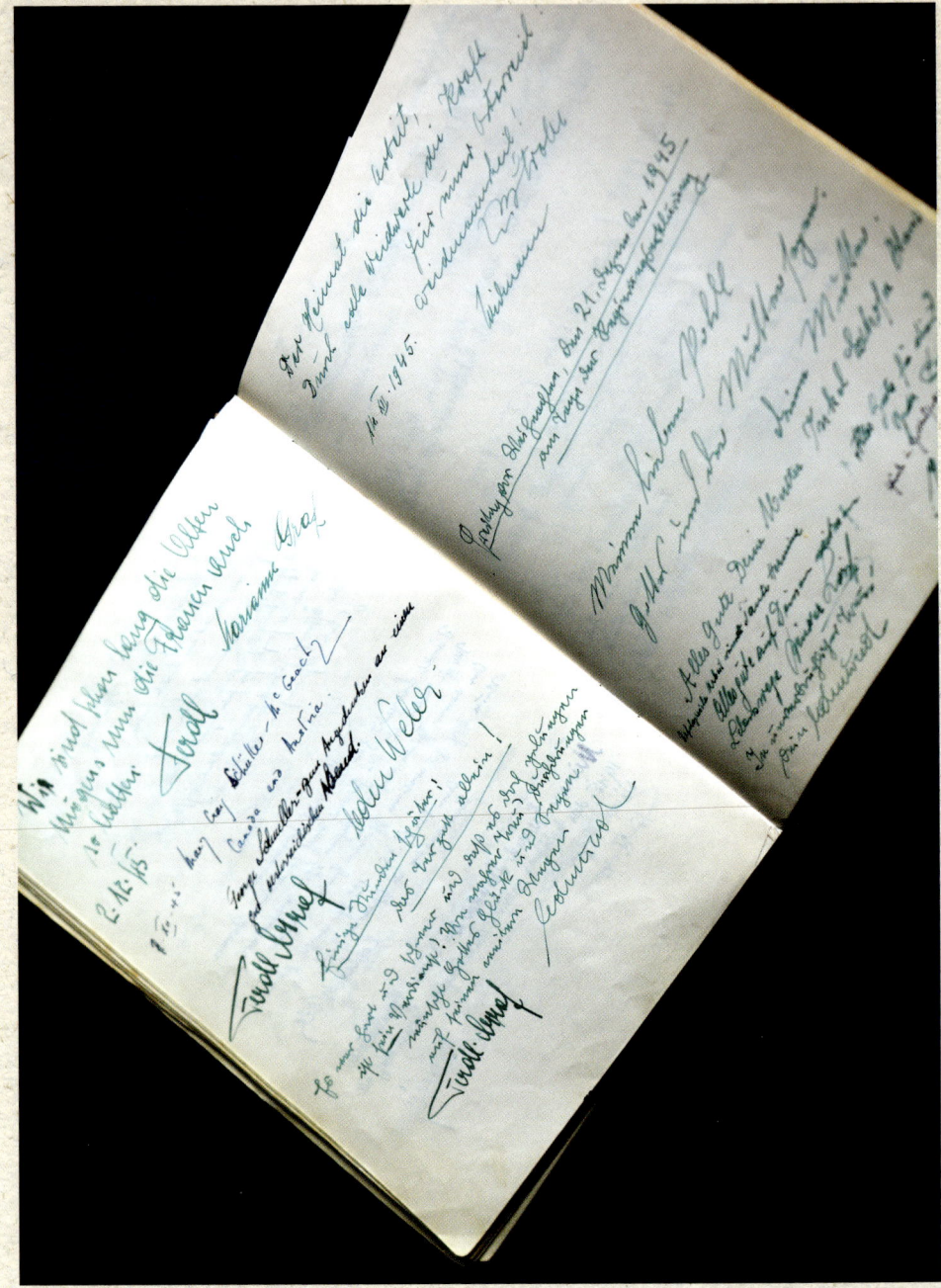

20 Insgesamt fünf Gästebücher voll guter Wünsche und Erinnerungen von Familienmitgliedern, Freunden, Kollegen und ausländischen Gästen. Hilde Figl führt einen gastfreundlichen Haushalt – auch zum Wohle Österreichs.

April und Mai 1952 sind schöne, aufregende Monate in der Kanzlerschaft von Leopold Figl. Der Einzug der »Pummerin« am Stephansplatz markiert den erfolgreichen Wiederaufbau des Domes. Am 26. April 1952 trifft die »Königin von Österreich« auf einem Tieflader vor dem Dom ein. Bundespräsident Theodor Körner und die gesamte Bundesregierung haben sich versammelt. Die Reise von St. Florian bei Linz, wo die Pummerin gegossen wurde, gleicht einem Triumphzug. Zehntausende Menschen säumen die Straße. Die Glocke ist mit Blumengirlanden geschmückt. Auf der Mariahilfer Straße bilden die Wiener ein mehrreihiges Spalier. Die »Pummerin« eint Österreich. Die größte Glocke des Landes ist eine symbolträchtige Spende des Landes Oberösterreich an den Stephansdom. Jedes der neun Bundesländer hat sich an der Wiedererrichtung der Kathedrale beteiligt. Das Tor wurde von der Steiermark gespendet, der Steinboden von Niederösterreich, die Glasfenster von Tirol, die Kirchenbänke von Vorarlberg, die Kronleuchter von Kärnten, die Kommunionbank vom Burgenland, das Tabernakel von Salzburg und das Dach von der Stadt Wien.

Am Abend schreibt der Kanzler glücklich in sein Gästebuch:

»St. Stefan in Wien, Wahrzeichen Österreichs, ist in alter Pracht erstanden, die Pummerin hat Oberösterreich gespendet! Der Herr segne unser Österreich!«

Nur elf Tage später bricht Leopold Figl zu seiner dreiwöchigen »Goodwill«-Tour nach England, Frankreich und in die USA auf. Es wäre sinnvoll, auch in die Sowjetunion zu reisen, doch Stalin hat keine Einladung ausgesprochen. Die westlichen Staatschefs sollen davon überzeugt werden, dass die Österreicher nach sieben Jahren Besatzung durchaus imstande sind, sich alleine zu regieren. Leopold Figl soll um Sympathien werben, aber auch sich und damit Österreich Respekt verschaffen. Seine KZ-Vergangenheit und sein siebenjähriges Ringen mit dem »russischen Bären« sind in beiden Punkten hilfreich.

»Dr. Figl is a courageous man who has spent many years in a German concentration camp, where he was brutally treated. He is none the less a cheerful soul who likes his glass of wine«[144], steht in einem englischen Memorandum vom Februar 1952. Figl ist also in den Augen der Briten ein »mutiger Mann, der viele Jahre in einem deutschen KZ zugebracht hat, wo er brutal behandelt wurde. Trotzdem ist er ein fröhlicher Charakter, der ein Glas Wein schätzt.« Außenminister Anthony Eden empfiehlt Winston Churchill die Einladung des österreichischen Bundeskanzlers nach London, obwohl nach dem Tod von König Edward II. noch Staatstrauer herrscht. Tatsächlich wird der London-Aufenthalt ein Erfolg, Figl besucht 10 Downing Street und die junge Queen Elisabeth.

Beim offiziellen Abschiedsessen erwähnt der frühere britische Außenminister Herbert Stanley Morrison, dass ihn Figls Besuch an die wunderbaren Aufführungen der Wiener Staatsoper erinnere. »Es wäre schön gewesen, wenn Sie einen Teil des Staatsopernballetts mitgebracht hätten!« Lächelnd gibt der Österreicher zurück: »Ich bin doch nach London gekommen, um unter anderem die Frage der Besatzungskosten zu erörtern. Wenn ich einen Teil der Staatsoper mitgebracht hätte, so hätten Sie sicher gesagt, es gehe uns so gut, dass wir die Besatzungskosten ohne weiteres bezahlen können!«[145]

Obwohl Leopold Figl kein Wort Englisch spricht, hat er keine Verständigungsschwierigkeiten auf dem internationalen Parkett. »Figl war eine einfache Persönlichkeit, aber er hatte Ausstrahlung. Er wirkte glaubwürdig in dem was er sagte, und er war selbstbewusst genug, es einfach auf Deutsch auszusprechen«[146], sagt Franz Matscher. Es muss eben immer ein Dolmetscher dabei sein, den Rest erledigt Figls einnehmende Art. Er kennt keine Scheu vor berühmten Persönlichkeiten, trägt gerne das Du-Wort an und nimmt seine Gesprächspartner gelegentlich am Arm, um sie sanft in die von ihm gewünschte Richtung zu bugsieren. Kurzum: Der Kanzler ist das Gegenteil von distanziert. Bei seinem jeweiligen Gegenüber ruft seine etwas unkonventionelle Art meist spontane Sympathie hervor. Die Menschen spüren, dass alles an dem kleinen Österreicher echt und unverstellt ist. Es ist keine »Masche«, sondern aufrichtiges Interesse, das ihn auf andere zugehen lässt – gepaart mit einer vermutlich zum Leidwesen der Dolmetscher schwer zu übersetzenden Schlagfertigkeit im niederösterreichischen Idiom und ein klein wenig Bauernschläue.

In den USA wird der österreichische Bundeskanzler ungewöhnlich herzlich aufgenommen. Der New Yorker Bürgermeister verleiht Leopold Figl gar die höchste Auszeichnung der Stadt, die Medal of Honor, und hält eine Rede, die seine Verdienste würdigt. Er spricht von dem »mutigen Staatsmann und Führer seines Volkes, der nach dem Zweiten Weltkrieg die Opposition seines Landes gegen den Kommunismus standhaft geführt hat« und der »stets mutig für die Freiheit und Demokratie eingetreten ist und stets totalitäre Herrschaft bekämpfte«[147].

Die »Detroit News« beschreibt Figl treffend. Unter dem Titel »A Spunky Little Farmer Gives His Country Courage« heißt es: »He is a man, who knows how to say no, but never accepts it as an answer. And it takes courage to say no to the Russians.«[148] Keine schlechte Presse: »Ein beherzter kleiner Bauer gibt seinem Land Mut: Er ist ein Mann, der Nein zu sagen versteht, ein Nein aber niemals als Antwort akzeptiert. Und es gehört Mut dazu, zu den Russen Nein zu sagen.« In einer Zeit, in der Senator McCarthy Jagd auf alle macht, die er kommunistischer Umtriebe verdächtigt, wird Leopold Figl in den USA vor allem als Mann geschätzt, der seit sieben Jahren als David gegen den sowjetischen Goliath kämpft.

In den USA nimmt sich der österreichische Kanzler erst recht kein Blatt vor den Mund. Im New Yorker Presseclub »Übersee« sagt er in einer Rede: »In erster Linie hat Ihre Einladung bezweckt, den seltsamen Mann zu sehen, der in der heutigen Zeit Recht und Gerechtigkeit für seine Heimat sucht. Und ich kann Ihnen aufrichtig sagen, ich komme mir langsam selber etwas sonderbar vor, nunmehr durch sieben Jahre Selbstverständlichkeiten fordern zu müssen – allerdings vergeblich fordern zu müssen. [...] Wir hofften, dass auf die sieben mageren Hitler-Jahre sieben bessere Jahre der Freiheit folgen würden. Leider sind wir enttäuscht worden. Es sind seither sieben frei-besetzte oder besetzt-befreite Jahre – wie Sie wollen – gefolgt. Und nicht nur die Freiheit hat man uns vorenthalten, wir müssen auch noch dafür bezahlen.«[149]

Dass der Österreicher auch den westlichen Alliierten die Stirn bieten kann, erstaunt die Amerikaner. Figl lässt sich weder von Orden noch von einem Ehrendoktorat und lobenden Reden einlullen. Wenn es etwas zu regeln gibt, dann will er das auch tun; selbst wenn er bei seinen Gesprächspartnern auf taube Ohren stößt. Auch mit den »Amis« gibt es nämlich etwas »auszureden«. Es steht der unerfreuliche Vorwurf der nicht widmungsgemäßen Verwendung der Marshallplan-Gelder im Raum. Die Amerikaner fordern eine Untersuchung, Figl will die Angelegenheit in Ordnung bringen. Seine Gesprächspartner reagieren »arrogant und abweisend«. Dafür sei der Hochkommissar in Wien zuständig. Laut seinen Begleitern antwortet Figl: »Gut, wenn Sie nicht in der Lage sind, mit mir die peinliche Angelegenheit zu klären, dann kann ich nur meine Koffer packen, nach Wien zurückfahren und alles Weitere mit dem Hochkommissar besprechen«[150]. Eine ziemlich harsche Antwort für einen Regierungschef, dessen Land vom Wohlwollen des Gastgeberstaates abhängig ist und der gerade von einer Feierlichkeit zur anderen herumgereicht wird. Aber die Strategie funktioniert: Die Amerikaner wollen einen blamablen Abbruch des Staatsbesuches vermeiden und lenken ein.

Als Folge des Figl'schen Sympathiefeldzuges wird im Kongress ein Antrag, die Österreich-Hilfe von 86 Millionen Dollar auf 46 Millionen Dollar zu senken, mit nur einer Gegenstimme abgelehnt. Schon deshalb hat sich die weite Reise gelohnt.

In Frankreich freilich kommt der Kanzler mit seiner Forderung nach Übernahme der Besatzungskosten nicht weiter, obwohl er auch dort mit großem Pomp empfangen wird.

Für die Rückreise über Vorarlberg stellt ihm Bundespräsident Körner seinen Salonwagen zur Verfügung. Die Fahrt von Buchs nach Wien wird zum Triumphzug, an dem Leopold Figl ermessen kann, wie sehr die Bevölkerung seinen Einsatz für Österreich schätzt. Die Menschen wissen, dass »der Poldl« tut, was er kann, um die Heimat endlich zu einem freien Land zu machen. Trotzdem sind seine Tage als Kanzler gezählt, aber das ahnt Leopold Figl noch nicht.

Auch wenn sich der Bundeskanzler nicht auf einer Reise befindet, verbringt er wenig Zeit mit seiner Familie. Ehefrau Hilde und die Kinder Hansl und Liesl sind längst daran gewöhnt. Erst die jahrelange Trennung durch KZ und Gefängnis, dann die Hektik des Regierens im Chaos der unmittelbaren Nachkriegszeit, schließlich das Ringen um den Staatsvertrag – immer steht etwas Unabwendbares einem »normalen« Familienleben entgegen. Auch ist Figl, der berufsbedingt und wohl auch seinem Naturell entsprechend, den ganzen Tag reden muss, zu Hause eher schweigsam. Wenn der Kanzler endlich daheim ist, will er nicht auch noch über Politik reden. Die großen Themen werden in der Bauernstube mit Gästen, nicht aber mit der Familie diskutiert. Erstens ist dazu ohnehin keine Zeit und zweitens ist Figl der Ansicht, dass Politik kein Thema ist, das man mit Frau und Kindern bespricht. Eine Einstellung, die zum Teil noch aus der Nazi-Zeit herrührt, als man »vor den Kindern« aus Sicherheitsgründen nichts Politisches besprechen konnte.

»Mir haben sie nie irgendetwas erzählt. Die Gefahr war viel zu groß, dass sich ein Kind in der Straßenbahn oder sonst wo verplappert«[151], berichtet Liesl Figl. Später ist die väterliche Zurückhaltung beim Erzählen sicherlich auch der zeitgemäßen Einstellung geschuldet, dass Politik ein Männergeschäft ist. Gemütliche Familienabende gibt es in der Peter-Jordan-Straße selten. »Wenn mein Vater zu Hause war, dann war er entweder müde oder es war jemand da«[152], erinnert sich Figls Sohn Johannes später.

Trotzdem gelingt es Leopold Figl, ein »präsenter« Vater zu sein: ein Vater der zwar kaum Zeit, aber immer Interesse und Zuneigung für seine Kinder hat. Als er 1943 nach fünf Jahren KZ heimkommt, erkennt die siebenjährige Liesl ihren Vater nicht, und auch ihr älterer Bruder hat vermutlich nur mehr eine verschwommene Erinnerung an den Papa. Fünf Jahre sind eine lange Zeit im Leben von Kindern, fünf Jahre dehnen sich endlos, wenn man nicht weiß, ob man seine Familie überhaupt noch einmal sehen wird. Gestohlene Jahre, die den Vater der Familie entfremden. Es gelingt ihm – ohne viel Zeit und ohne große Worte – das quälende Vakuum zu den Kindern zu überwinden; mit »Liebe und Güte«, wie er es in einem Brief aus dem KZ seiner Frau angekündigt hat.

»Mein Vater war sehr verliebt in meinen Bruder und mich, aber er hat es – aus pädagogischen Gründen – nicht so gezeigt. Er hat klare Richtlinien für die Erziehung gegeben, und zwar in einprägsamer Weise. Er hat nicht 20 Mal gesagt: ›Seid's brav!‹ Er hat gesagt: ›Wenn ihr etwas anstellt's, dann heißt es: Die Figl-

Kinder machen das auch. Und das soll nicht sein!‹«[153], erzählt die Tochter. Er fragt nach Schularbeiten, schimpft über schlechte Noten und erfüllt in letzter Minute Weihnachtswünsche. Leopold Figl mischt sich also in die Erziehung seiner Kinder ein, in den 1940er- und 1950er-Jahren durchaus keine Selbstverständlichkeit für ein »Familienoberhaupt«. »Er hat das intensiv gelebt«, sagt Liesl Figl, »aber knapp, weil die Zeit immer zu wenig war.«

Eine der Maximen: Die Kanzler-Kinder sollen keine »Privilegien« haben. »Wir sind nie mit dem Auto in die Schule gebracht worden. Auch bei Veranstaltungen waren wir Kinder nie dabei!«, sagt Anneliese Figl mit einem Schmunzeln.

Wie sehr Leopold Figl an seiner Familie hängt, kann man auch aus seinen Briefen aus dem KZ schließen. Frau und Kinder sind der Fokus seiner Gedanken; der einzige helle Punkt, auf den er all seine Hoffnungen konzentrieren kann. Neben dieser auch nach fast 80 Jahren noch berührenden Zuneigung sticht beim Lesen der Briefe ein zweites Gefühl hervor, das den Verfasser bewegt haben muss: Anerkennung und Dankbarkeit für die Leistung seiner Frau, die nach seiner Verhaftung im bald ausbrechenden Krieg alleine mit zwei Kindern ohne Einkommen dasteht. Abgesehen davon, dass der »Schutzhäftling« kein Gehalt mehr hat, werden auch alle Ersparnisse »eingezogen«. Hilde Figl ist auf die Zuwendungen ihres Vaters angewiesen beziehungsweise auf Lebensmittel, die von der Ruster Familie stammen.

Und dann ist da noch die soziale Problematik: In der NS-Diktatur ist es nicht angenehm, mit einem »KZler« verheiratet zu sein. Gegen Ende des Krieges bekommt auch Sohn Johannes die Ablehnung zu spüren: Ein besonders strammer Nazi unter seinen Professoren am Gymnasium weigert sich, mit dem Sohn eines »Staatsfeindes« in einem Raum zu sein. Johannes Figl muss in dessen Stunden im Konferenzzimmer sitzen.

Demütigend ist es für Hilde Figl sicher auch, bei der Gestapo um die Freilassung ihres Mannes zu bitten. Sie tut es trotzdem. Hilde Figl unternimmt alles, was in ihrer Macht steht, um ihrem Mann zu helfen. Hilli, wie er sie nennt, schreibt, schickt Pakete und kümmert sich nicht nur um die Kinder, sondern auch um die restliche Verwandtschaft. Soweit den »Gegenbriefen« von Leopold Figl zu entnehmen ist, klagt sie nie über ihre Belastung oder macht ihrem Mann gar Vorwürfe. Hilde ist der Fels in der Brandung, an den sich Leopold Figl in seiner schwersten Zeit klammern kann. In der Todeszelle kann er darauf vertrauen, dass seine Frau alles tun wird, um wenigstens die Kinder durch den Krieg zu bringen.

Gefühle, die unter solchen Extrembedingungen wachsen, legt man in guten Zeiten nicht ab wie einen alten Hut. Leopold Figl hängt ein Leben lang mit großer Zuneigung an seiner Frau. Wenn man Fotografien der beiden betrachtet, hat man bei manchen den Eindruck, als würde sich der damalige Bundeskanzler ein bisschen an seiner Gattin anhalten. Vermutlich ist es auch so: Hilde Figl ist ihrem Mann ein Leben lang eine große Stütze, sowohl emotional als auch praktisch. Dabei hat sie es nicht angestrebt, die Frau eines (Ausnahme-)Politikers zu werden. Anlässlich ihrer Verlobung soll Leopold Figl seiner Hilde sogar versprochen haben, sich aus der Politik zurückzuziehen. Als Hansl seiner Mutter 1945 die Nachricht überbringt, dass der Vater jetzt Landeshauptmann von Niederösterreich ist, reagiert sie entsetzt: »Das gibt es nicht, das muss aufhören. Ich will nichts mehr von der Politik hören!«[154]

Trotzdem wird sie ihren Mann, dessen Leben sich die nächsten 20 Jahre vom Aufstehen bis zum Schlafengehen um Politik dreht, unterstützen. Schon kurze Zeit, nachdem Johannes mit der frohen Kunde von der Landeshauptmanntätigkeit des Vaters heimkommt, bewirtet sie die ersten »Polit-Gäste« in der Kundmanngasse. Alliierte Besatzungsoffiziere und ausländische Journalisten sollen mit bescheidenen Mitteln und umso größerer Gastfreundschaft günstig gestimmt werden. Die solchermaßen Bewirteten können nicht ahnen, dass die Hausfrau das fürs Kochen notwendige Holz erst in den umliegenden Ruinen sammeln musste.

Leopold Figl weiß, was er an seiner Hilli hat. Ein enger Mitarbeiter formuliert salopp und dafür umso authentischer:»Ich glaub, er hat nie eine andere Frau angeschaut. Auch in der Hinsicht war er eine Seltenheit.«[155] Seine Sekretäre berichten, dass ihr Chef bei den stundenlangen Autofahrten quer durch Österreich, abgesehen von der omnipräsenten Politik, über zwei Themen geplaudert hat: über die Familie und über sein einziges Hobby, die Jagd.

Zum Jagen geht es auch im einzigen Urlaub des Jahres, den die Familie seit 1946 traditionell in Matrei in Osttirol verbringt. Doch für längere Zeit ungestört ist der Kanzler auch in seinem Urlaubsdomizil nicht. Jeden zweiten Tag erscheint ein Beamter vormittags mit der Postmappe, die um 15 Uhr wieder retour gehen, also erledigt sein muss. Außerdem versucht der Kanzler und spätere Außenminister gelegentlich, die gelockerte Atmosphäre und wunderschöne Landschaft für informelle Treffen mit ausländischen Politikern zu nutzen. Sohn Johannes beschreibt die gemeinsamen Ferien-Aufenthalte:»Die ersten drei Tage hat mein Vater geschlafen und dann kamen die Delegationen und Besuche. Wenn nichts los war, ist er schon nervös geworden. Er hat das gebraucht.«[156]

15. KAPITEL

Der Sturz: 22. März 1953

Die Tür fällt ins Schloss, etwas lauter als beabsichtigt. Nur raus hier. Leopold Figl greift nach Hut und Mantel und hastet die Stiegen hinunter. Seine Gedanken rasen. Die Partei braucht ihn nicht mehr, will ihn nicht mehr. Die Abstimmung hat es mehr als deutlich gemacht. Eine Enthaltung, alle anderen haben für die Designierung von Raab als Bundeskanzler gestimmt. Dabei ist es erst ein paar Wochen her, dass er selbst zum Kanzlerkandidaten gewählt wurde. Dass man ausgerechnet ihn gedrängt hat, eine Dreierkoalition mit den Sozis und dem VdU auszuhandeln. Er hat sogar seinen Widerwillen gegen die „Ehemaligen" überwunden, weil es der Partei dient. Doch der Rest des Verhandlungsteams hat schon geplant, wie man den Kanzler loswerden könnte. Auch Julius ist darunter gewesen. „Jetzt wird er wirklich der Chef", denkt Leopold Figl bitter. Dankbarkeit ist keine politische Kategorie, natürlich. Trotzdem tut es weh, plötzlich alle gegen sich zu wissen. Nicht nur Raab, auch die KZ-Kameraden Weinberger und Gorbach. Der Kanzler weiß, was bis jetzt nur hinter seinem Rücken gesagt wurde: Er habe sich verbraucht. Er sei zu weich mit den Sozis. Die Bevölkerung wolle einen neuen, starken Kanzler.
Leopold Figl tritt auf die Kärntner Straße und zündet sich eine Zigarette an. Er inhaliert den Rauch tief. Sie haben ja Recht. Die letzten 15 Jahre sind ein einziger Kampf gewesen. Zuerst gegen die Nazis, gegen den Terror im KZ, gegen die Angst. Nach Kriegsende ist der Kampf weitergegangen: gegen den Hunger, gegen die Sowjets, gegen die Dauerbesatzung. Und das Ringen ist immer noch nicht zu Ende: Noch hat Österreich keinen Staatsvertrag, noch ist Österreich nicht frei. Vielleicht kann der neue

Kanzler wirklich mehr erreichen. Wenn es der Heimat hilft, hat der Wechsel wenigstens einen Sinn. „Aber sagen hätten sie es mir müssen", denkt Leopold Figl traurig. „Das wären sie mir schuldig gewesen!" Plötzlich fühlt er sich unendlich müde und leer.

Er will gerade seinem Fahrer winken, als Fritz Eckert aus dem Haus kommt. Ein wehmütiges Lächeln huscht über Leopold Figls Gesicht. Wenigstens ein Freund, der zu ihm hält. Aber er kann dieses Opfer nicht annehmen. „Wenn du politisch weiterleben willst, dann schau, dass du wieder hineinkommst. Das könnten die drinnen dir sehr nachtragen, dass du mir nachgerannt bist."[157]

„Der Raab ist viel zu groß, dass er deswegen eine Freundschaft in die Brüche gehen lassen würde", widerspricht Eckert. Doch dann folgt er dem Rat und geht zurück.

Einige Stunden später sitzt Leopold Figl mit Freunden aus dem Bauernbund bei Wein und belegten Broten in seiner Wohnung zusammen. Die Stimmung in der Bauernstube ist gedrückt wie schon lange nicht mehr. Man hat bei den letzten Wahlen viele Stimmen verloren, das ist natürlich ein schlechtes Zeichen. Vielleicht will die Bevölkerung wirklich einen neuen Kanzler sehen, mag sein. Aber so kann man doch mit den eigenen Leuten nicht umgehen. Leopold Figl ist enttäuscht, seine Anhänger sind wütend. Was sie über den designierten Bundeskanzler sagen, ist wenig schmeichelhaft. Die Stimmen werden immer lauter, die Stimmung immer gereizter. Nur der, um den es geht, hält sich zurück. Sein bester Freund hat ihn verraten. Was gibt es da zu sagen?

Plötzlich steht Julius Raab im Zimmer. Im allgemeinen Trubel hat niemand die Glocke gehört. Die eben noch angeregte Unterhaltung verebbt. Drückendes Schweigen liegt über dem Raum. Alle Augen sind auf die massige Figur des neuen Kanzlers gerichtet. Auch Leopold Figls Blick wandert zu dem ungebetenen Gast. Er kennt diesen Mann seit 35 Jahren. Der „Chef" hat ihn immer unterstützt. Sogar in der Nazi-Zeit hat Julius zu ihm gehalten. Warum hat er sich jetzt von ihm abgewandt? Leopold Figl dämpft langsam seine Zigarette aus, dann bricht er das Schweigen.

Fritz Eckert, der Raab überredet hat, zu Figl zu fahren, berichtet: »Es ist ihnen allen die Spucke weggeblieben. Zunächst haben sich die beiden Herren hart gesprochen. Auch die anderen waren gegenüber Raab sehr kühl. Aber dann haben ein paar Gläser Wein und belegte Brote die Atmosphäre gelockert. Und auch die Agrarier gaben zu, dass Raab der richtige Mann sei. Eine gewisse Versöhnung kam noch in dieser Nacht zustande.«[158]

Was hat sich zwischen den beiden Lebensfreunden Figl und Raab zugetragen? Das Wahlergebnis 1953 ist für die ÖVP nicht gut. Die Sozialisten überholen die »Schwarzen« um 37 000 Stimmen. Aus Gründen der Wahlarithmetik ist der Mandatsstand 74 (ÖVP) zu 73 (SPÖ) zu 14 (VdU) zu 4 (Kommunistische Partei). Leopold Figl wird von Bundespräsident Körner mit der Regierungsbildung beauftragt. Die Führung der ÖVP möchte den VdU in die Regierung einbeziehen, was Figl persönlich widerstrebt. Er beugt sich aber dem Willen der Partei und verhandelt. Doch innerhalb der ÖVP wird die Überzeugung immer größer, dass die Zeit reif für einen Führungswechsel ist. Der spätere Vizekanzler Fritz Bock: »Für Leopold Figl war die Zeit abgelaufen. Ich glaube, es ist kein unverdientes Lob, wenn man sagt, dass wir in Leopold Figl sicherlich den besten Kanzler seiner Zeit gehabt haben. Aber die Zeiten gehen weiter, und außerdem ist der nervliche Verbrauch für einen Bundeskanzler im Laufe der Jahre ein sehr großer. Es war also irgendwie ein von selbst gekommenes Bedürfnis, einen Wechsel in der Regierung vorzunehmen.«[159] Auch Ludwig Steiner, der langjährige Sekretär von Julius Raab, betont, dass »Figl durch die lange Haft und die schwierige unmittelbare Nachkriegszeit abgenützt war. Er hat ja die ganze Last der ersten, schweren Zeit getragen. Das hat ihn menschlich sehr mitgenommen. Die Partei hat dann jemand Energischeren gesucht. Es war gut, dass dann ein Wechsel gekommen ist, aber das ist keine Abwertung von Leopold Figl. Es ist einfach eine neue Situation gewesen, die andere Akteure gebraucht hat.«[160] Ein anderer Zeitgenosse des Kanzlers urteilt:»Ich habe den Bruder von Figl sehr gut gekannt und war einige Male im Tullnerfeld bei der Jagd dabei. Da erkannte ich, dass Figl total ausgepumpt war. Sie haben ja alle wirklich ihr Letztes gegeben.«[161]

Trotz dieser Grundstimmung wird Leopold Figl von der Bundesparteileitung auf Antrag von Julius Raab noch einmal als Kanzler designiert. Man glaubt, den ehemaligen KZ-Häftling vor allem in einer Regierung mit dem VdU aus Imagegründen gegenüber dem Ausland zu brauchen. Figl selbst ahnt von diesen Überlegungen nichts. Angesichts der späteren Entwicklung wirken seine Dankesworte tragisch:»Ich habe mich nie vorgedrängt, aber ich weiß, dass es eine Verantwortung gibt. Gott gebe uns die Kraft, zu einem erfolgreichen Ende zu gelangen. Wir müssen fest zusammenhalten. Jetzt ist absolute Einigkeit notwendig.«[162]

Es wird drei Wochen dauern, bis Leopold Figl realisieren muss, dass dieser treuherzige Appell ungehört verhallt ist. Niemand hat die Größe, ihm ins Gesicht zu sagen, dass er abtreten soll. Der Mann, der acht Jahre lang für das Schicksal Österreichs verantwortlich war, wird nicht darüber informiert, dass sein Freund Julius Raab seinen Platz einnehmen soll. Bei einem Rundgang auf der Frühjahrsmesse im Prater flüstert dem Kanzler ein Mitarbeiter zu, dass Raab mit der Regierungsbildung beauftragt worden sei. Für Leopold Figl, der sich der immer wieder betonten Treue von Julius Raab völlig sicher gewesen ist, bricht eine Welt zusammen. Er fühlt sich hintergangen und verraten – zu Recht.

Im Tagebuch von Julius Raab ist vermerkt:»Freitag 20. März beschließt das Verhandlungskomitee eine Koalition mit den Sozi einzugehen; ohne Figl man drängt mich die Kanzlerschaft zu übernehmen. Muss Figl dies mitteilen.«[163]

Karl Gruber schildert den Sturz seines Nachfolgers: »Ich mahnte Figl jeden Tag, im Parteipräsidium die Vertrauensfrage zu stellen [, ...] aber er hatte ein geradezu kindliches Vertrauen in seinen Bundesbruder Julius Raab und wollte nicht glauben, dass man ihn im Parteipräsidium bereits lossein wollte.«

Eines Tages bittet Leopold Figl Gruber dringend zu sich: »[Er] sagte mir ziemlich betroffen, dass ›Abgesandte‹ der Partei auf dem Weg seien, um mit ihm eine ›grundsätzliche Aussprache‹ zu führen. [...] ›Du musst jetzt wählen‹, sagte ich mit Nachdruck, ›entweder du nimmst den Hut oder Du stellst dich dem Kampf! Diese sogenannten Abgesandten haben keine Vollmachten, und ich werde sie persönlich zur Tür hinausbefördern, wenn du bereit bist zu kämpfen.‹«

Aber der Mann, dessen Leben in den letzten 15 Jahren ein einziger Kampf war, will nicht kämpfen. Nicht mit seinem Freund Julius Raab. »Während Figl schwankte, kam das ›Exekutions-komitee‹ bei der Tür herein und Julius Raab selbst ergriff das Wort: ›Man sagt halt, ein Wechsel wäre angebracht.‹ Und Figl ging – ohne Zögern. Aber etwas war zerbrochen.«[164]

Der Beschluss ist bei einer Besprechung erfolgt, bei der Leopold Figl nicht anwesend war. Offiziell wird Julius Raab durch einen Beschluss der Bundesparteileitung betraut. Vor der Abstimmung kommt es zu einem harten Wortwechsel. Figl sagt, er klebe nicht an seinem Sessel, »soll es ein anderer versuchen«. Er beklagt sich darüber, zu lange im Unklaren gelassen worden zu sein und über das von wem auch immer ausgestreute Gerücht, er selbst wäre es gewesen, der die Einbeziehung des VdU verlangte hätte; auch den Hochkommissaren sei dies zu Ohren gekommen. Ein Satz des Protokolls lässt darauf schließen, wie sehr Leopold Figl – aller Beteuerungen zum

Trotz – verletzt ist: »Ich habe nur eine Bitte, macht es rasch, damit ich sobald als möglich aus dem Haus am Ballhausplatz gehen kann.«

Julius Raab kontert mit der Erwähnung der von ihm – wie man aus den Gästebüchern weiß – oft und gerne bemühten Treue: »Ich habe dem Herrn Kanzler absolut die Treue gehalten, niemals war irgendeine Falschheit zwischen uns. Es war für mich nicht leicht, ihm diese Veränderung mitzuteilen. Ich tat es, weil ich es im Interesse der Partei für unvermeidbar hielt.«[165] Trotz dieser Beteuerung ist sich Julius Raab bewusst, wie sich sein Freund fühlen muss. Am 26. März notiert er in seinem Tagebuch: »Aussprache mit Figl, der mir schwere Vorwürfe macht; mit Recht verbittert.«

Hans Dorrek, Sekretär und späterer Schwager des Kanzlers, ist überzeugt, dass ihn »diese Sache schwer getroffen hat. [...] Meiner Ansicht nach [...] hat er unter einem Treuekomplex gelitten.«[166]

Am 2. April 1953 endet Leopold Figls Kanzlerschaft. Vor seinen Beamten hält er eine kurze Abschiedsrede: »Ich danke jedem einzelnen für die unermüdliche Arbeit, für die Treue und den Fleiß im Dienste des Vaterlandes, die alle in diesen acht Jahren an den Tag gelegt haben. In wenigen Wochen jährt sich zum achten Mal der Tag, an dem in dieses Haus wieder österreichische Beamte eingezogen sind. Noch unter Kanonendonner fanden treue österreichische Beamte den Weg hierher ins Bundeskanzleramt und begannen unter wahrhaft entmutigenden Verhältnissen in einem Chaos mit dem Wiederaufbau einer geordneten Verwaltung, und als am 27. April 1945 die Provisorische Bundesregierung in dieses Haus einzog, da war es diese Beamtenschaft, die mit unerschrockenen Mut und starkem Vertrauen die Arbeit aufnahm, um uns zu helfen, wieder einen Staat Österreich aufrichten, die Verwaltung und die Wirtschaft in Ordnung zu bringen und seinem Volk wieder ein menschenwürdiges Dasein zu ermöglichen.«[167]

Wenig später verlässt Leopold Figl das Haus, in dem er acht Jahre lang für Österreich gearbeitet hat. Es ist nicht überliefert, ob dem scheidenden Kanzler jemand gedankt hat.

Bei aller Kränkung ist auch eine Last von Leopold Figls Schultern genommen. Abends trägt er sich, wie so oft an wichtigen Tagen in seinem Leben, in sein eigenes Gästebuch ein. Er schreibt:

»Genau vor 15 Jahren schlossen sich
die Tore von Dachau.
Heute eröffnen sich die Tore
für meine Freiheit!
Dank den Treuen!«

Diese Worte lassen ermessen, dass Leopold Figl die physischen und psychischen Belastungen der Kanzlerschaft in der wohl schwersten Phase der Zweiten Republik sehr wohl als drückend empfunden hat. Doch noch ist sein »Dienst am Vaterland« – wie Figl selbst es vielleicht ausgerückt hätte – nicht beendet.

16. KAPITEL

*Alle Hoffnungen sind zunichte gemacht. Die Niederlage steht dem Außen-
minister ins Gesicht geschrieben.*

Die Enttäuschung: 18. Februar 1954

Das Taxi ist voll besetzt, doch es wird kaum gesprochen.
Die österreichischen Delegierten fahren zum Flughafen.
Heute noch werden sie nach Hause zurückkehren. Nach
Hause, in ein besetztes Land. Und es wird weiter unfrei
bleiben, denn die Berliner Verhandlungen sind gescheitert. Leopold Figls Blick wandert von einem zum anderen. Alle sind müde, erschöpft und enttäuscht. Selbst
Kreisky, der immer Ruhe und Selbstsicherheit ausstrahlt,
wirkt mitgenommen. „Wir haben versagt", denkt der Außenminister bitter. „Die Menschen zu Hause wünschen sich
nichts anderes, als in einem freien Land zu leben. Aber

wir können ihnen diese Freiheit nicht geben. Wir sind
machtlos."
Dabei waren diesmal die Hoffnungen so groß. Zum ersten
Mal wurde nicht über, sondern mit Österreich verhandelt.
Es war nicht viel Platz an dem Tisch zwischen Dulles und
Bidault. Aber es war ein Zeichen: Ihr seid Verhandlungs-
partner, nicht rechtlose Beobachter. Dann endlich, nach
dem Franzosen und dem Engländer, die eigene Rede. Leopold
Figl zündet sich eine Zigarette an und lässt die eigenen
Worte noch einmal Revue passieren. „Österreich, das erste
Opfer der Nazis, ist immer noch besetzt, während ehemalige Feindstaaten schon Friedensverträge haben." Er hat
versucht, all seine Überzeugungskraft in seine Worte zu
legen. Bestimmt, aber gewinnend zu sprechen. Es ist eine
Gradwanderung gewesen. Er, der seit acht Jahren mit den
Alliierten ringt, kann bei diesem Thema kaum ruhig blei-
ben. Später hat ihm ein Mitarbeiter gesagt, dass er viel
lauter gesprochen habe, als bei internationalen Konferenzen üblich sei. Nun, die Wahrheit können die Alliieren
ruhig hören. Auch laut.
Während seiner Rede hat Leopold Figl versucht, in den
Gesichtern der Zuhörer zu lesen. Dulles, Eden, Bidault,
Molotow - er mustert sie alle. Der österreichische Außenminister sieht Sympathie, Verständnis und ein bisschen
Langeweile. Nur die Miene Molotows ist wie versteinert.
Schließlich setzt der Russe zu seiner Gegenrede an. Alle
lauschen gebannt der Übersetzung. Wie werden die Sowjets
reagieren? Molotow redet und redet. Dann fällt der
entscheidende Satz: Damit ein neuer „Anschluss" an
Deutschland verhindert werde, dürfe man die Besatzungstruppen erst nach einem Friedensvertrag mit Deutschland
zurückziehen. Plötzlich ist das Gefühl der Enttäuschung
wieder da, jäh und heftig. Er spürt die entsetzten Blicke
der Kollegen, hört das Raunen. Ein Gedanke hämmert in
seinem Kopf: Unannehmbar. Wenige Worte des mächtigen
Russen haben genügt, um den Traum vom Staatsvertrag
zerplatzen zu lassen.

Die Berliner Konferenz ist Leopold Figls erster großer Einsatz als Außenminister. Der Alt-Kanzler ist zunächst in die Schenkenstraße übersiedelt, um sich dort als Obmann-Stellvertreter des Niederösterreichischen Bauernbundes in die Arbeit zu stürzen. Freunden gegenüber versichert er, dass er nun eben »in die Doppelreihe« zurückgetreten sei. Mit diesem dem Sprachschatz der alten österreichischen Armee entlehnten Ausdruck meint er das Aufgehen in der Anonymität; das Arbeiten ohne die besondere Aufmerksamkeit der Öffentlichkeit, die dem Regierungschef zuteil wird. »Bundeskanzler zu sein ist schließlich keine Lebensstellung, sondern eine Mission, zu der man berufen und wieder abberufen wird«[168], versichert er Freunden. Leopold Figl dient also wieder »seinen Bauern«, und das mit Haut und Haaren. Er empfängt sie zu Hunderten in seiner Sprechstunde, erhält Bittbriefe ohne Zahl, beantwortet gewissenhaft Anfragen und sonstige Korrespondenz. Vermutlich versucht er nach dem Motto »Arbeit ist die beste Medizin« über Enttäuschung und Kränkung hinwegzukommen. Besonders wohl fühlt er sich in seiner neuen, alten Rolle wohl nicht, doch zumindest Außenstehenden gegenüber lässt er sich nichts anmerken.

»Ich habe Figl regelmäßig alle vier bis fünf Wochen im Bauernbund besucht. Er hat nie geklagt. Er war traurig, er war enttäuscht, das hat man ihm angesehen. Aber er hat nie ein schiefes Wort gegen Raab, noch gegen die Partei gesagt«[169], weiß ein Freund von Leopold Figl.

Zu Figls Glück ist es eine Zwischenphase in seinem Leben, die nicht lange dauert. Als Außenminister Gruber Mitte November 1953 zurücktreten muss, schlägt Julius Raab den sieben Monate zuvor ins Ausgedinge abgeschobenen Leopold Figl als Nachfolger vor. Es muss dem Altkanzler seltsam anmuten, so kurz nach seiner Absetzung als Minister »unter« seinem Freund und Nachfolger Raab zu dienen. Doch Leopold Figl erlaubt es sich ein

Leben lang nicht, persönliche Befindlichkeiten über sachliche Notwendigkeiten zu stellen. Am 23. November 1953 schreibt er an einen Freund: »Du kennst mich, ich habe nichts zu erstreben, ich habe nur meine Pflicht zu tun. Die Pflicht erfülle ich, wenn man mir Pflichten auferlegt.«[170]

Auf einer rein persönlichen Ebene widerstrebt es Leopold Figl vermutlich nicht, als Außenminister den um elf Jahre älteren Freund als »Chef« zu haben. Seit der gemeinsamen Zeit beim Straßenbau, als Julius Raab dem entlassenen KZ-Häftling Arbeit und seiner Familie damit ein Einkommen verschafft hat, nennt Figl den ehemaligen Baumeister nicht anders. Die Freundschaft der beiden ungleichen Männer ist ein Beispiel für die vielzitierten Gegensätze, die sich anziehen: Auf der einen Seite der eher kleine, schmächtige Figl mit seiner zugewandten, charmanten Art. Er braucht immer Menschen, Leben, um sich und gibt dadurch zuweilen Einflüsterern mehr Raum, als es zuträglich ist. Auf der anderen Seite der stämmige, untersetzte Raab, eher wortkarg und kontaktarm. Auch der ehemalige Kabinettschef von Julius Raab betont: »Die beiden waren ganz verschieden. Leopold Figl was sehr ›open-minded‹. Er hatte in allen Lagern Freunde, die mit ihm das KZ-Erlebnis geteilt haben. Raab war viel konkreter und präziser in seinen Äußerungen. Die Verhandlungen, die im Staatsvertrag gemündet haben, tragen seine Handschrift.«[171]

»Der Chef« fragt selten nach einer Meinung, wird dafür umso öfter gefragt. So soll Leopold Figl bei wichtigen Entscheidungen oft laut überlegt haben: »Was würde der Julius dazu sagen?« Ein enger Mitarbeiter von Julius Raab, Herbert Grubmayr, erinnert sich, dass sich der Nationalratspräsident und ehemalige Bundeskanzler und Außenminister höflich telefonisch anmeldete, wenn er seinen Freund Julius besuchen wollte. »Ich war als Sekretär im Vorzimmer von Raab. Er hat oft angerufen: ›Hier Figl. Sag, is der

Chef da?‹ Ich hab das eigentlich als lächerlich empfunden. Dann hat er bei mir im Vorzimmer geduldig gewartet, bis der Raab frei war. ›Wie geht's dem Chef heute? Ist er eh in guter Stimmung?‹, hat er gesagt. Bevor er ins Zimmer gegangen ist, hat er sich noch einmal den Scheitel glatt gezogen. Er hat jetzt eben ›unter‹ dem Raab gedient. Man muss den Platz ausfüllen, den man zugewiesen bekommen hat, so hat er das gesehen. Er hat einen nie spüren lassen, dass er einmal Kanzler war.«[172]

Eine Verhaltensweise, die tief blicken lässt. Julius Raab ist für den jüngeren Figl bei aller Freundschaft lebenslang eine Respektsperson. Und dann ist da noch die Achtung vor dem Amt des Kanzlers, wer auch immer es bekleiden mag. Zum österreichischen Bundeskanzler geht man nicht unangemeldet und ungekämmt, auch dann nicht, wenn man ihn seit 40 Jahren kennt.

Auch der neue Kanzler schätzt Leopold Figl sehr. Bei aller Polterei, für die Raab bekannt ist, über den jüngeren Freund verliert er nie ein schlechtes Wort. Julius Raab wird testamentarisch verfügen, dass Figl als Einziger an seinem Grab das Wort ergreifen darf. Es wird die beste Ansprache sein, die Leopold Figl je gehalten hat. »Seine Worte waren sehr berührend. Das war eine der Sternstunden von Leopold Figl«[173], erinnert sich Ludwig Steiner.

»Figl konnte zuweilen sehr ergreifend sprechen«, pflichtet ihm Franz Matscher bei. »Manchmal hat sich zwar bei einer Rede seine Stimme überschlagen, aber es war überzeugend – auch wenn oft Pathos mitschwang.«[174]

1954 nutzt Julius Raab mit der Berufung von Leopold Figl geschickt die Chance zur »Wiedergutmachung« an seinem tief verletzten Freund. »Raab hat Figl gegenüber ein gewisses Schuldbewusstsein gehabt. Er hat das Gefühl gehabt, da zahl' ich eine Schuld zurück«, meint Herbert Grubmayr.[175] Gleichzeitig gelingt es ihm auf diese Weise, einen Außenminister in Position zu bringen, zu dem die Alliierten Vertrauen haben. Es mangelt jedoch nicht an Kritik an dieser Entscheidung. Leopold Figls fehlende Fremdsprachenkenntnisse und juristische Ausbildung lassen ihn vor allem geschulten Diplomaten nicht als optimalen Außenminister erscheinen. Unbestritten ist hingegen seine Wirkung auch und gerade im persönlichen Umgang auf dem glatten internationalen Parkett. Franz Matscher, der als junger Diplomat zuweilen für den Außenminister gedolmetscht hat, erinnert sich:»Eines hat mich immer fasziniert: Ob es französische Studenten oder amerikanische Gewerkschafter waren, Figl kam rein – mit seiner großen Ausstrahlung – und hat eine kurze Ansprache gehalten. Die Leute haben ihn angehimmelt, ohne ein Wort zu verstehen. Was ich dann konsekutiv übersetzt habe, hat sie gar nicht interessiert.«[176]

Franz Wunderbaldinger hat zwei Jahre als Sekretär für Außenminister Figl gearbeitet. Sein Antrittsbesuch ist ihm noch in lebhafter Erinnerung. Das»Grüß dich, Bua« des Herrn Ministers erstaunt den jungen Beamten einigermaßen. Aber Figl entpuppt sich als netter Vorgesetzter:»Er war ein sehr angenehmer und liebenswürdiger Chef. Ich habe nie einen Wutanfall oder dergleichen miterlebt. Er war sehr beherrscht.«[177] Herbert Grubmayr, der Figl in verschiedenen Positionen beobachtet hat, meint hingegen:»Er konnte – wenn er sich wirklich geärgert hat – ein bissl cholerisch sein, aber das hat sich schnell gelegt. Er war nicht nachtragend. Er war offen und herzlich, aber auch aufbrausend.«[178]

Einig sind sich die Herren hingegen in Bezug auf andere Eigenschaften des ehemaligen Chefs:»Ich habe Figl als wohlwollenden, angenehmen Menschen empfunden. Er war ein herzensguter Mann, obwohl er viel Schweres erlebt hat. Er hat nie versucht, jemanden hinunterzudrücken«, sagt Grubmayr.

»Ein Mal in der Woche hat er uns zum Essen eingeladen, er war wirklich großzügig«, erzählt der ehemalige Sekretär Wunderbaldinger. Die soziale Ader des Chefs hat für die jungen Beamten auch ihre Schattenseiten: Es bleibt kaum Zeit für Privatleben. »Jeden Abend war noch ein Umtrunk in der Bauernstube, zur Besprechung des vergangenen und des nächsten Tages. Das hat fast jeden Tag bis 22.30 Uhr gedauert.« Auch Herbert Grubmayr erinnert sich an diese abendlichen Treffen. »Mir ist das manchmal am nächsten Tag noch in den Knochen gesteckt, das war weniger angenehm, schließlich mussten wir konzentriert arbeiten. Aber Figl, der ja doppelt so alt war, hat das weggesteckt. Er war ein richtiges Stehaufmännchen.«

Auch als Ballbesucher ist Leopold Figl legendär. Oft sind es drei, vier Bälle in einer Nacht, manches Jahr an die 40 in einer Saison. Immer wird der Kanzler und spätere Außenminister abwechselnd von einem seiner Sekretäre begleitet. Am Ende des Faschings sind die beiden jungen Männer urlaubsreif. »Ihr halt's nix mehr aus!«, sagt der Ältere lachend. Denn: Schnaps ist Schnaps und Dienst ist Dienst. Auch nach einer noch so langen Nacht ist es selbstverständlich, dass alle pünktlich um 8 Uhr zum Dienst erscheinen. »Das Werkl hat Tag und Nacht rotiert. So wie sich selbst hat er auch andere sehr scharf hergenommen. Aber er hat nie nur andere geschickt und sich selbst niedergelegt. Er war immer dabei, obwohl er wesentlich älter und nicht mehr gesund war. Er hat den anderen nicht mehr abverlangt, als sich selbst«, schildert Herbert Grubmayr.

Doch die achtjährige Kanzlerschaft ist nicht spurlos an Leopold Figl vorübergegangen: »In seiner Zeit als Außenminister war Figl schon relativ verbraucht, denn von 1945 bis 1953 Bundeskanzler zu sein, war kein angenehmes Geschäft. Er war auf Harmonie aus, er wollte keinen Streit. Tendenziell hat Figl eher nachgegeben«, urteilt Franz Wunderbaldinger.

Kanzler Julius Raab fährt den Sowjets gegenüber einen anderen Kurs als sein Vorgänger. »Es nützt nichts, wenn man den russischen Bären, der mitten im österreichischen Garten drinnen steht, immer wieder durch laut tönende Sonntagsreden in den Schwanzstummel zwickt«[179], sagt er und meint damit vor allem Innenminister Oskar Helmer und Staatssekretär Ferdinand Graf, die nicht müde werden, sowjetische Übergriffe anzuprangern. Andererseits ist Raab davon überzeugt, dass der Staatsvertrag nicht zu bekommen sei, wenn man den Sowjets nicht etwas gäbe, das interessant für sie sei. Dieses »Etwas« ist die Neutralität. Viele Politiker, auch Leopold Figl, müssen erst für diese Linie gewonnen werden. Denn der Neutralität haftet in der ersten Hälfte der 1950er-Jahre etwas Negatives an. Sie wird im Sinne eines die Sowjets favorisierenden Neutralismus verstanden, der Österreich aufgezwungen wird.

Herbert Grubmayr, der den Außenminister als Diplomat gut gekannt hat, erklärt dessen ursprüngliche Haltung zur Neutralität: »Für Figl war dieses Vorgehen nicht richtig; er stand auf dem Standpunkt, die Amerikaner hätten uns beschützt und 1945 aus der Not gerettet, jetzt könnte man nicht einfach zu den Sowjets überlaufen. Figl war sehr pro-amerikanisch eingestellt. Er hat gesagt, im Kalten Krieg muss man auf einer Seite stehen, sonst ist man unten durch. Dann verliert man alle Hilfe. Raab war da weitsichtiger, Botschafter [Norbert] Bischoff hat ihm in Privatbriefen, außerhalb des dienstlichen Verkehrs, dargelegt, dass es ohne Neutralität keinen Staatsvertrag gibt. Er hat zwar von der Neutralität auch nicht viel verstanden, aber er hat es dann eingesehen. Das ist wie bei einem Bauauftrag: Da muss man ein Schäuferl nachlegen, damit man den Auftrag bekommt.«[180]

Raab gelingt es, Figl auf seine Linie einzuschwören. Auch Leopold Figl tritt jetzt für die Neutralität ein, vermutlich mehr aus Loyalität »dem Chef« gegenüber als aus innerer Überzeugung. Raab selbst drückt diesen Gesinnungswandel im besten niederösterreichischem Idiom aus:»Da hab i mir denkt, ma muss mit den Russen andere Töne anschlagen, vielleicht haben wir da mehr Glück. Und das hab i a dem Figl g'sagt, und der Figl is einimarschiert wia a Gaul in den Acker.«[181]

Einig ist man sich in der Regierung jedenfalls darüber, dass eine etwaige Neutralität daher nicht im Staatsvertrag enthalten sein dürfte, sondern von Österreich freiwillig erklärt werden müsste. So stellt Leopold Figl 1954 gegenüber dem deutschen Pressesprecher klar:»Sie können Ihrem Kanzler sagen, Österreich wird neutral sein unter seinem eigenen souveränen Entschluss wie die Schweiz, oder der Staatsvertrag wird nicht zustande kommen.«[182]

Mit dieser Generallinie im Gepäck fliegen die Österreicher im Februar 1954 nach Berlin. Die Delegation, zu der auch Staatssekretär Kreisky gehört, steigt im noblen Hotel Kempinski ab und freut sich darüber – im Gegensatz zu den Deutschen –, mit den Alliierten am Konferenztisch sitzen zu dürfen. Später betont der Außenminister in seinem Bericht an den Nationalrat:»Ich glaube nicht, dass Vertreter einer Besatzungsmacht, deren Außenminister mit dem Außenminister und Staatssekretär des besetzten Landes auf der Basis der Gleichberechtigung und Ebenbürtigkeit an einem Tische politische Fragen erörtert haben, in Zukunft versuchen können werden, auf lokaler Basis und in lokalen Machtbereichen allzu viel und allzu laut mit Besatzungsbefehlen und ähnlichen Orders zu manipulieren.« Ein Irrtum, wie sich herausstellen wird.

Der neue Außenminister macht auf die Alliierten – Fremdsprachenkenntnisse hin oder her – einen guten Eindruck. So beschreibt der französische Botschafter in Bonn Figl folgendermaßen:»Im Gegensatz zu dem einen oder anderen Deutschen, der den Bizeps zeigt, um die Rolle des Schwertträgers Amerikas zu demonstrieren, hat Leopold Figl gewirkt wie ein Politiker eines geschlagenen Volkes, das sich durch Arbeit wieder in die Völkergemeinschaft einfügen möchte. Sein Auftritt vor der Konferenz war so gut und bescheiden.«[183] Umgekehrt lässt sich der Außenminister, der über keine diplomatische Ausbildung verfügt, weder aufs Glatteis führen noch einschüchtern. Bei einem Essen fragt Molotow Figl unvermittelt, ob er Ibsens Drama »Brand« kenne und will damit darauf anspielen, dass »Brand« – unfähig zum Kompromiss – an der Alternative »alles oder nichts« scheitere. »Warum?«, kontert Figl. Molotow muss erklären, ohne dass Figl, der vielleicht in Fragen der Literatur nicht ganz sattelfest ist, sein Gesicht verliert.

Der Außenminister kann auch sehr direkt sein, wenn er es für erforderlich hält. Bei einer Besprechung über alliierte Rückstellungsansprüche sagt der englische Außenminister, er verstehe von der komplizierten Darstellung der Experten nichts, aber er nehme an, es sei furchtbar wichtig. Figls Antwort: »Wir wollen das Kind beim richtigen Namen nennen. Es handelt sich um die Ölinteressen des UK, der USA und Kanadas.«[184]

In Berlin richtet der Außenminister einen flammenden Appell an die Alliierten, Österreich endlich in die ersehnte Freiheit zu entlassen. Molotows Antwort dauert über eine Stunde, von 16.52 Uhr bis 18.10 Uhr. Sie macht alle österreichischen Hoffnungen zunichte. Denn der sowjetische Außenminister stellt zwei Bedingungen, die inakzeptabel sind: Österreich müsse sich verpflichten, »keinerlei Koalitionen und Militärbündnisse einzugehen, die sich gegen irgendeine Macht richten, die mit ihren Streitkräften am Kriege gegen Deutschland und an der Befreiung Österreichs beteiligt war«. Und: »Um zu verhindern, dass Versuche zu einem neuen ›Anschluss‹ unternommen werden, wird der Abzug der Truppen der vier Mächte, die sich auf dem Territorium der entsprechenden Zonen Österreichs befinden, bis zum Abschluss des Friedensvertrages mit Deutschland aufgeschoben.«[185] Mit anderen Worten: Österreich solle sich im Staatsvertrag zur Neutralisierung verpflichten – eine Vorgangsweise, die man ablehnt. Außerdem würden die fremden Soldaten, wenn auch in geringerer Zahl, bis zu einem weit in der Zukunft liegendem Zeitpunkt in Österreich bleiben. Einen Friedensvertrag im eigentlichen Sinne des Wortes hat Deutschland niemals abgeschlossen, das sogenannte »Vier plus Zwei«-Abkommen wurde 1990 unterzeichnet. Die Vorstellung, dass bis zu diesem Zeitpunkt – wie in der DDR – sowjetische Soldaten in Österreich stationiert gewesen wären, ist wenig angenehm.

Figl und Kreisky handeln zweifellos richtig, doch es fällt ihnen nicht leicht, hart zu bleiben. Bruno Kreisky erklärt gegenüber dem »Österreich II«-Team: »Herr Molotow hat uns echte Avancen gemacht und gesagt: ›Jawohl, ihr könnt den Staatsvertrag haben. [...] Aber wir wollen, dass eine kleine symbolische sowjetische Streitmacht in Österreich bleibt.‹ [...] Aber Figl und ich sind damals sehr standhaft geblieben, obwohl wir ein bisschen Bauchweh gehabt haben. Denn wir haben uns gesagt: Wird man das in den Dörfern Niederösterreichs verstehen? [...] Wird man nicht sagen: Sind euch denn nicht 5000 lieber als 50 000?«[186]

Am nächsten Tag gibt Außenminister Figl seine Antwort: »Was soll ein Staatsvertrag bedeuten, der dem österreichischen Volk schwere Lasten auferlegt, ihm aber zugleich den entscheidenden Vorteil, nämlich nach dem Abzug der fremden Truppen wieder Herr im eigenen Haus zu sein, vorenthält! Wer von Ihnen, meine Herrn Minister, würde es an meiner Stelle auf sich nehmen, mit einem derartigen Vorschlag vor die Volksvertretung seines Landes zu treten?«[187] Neuerlich wird debattiert, jedoch ohne Erfolg. Figl betont, dass Österreich nicht die Absicht habe, »irgendeinem militärischen Pakt mit irgendeiner Nation beizutreten«. Und weiter: »Dass fremde Truppen im Lande bleiben sollen, lehnt Österreich jedoch ab. Der Vertragsentwurf legt uns die schwersten wirtschaftlichen Lasten auf. Wir wünschen, dass man uns als Lohn alleine lässt!«[188]

Doch alle Bemühungen sind nutzlos, die Debatte endet ohne Erfolg. Figls Abschlussworte verhehlen seine Gefühle nicht: »Ich gehe enttäuscht von dieser Konferenz. Mein Volk ist verbittert, aber nicht verzagt. Die Geschichte wird es einmal bezeugen, warum es zu keiner Einigung gekommen ist.«[189]

Am gleichen Abend spricht der Außenminister noch von Berlin aus im Rundfunk zu seinen Landsleuten: »Obwohl wir mit unseren Zugeständnissen bis zum Äußersten gingen, scheiterten alle Bemühungen an den unannehmbaren Bedingungen des sowjetischen Außenministers. [...] [D]ie Enttäuschung in meiner Heimat wird heute Abend groß und nicht ohne Bitterkeit sein.«[190]

Die Enttäuschung steht Leopold Figl ins Gesicht geschrieben, als er am 20. Februar mit seiner Delegation in Langenlebarn landet. Der Bundeskanzler und die gesamte Bundesregierung empfangen das Verhandlungsteam und danken ihm. Man lässt es auch an Symbolik nicht mangeln: Männer und Frauen haben ein ein Kilometer langes Spalier gebildet. Sie halten brennende Fackeln in den Händen, die symbolisch für den gescheiterten Staatsvertrag zu Boden gerichtet sind. Ein Mädchen überreicht dem Außenminister einen rot-weiß-roten Nelkenstrauß und dankt ihm. Bei ihren letzten Worten heben alle die Fackeln hoch, sodass die Heimkehrer durch ein Spalier aus loderndem Feuer fahren. Es soll ein Symbol des ungebrochenen Mutes sein. Die Österreicher und Leopold Figl werden ihn noch brauchen.

Am 24. Februar erstattet der Kanzler dem Parlament Bericht über die Berliner Konferenz. Seine Schlussworte sind kämpferisch: »Über eines aber soll sich niemand täuschen: Man kann uns Österreicher weder zermürben noch entrechten. Wir glauben felsenfest daran, dass Recht und Gerechtigkeit den längeren Atem haben.«[191]

17. KAPITEL

»Österreich wird frei!« Die erfolgreiche Delegation kehrt aus Moskau zurück.

Der Durchbruch: 15. April 1955

Das Geschirr klappert auf dem Tisch. Automatisch streckt Leopold Figl die Hand aus, um seine Kaffeetasse festzuhalten. Er sieht aus dem Fenster. Die vertraute Landschaft ist schon ganz nah. Das Flugzeug befindet sich im Sinkflug. Bald werden sie auf dem kleinen Militärflughafen landen. Der Außenminister tastet nach seiner Aktentasche. Ihr Inhalt ist von unschätzbarem Wert für Österreich: das Memorandum, das heute früh in Moskau unterzeichnet worden ist. Immer noch kann es Leopold Figl kaum glauben: Die Sowjets werden Österreich verlassen; kein Besatzungssoldat wird in der Heimat zurückbleiben. Sein Blick wandert in der kleinen sowjetischen Maschine hin und her. Dicke Teppiche, Spitzendeckerln, tiefe Fauteuils, sogar ein Plüschsofa. In dem Flugzeug sieht es aus wie beim Hinflug. Und doch hat sich in den letzten vier Tagen alles verändert.

Schon der Empfang in Moskau war ungewohnt freundlich. Das Gästehaus war sehr komfortabel, unentwegt wurden Speisen angeboten. Die rundliche Köchin war ganz traurig, wenn man nichts mehr essen konnte. Auch die anderen haben diese Bemühungen als ein Zeichen gesehen: Diesmal sind die Sowjets vielleicht wirklich zum Abschluss bereit. Aber zu welchem Preis? Dass man sich die Freiheit wirtschaftlich teuer erkaufen muss, ist ohnedies klar. Aber was würden die Russen sonst noch fordern? Schon bald hat sich herausgestellt, dass Julius mit seinem ewigen Gerede von der Neutralität recht gehabt hat. Das ist es, was die Russen wollen. Das ist es, was man ihnen jetzt versprochen hat.

Aber was werden die Amis dazu sagen? Sie waren es schließlich, die den Österreichern immer wieder geholfen haben. Sicher, Außenminister Dulles hat sich in Berlin positiv dazu geäußert. Trotzdem, ein bisschen kommt es Leopold Figl wie Verrat am Westen vor. Auch Schärf und Kreisky sind anfangs nicht überzeugt gewesen. Aber dann war der Moment der Entscheidung plötzlich da.

Molotow lässt einfach nicht locker. Wenn das, was die Österreicher anbieten, im Grunde Neutralität ist, könne er nicht verstehen, warum sie nicht das richtige Wort dafür verwenden wollten. Julius bittet um eine Sitzungsunterbrechung. Die Österreicher verlassen den Saal, ziehen sich zurück. Leopold Figl sieht die angespannten Gesichter der Kollegen noch vor sich. Sie alle spüren die Verantwortung, die auf ihnen lastet. Sie müssen zu einer Entscheidung kommen, und zwar rasch. Die Sowjets warten. Die Zukunft der Heimat hängt von ihrer Antwort ab. Aus Sorge vor unerwünschten Zuhörern sprechen sie nur halblaut. Zigaretten werden ausgedämpft und sofort durch neue ersetzt. Und dann geht alles ganz schnell: Neutralität nach Schweizer Vorbild. Das ist der Begriff, den sie Molotow vorschlagen werden. Julius gibt mit knappen Worten die Erklärung ab. Dann ist es still im Saal. Molotow, der ewige Nein-Sager, tuschelt mit Anastas Mikojan. Diese Männer entscheiden über das Schicksal Österreichs. Sekunden werden zur Ewigkeit. Haben sie die richtige Antwort gegeben? Dann beginnt der sowjetische Minister zu sprechen. Er nickt und lächelt. Noch bevor der Dolmetscher in rasender Geschwindigkeit übersetzt, spüren Leopold Figl und die anderen Österreicher: Es ist geschafft!

„Meine Herren, wir landen in wenigen Minuten!", sagt die sowjetische Flugbegleiterin auf Deutsch und reißt den Außenminister aus seinen Gedanken. Tatsächlich, der kleine Flughafen ist schon zu erkennen. Eine große Menschenmenge hat sich versammelt. Eine Gendarmerie-Einheit ist angetreten, eine Musikkapelle und viele rot-weiß-rote Fahnen sind zu sehen. Leopold Figl greift nach seiner Aktentasche, die normalerweise der Sekretär trägt. Heute gibt sie der Außenminister nicht aus der Hand: In dieser Tasche befindet sich der Schlüssel zu Österreichs Freiheit.

Der 25. Februar 1955 ist ein aufregender Tag für Norbert Bischoff. Am Abend wird der österreichische Botschafter plötzlich zum sowjetischen Außenminister gerufen. Ob er die große Rede von Nikita Chruschtschow auf der letzten ZK-Tagung nicht gelesen habe? Warum die österreichische Regierung darauf nicht reagiere? Schließlich schlägt Molotow vor, die Sowjetunion und Österreich sollten sich über eine »Formel« über die von ihr geforderten Garantien einigen.

Was war geschehen? Nikita Chruschtschow, nach Stalins Tod der neue starke Mann der Sowjetunion, hat in seiner Rede völlig neue Töne angeschlagen: Österreich müsse geräumt werden. Es habe keine kommunistische Regierung und sei weder politisch noch wirtschaftlich der sowjetischen Interessensphäre einverleibt worden. Sein Wort ist Befehl: Am 24. März erhält Julius Raab eine Einladung nach Moskau. Man würde ein baldiges Eintreffen des Kanzlers sowie anderer Vertreter Österreichs begrüßen.

Ist das die große Chance? Ist es eine Falle, die in einer neuen Niederlage münden wird? Man weiß es nicht. Die Zeitungen schreiben aufmunternde Worte: »Julius Raab in der Löwengrube«[192], titelt die Wochenpresse. Die Österreicher wissen nicht einmal, ob die Sowjets verhandeln oder nur neuerlich ihren Standpunkt verkünden wollen. Nur eines ist gewiss: Man muss dem Ruf aus Moskau folgen, komme, was da wolle.

Und so startet am 11. April 1955 um 7.08 Uhr die zweimotorige Iljuschin 14, um die österreichischen Unterhändler vom Militärflughafen abzuholen. Die Sowjets sind sich durchaus bewusst, dass die Österreicher diese Reise mit gemischten Gefühlen antreten. Stephan Verosta, der Völkerrechtler in der österreichischen Delegation, berichtet: »Chruschtschow hat gefragt: ›Habt ihr euch ein bisschen gefürchtet, wie ihr hergekommen seid? Und haben sich eure Frauen gefürchtet, dass ihr da herkommt zu den Teufeln? Aber ihr seht ja, ich bin gar kein Teufel.‹ Worauf Raab erwiderte: ›Sonst wären wir gar nicht gekommen.‹«[193]

Die Österreicher befürchten zwar nicht, in der sowjetischen Hauptstadt dem Leibhaftigen zu begegnen, doch man sieht dem Aufenthalt mit einer Mischung aus Spannung und Sorge entgegen. Der Empfang in Moskau überrascht sie angenehm. Die Temperaturen sind eisig, aber die Stimmung ist freundlich. Eine Ehrenformation wird dem »Gospodin Bundeskanzler« gemeldet, die sowjetische und die österreichische Hymne werden intoniert. Kreisky bemerkt zu Schärf: »Wenn die uns mit so viel Sang und Klang empfangen, können die uns nicht mehr sang- und klanglos abziehen lassen, das geht nicht, da steckt was drin.«[194]

Auch das ihnen zugewiesene Gästehaus beeindruckt die Österreicher: Alle führenden Delegationsmitglieder haben ein Einzelzimmer, gemeinsam stehen zwei Badezimmer, ein großes Speisezimmer und ein Konferenzzimmer zur Verfügung. Im Zimmer des Bundeskanzlers baut sein Sekretär Ludwig Steiner ein Minerva-Radio mit Plattenspieler auf. Ob er die »Egmont«-Ouvertüre von Beethoven auflegen solle, erkundigt sich Steiner. »Nein, spiel den Radetzky-Marsch«, gibt der Kanzler zurück. Den voluminösen Apparat hat der umsichtige Sekretär aber nicht des Musikgenusses wegen aus Österreich mitgenommen. Man ist sich sicher, dass die Gastgeber eine Abhöranlage im Haus installiert haben.[195]

Für den Fall, dass sich das Abspielen von Schallplatten aus irgendeinem Grund nicht anbietet, haben die Österreicher noch eine zweite Methode »entwickelt«, um sich vor unerwünschten Mithörern zu schützen: »Das Haus war verwanzt wie jede Botschaft in Moskau. Nach dem Abendessen sind Raab und Schärf in die Küche gegangen. Das Geklapper beim Abwaschen war der Schirm gegen die Mikrofone. Sie haben im Flüsterton ausgemacht, was sie weiter tun sollen. Der Plattenspieler war ein Riesen-Trumm und stand im Gästehaus. Da hätte man ja von der Botschaft extra hingehen müssen. Dazu war keine Zeit. Schärf und Kreisky sind sogar einmal spazieren gegangen, um über die Neutralität zu sprechen. Ich hab sehr gelacht, als ich später ein Foto von diesem Spaziergang gesehen hab. Unser Chauffeur stand direkt neben den beiden. Er hat bei unserem Aufenthalt so getan, als ob er kein Wort Deutsch verstünde. Nachher haben wir erfahren, dass er Major des Geheimdienstes ist und fließend deutsch spricht.«[196] Die Sowjets sind also über die Absichten der Österreicher bestens informiert.

Der 12. April beginnt mit Höflichkeitsbesuchen im Kreml und einer ersten – ergebnislosen – Verhandlungsrunde. Trotzdem ist die Stimmung nicht schlecht, als sich die Österreicher zum Empfang des sowjetischen Außenministers in den Spiridonowka-Palast begeben. Bald stehen Molotow, Figl, der Gesandte Josef Schöner, der Sekretär Steiner und ein Dolmetscher in einer Runde beisammen. Leopold Figl scheint dem mächtigen Russen ein Kompliment zu machen. »Wissen Sie, Ihr Name, Molotow, der Hammer, beeindruckte uns schon in der Zwischenkriegszeit. Sie waren ja ein Symbol für den Bolschewismus und die Sowjetmacht. Der Eindruck, den Sie machten, war unglaublich. Aber am meisten beeindruckte mich, als wir einmal im Konzentrationslager um vier Uhr in der Früh antreten und stundenlang stehen mussten, in eisiger Kälte, und als plötzlich ihre Stimme aus den KZ-Lautsprechern ertönte. Das war damals, als Sie mit Hitler den Vertrag abgeschlossen hatten.«[197] Während ihr Minister spricht, halten die Österreicher förmlich den Atem an. Wird es zu einem Eklat kommen? Sind diese Minuten das Ende der Verhandlungen? Doch der Angesprochene sagt nur »Da, da« (»Ja, ja«) – sonst nichts. Er hat die Erinnerung an seine Rolle beim Hitler-Stalin-Pakt geschluckt.

Die Begebenheit ist symptomatisch für Leopold Figl und seine Politik. Es gehört Zivilcourage und Mut zum Risiko dazu, den sowjetischen Außenminister an seine politische Vergangenheit zu erinnern, die ihm jetzt sicherlich unangenehm ist. Aber Leopold Figl hat ein gutes Gefühl, was man sagen kann oder nicht. »Er war in diesen Dingen sehr schlau und wusste, wie man die Russen behandeln muss«[198], berichtet Herbert Grubmayr, der damalige Stellvertreter des Botschafters in Moskau.

Figls Worte, höflich und charmant ausgesprochen, gehen am Vorabend der entscheidenden Staatsvertragsverhandlungen psychologisch in die richtige Richtung: Die Waffenbrüderschaft der Sowjets mit Hitler-Deutschland beim Überfall auf Polen ist nicht vergessen. Der österreichische Außenminister geht mit seiner Bemerkung ein Risiko ein. Allerdings: »Er hat dafür eine gute Position gehabt«, erklärt Ludwig Steiner, »denn seine KZ-Haft war eine heroische Geschichte und nicht wegzudiskutieren.«[199] Rund einen Monat später, bei seinen Bemühungen um die Streichung der sogenannten Mitschuld-Klausel, wird Leopold Figl wissen, dass sich das Risiko gelohnt hat.

Die Episode zeigt auch, wofür Leopold Figls Außenpolitik geschätzt wird: Nicht für das Andenken rechtlicher Konstrukte wie der Neutralität, nicht für diplomatische Geschliffenheit, nicht für Fremdsprachenkenntnisse, sondern für etwas, das man an keiner Universität lernen kann: Charakterstärke. So schreibt ein britischer Diplomat, dem die Dachau-Erzählung des österreichischen Außenministers zu Ohren kommt: »Dr. Figl is admirably robust.«[200] Und der Herr Minister des Äußeren hat im Umgang mit Menschen, ob inländischer Bauer oder ausländischer Minister, das »richtige G'spür«, wie Herbert Grubmayr aus Erfahrung weiß: »Manche haben ihm mangelnde Intellektualität vorgeworfen, aber dafür hat er Spürsinn, oder negativer ausgedrückt: Bauernschläue, besessen. Oft hat er zu mir gesagt: ›Ich hab ma denkt, besser so machen …‹ – und er hat meistens recht gehabt.«[201]

Am späten Abend des 12. April geben Botschafter Bischoff und seine Frau für die sowjetischen Regierungsmitglieder ein Abendessen in der österreichischen Botschaft. Nach einem langen, anstrengenden Tag kommt es zwischen Raab, Schärf, Kreisky und Bischoff zu einer scharfen Auseinandersetzung über die Neutralität. Figl ist nicht unter den Streitenden, er hat sich bereits in das benachbarte Gästehaus zurückgezogen. Der Kanzler betont immer wieder, dass der Staatsvertrag nur zu bekommen sei, wenn sich die österreichische Delegation schon hier in Moskau zur Neutralität bekenne. »Schärf hat gesagt, wenn das mit der Neutralität nicht aufhört, fährt er nach Hause. Raab hat trocken geantwortet: Dann fahren S' halt nach Wien z'ruck, Herr Vizekanzler!«[202], erinnert sich Herbert Grubmayr. Man geht ohne Einigung auseinander.

Am nächsten Tag gehen die Verhandlungen in die entscheidende Runde. Die Sowjets wollen Zusicherungen im Hinblick auf die zukünftige österreichische Außenpolitik. Delegationsleiter Raab verliest ein 26 Punkte umfassendes Papier, das vom Außenministerium ausgearbeitet wurde. Das Wort »Neutralität« fehlt.

Die Erklärung ist den Sowjets nicht genug. »Na gut, das sind schöne Worte. Aber was ist die wirkliche Substanz? Worte können sich ändern«[203], sagt Molotow.

Die Österreicher müssen jetzt Farbe bekennen. Angesichts der nächtlichen Auseinandersetzung mit seinen sozialistischen Regierungskollegen bittet Raab um eine Sitzungsunterbrechung. Was in jenen hektischen 15 Minuten zwischen den Österreichern gesprochen wird, ist nicht überliefert. Schließlich gehen die Verhandlungen weiter. Der Bundeskanzler erklärt, dass Österreich sich einen zukünftigen Status als neutraler Staat vorstelle und eine Neutralität wie jene der Schweiz wahren wolle. Ludwig Steiner schreibt in seinen Erinnerungen, dass Raab dies verkündete, ohne in der Verhandlungspause die Zustimmung von Schärf und Kreisky erhalten zu haben.[204] Das veröffentlichte Tagebuch des Vizekanzlers Schärf aus dem Jahr 1955 verweist zwar auf die Sitzungsunterbrechung, schweigt aber über das in der Pause Gesprochene.

Die Abwehr der sozialistischen Delegationsmitglieder gegen den Begriff »Neutralität« ist umso erstaunlicher, als Bruno Kreisky bei einer Einladung für sowjetische Botschaftsangehörige und den Vizekanzler im März 1955 selbst das Schweizer Modell ins Spiel gebracht hat, wie Ernst Trost schildert: »Als über die noch ungeklärten Anti-Anschluss-Garantien diskutiert wurde, holte Kreisky ein Buch aus dem Regal, das die Texte der auf dem Wiener Kongress 1815 unterzeichneten Verträge enthielt. Mit lauter Stimme las er einen Auszug jenes Vertrages vor, der damals über die Neutralität der Schweiz geschlossen wurde und fragte, ob dies als Garantie ausreichen würde. Ja, hieß es vonseiten der Sowjets, wenn man wieder über den Staatsvertrag diskutiere, könne ein solcher oder ähnlicher Vorschlag zugrunde gelegt werden.«[205]

Wesentlich involviert in die Hinwendung der österreichischen Außenpolitik zur Neutralität ist Norbert Bischoff, der Botschafter in Moskau. Der erfahrene Diplomat steht in direktem Kontakt mit dem Bundeskanzler und überzeugt ihn davon, dass man mit den Sowjets direkt – bilateral und ohne vorher beim Westen rückzufragen – verhandeln müsse, wenn man etwas von ihnen wolle. Bischoff ist es auch, der Raab klarmacht, dass die Sowjets Österreich ohne Neutralitätserklärung niemals freigeben werden, weil sie befürchten, dass Österreich nach Abzug ihrer Truppen der NATO beitreten würde.

Der Schlüssel zur Freiheit, die Neutralität nach Schweizer Vorbild, hat also viele Väter. Nachdem das Grundsätzliche geklärt ist, beginnt das Feilschen um Details. Wesentlich ist dabei vor allem die Ablöse für das sogenannte »Deutsche Eigentum«. Die Österreicher müssen ihr Eigentum, das im Besitz der Sowjets ist, zu einem hohen Preis zurückkaufen. Für die Rückgabe der DDSG mit all ihren Schiffen und der Korneuburger Werft verlangt Mikojan, der die rein wirtschaftlichen Verhandlungen ohne Molotow führt, 2 800 000 Dollar. Raab flüstert mit den anderen Delegierten, streckt die Hand aus und sagt: »Ich biete Ihnen zwei Millionen Dollar und keinen Cent mehr.«[206] Die Sowjets willigen ein.

Gehandelt wird nicht nur um Geld, sondern auch um Menschen. Die Österreicher verlangen die Heimkehr aller verbliebenen Kriegsgefangenen sowie der Verschleppten. Molotow antwortet, es gäbe keine Kriegsgefangenen mehr in der Sowjetunion, nur verurteilte Kriegsverbrecher, und davon gäbe es acht Kategorien. Darauf Raab, in gewohnt trockener Manier: Er wolle nicht darüber streiten, wie man diese Inhaftierten nenne, und er wolle nicht über Kategorien handeln. »Wir wollen einfach alle.«[207]

Schließlich ist man sich in allen wesentlichen Punkten einig. Der Bundeskanzler will jetzt endlich die Heimat informieren, die bislang ohne Nachricht über den Fortgang der Verhandlung ist. Ludwig Steiner gibt telefonisch eine Erklärung nach Wien durch: »Österreich wird frei, wir bekommen unseren Heimatboden in seiner Gänze zurück. Die Kriegsgefangenen und Inhaftierten werden die Heimat wieder sehen. Das hat die aufrechte Haltung des österreichischen Volkes erduldet, erarbeitet und errungen. Wir freuen uns schon, unsere Heimat nach Abschluss der schweren Verhandlungen glücklich wieder zu sehen.«[208]

Der Text ist erhebend. Aber er trifft in Wien zu früh ein, nämlich vor einer Einigung mit den Sowjets auf ein gemeinsames Abschlusskommuniqué. Dem Verhandlungspartner kommt dies natürlich zu Ohren. Während noch über die gemeinsame Erklärung diskutiert wird, erklärt Mikojan, es gäbe wohl nicht mehr viel zu verhandeln, in Wien sei bereits alles bekannt.

Am Abend des letzten Verhandlungstages findet zur Feier der Einigung ein Galadiner im Katharinensaal statt. Hier treffen die Österreicher erstmals auf den mächtigsten Mann der Sowjetunion, auf Nikita Chruschtschow. Er zeigte sich durchaus leutselig und forderte den österreichischen Bundeskanzler auf: »Gospodin Raab, wir haben Sie in diesen Tagen als redlichen, aufrechten Mann kennengelernt. Ich gebe Ihnen einen guten Rat: Folgen Sie meinem Beispiel und werden Sie auch Kommunist.«[209] Der Missionierungsversuch wird mit schallendem Gelächter quittiert.

Insgesamt ist das große Abschlussessen für die Österreicher eher anstrengend als erheiternd. In bester russischer Tradition wird Trinkspruch um Trinkspruch ausgebracht, was jedes Mal das Kippen eines ordentlichen Quantums Wodkas bedeutet. Herbert Grubmayr glaubt eine Lösung gefunden zu haben: »Ich konnte einfach nichts mehr trinken, mir war schon ganz schlecht. Also habe ich den Wodka heimlich auf den Boden geschüttet.« Aber der Diplomat hat Pech. »Neben mir ist der Kommandant der sowjetischen Luftstreitkräfte gesessen. Er hat mein Manöver bemerkt und ist entsetzlich wütend geworden. ›Darf man nicht‹, hat er gebrüllt. Das sei eine furchtbare Beleidigung der Gastfreundschaft und so weiter. Dann hat er bei jedem Toast scharf beobachtet, ob ich auch wirklich trinke.«[210] Der gepeinigte Grubmayr zählt mit und kommt auf 35 »Stamperl« Wodka. Er ist danach eine Woche lang nicht fähig, etwas anderes als Tee und Brot zu sich zu nehmen. Der »Dienst am Vaterland« verlangt in dieser Zeit seltsame Opfer von so manchem Österreicher.

Doch auch nach Ende des anstrengenden Diners können die Österreicher noch nicht schlafen gehen. Es ist bereits in den frühen Morgenstunden, alle sind beschwipst und müde, aber eine lästige Aufgabe ist noch zu erfüllen: Der Text für das Memorandum, das um neun Uhr früh mit den Sowjets unterzeichnet werden soll, muss noch einmal abgeglichen werden. Der Völkerrechtler Verosta bessert immer wieder einzelne Worte aus, der Außenminister hat für diese juristischen Spitzfindigkeiten jedoch keinen Sinn. Sein Kopf ruht auf den verschränkten Armen auf der Tischplatte, als er plötzlich auffährt: »Kinder, seid's doch nicht so kleinlich. Österreich wird frei!«

Doch was sein muss, muss sein, und so schickt man den Außenminister ins Bett und schließt die mühsame Detailarbeit gerade noch rechtzeitig ab.[211] Um 9 Uhr wird das Memorandum unterzeichnet; um 10 Uhr startet die Maschine, die die erfolgreichen Verhandler wieder nach Hause bringt.

Tags zuvor ist in Österreich, dank der Botschaft aus Moskau, bereits eine Sonderausgabe des »Kurier« erschienen: »Österreich wird frei«. Da es schon Abend ist, steht kein einziger Kolporteur zur Verfügung, der die gute Nachricht unter die Österreicher bringen könnte. Hans Dichand, der Chefredakteur, und Hugo Portisch, sein Stellvertreter, rücken aus, um das Extrablatt zu verkaufen.

Die Reaktionen sind verhalten. »Hört's auf mit dem Schmäh«, bekommen die Journalisten zu hören. Zu oft sind die Hoffnungen der Österreicher enttäuscht worden.

Trotz so mancher Zweifler wird die österreichische Delegation bei ihrer Ankunft in Bad Vöslau begeistert empfangen. An die 100 Menschen haben sich versammelt, Mitglieder der Bundesregierung und viele Journalisten. Eine Ehrenkompanie der Gendarmerie ist angetreten, die Bundeshymne wird intoniert. Für die Wochenschau wird die erste Stellungnahme des Bundeskanzlers auf österreichischem Boden gefilmt: »Liebe Österreicher und Österreicherinnen, vor allem möchte ich meinen Dank sagen dem Herrgott, dass wir diese Stunde erleben konnten. Wir werden, was wir in den letzten zehn Jahren erhofft und erstrebt haben – frei sein!«

Julius Raab rühmt nicht die eigene Leistung, sondern dankt Gott für diese Wendung des Schicksals. Demut wird in dieser schwierigen Zeit noch zu den Tugenden gezählt. Man kann sich durchaus vorstellen, mit welchen Worten heutige Politiker ein solches Ergebnis ausschließlich als das Produkt ihrer eigenen hervorragenden Leistungen preisen würden.

18. KAPITEL

Josefa Figl hat ihren Sohn geprägt wie kaum ein anderer Mensch.

Die Beerdigung: 11. Mai 1955

Leopold Figl sieht die weite Ebene des Tullnerfeldes wie durch einen Schleier. Er nimmt die Brille ab und fährt sich über die Augen. Die Mutter ist tot!
Sie war schon 81 und schwer krank, aber die Nachricht hat ihn wie ein Keulenschlag getroffen. Mitten im hektischen Treiben des Ministeriums ist die Welt plötzlich stillgestanden. Nie wieder wird er ihre Stimme hören, nie wieder

wird er bei ihr in der Küche sitzen, nie wieder wird er die Mutter um Rat fragen. Umgeben von unzähligen Mitarbeitern fühlt sich der Außenminister plötzlich allein wie nie zuvor im Leben. Allein und verlassen, das Gefühl ist bis jetzt nicht gewichen.

Er spürt Hildes besorgten Blick. Nein, er ist nicht allein auf dieser bedrückenden Fahrt. Hilde und die Kinder begleiten ihn nach Rust zum Begräbnis. Dankbar mustert Leopold Figl seine Frau. Was würde er ohne Hilde tun? Sie ist da, wenn er sie braucht. Auch für die Mutter ist sie immer da gewesen: Während der langen KZ-Jahre hat sie ihre Schwiegermutter oft in Rust besucht und Nachricht von ihrem eingesperrten Sohn gebracht. Später ist sie mit Hansl und Liesl hinausgefahren, damit sie ihre Enkerl sehen konnte. Auch er selbst ist immer wieder nach Rust gekommen, um die Mutter und die Geschwister zu besuchen. Wenn schon sonst für kaum etwas Zeit bleibt, wenigstens seine Familie muss man besuchen können – auch als Bundeskanzler oder Außenminister.

Gott sei Dank ist sich nach Moskau noch ein Besuch ausgegangen. Bis zuletzt hat sich die Mutter für alles interessiert, was der „Bua" zu erzählen hatte. Und so hat ihr der Außenminister von den erfolgreichen Verhandlungen berichtet: Österreich wird frei werden! Sie macht keine großen Worte, das hat sie nie getan. Aber die Mutter ist stolz, er sieht es an ihrem Blick.

Dann wieder rasch nach Wien, zurück ins Ministerium. Der Mai ist besonders hektisch, die Botschafterkonferenz beginnt. Ein Mal geht sich noch ein kurzer Besuch aus. Wieder erzählt er von den Verhandlungen, wieder lächelt die Mutter stolz. Dann, vor vier Tagen, der Anruf: Die Mutter ist tot! Doch die Arbeit muss weitergehen, die Konferenz läuft auf Hochtouren. Am liebsten wäre er alleine mit seinem Schmerz, aber das ist unmöglich. Der Außenminister muss präsent und charmant sein, hofieren und intervenieren. Es gibt keinen Rückzug, nicht jetzt. Noch ist das Ziel nicht erreicht, noch ist der Staatsvertrag nicht unterschrieben. Leopold Figl arbeitet den ganzen Tag, nur in der Nacht bleibt Zeit für seine Trauer. Der Wagen wird langsamer, kommt nur mehr im Schritttempo voran. Die Dorfstraße ist mit Trauergästen verstopft. Jeder hat die Figl-Bäuerin gekannt, jeder will sich verabschieden. Als die Menschen sehen, wer in der dunklen Limousine sitzt, machen sie bereitwillig Platz. Der „Poldl" ist heimgekommen.

»Mein Mann hat seine persönlichsten Gefühle nie an die große Glocke gehängt. Aber wir alle wussten, was in ihm auf der Fahrt von Wien nach Rust zum Begräbnis vorgegangen ist. Ich hab ihm immer wieder die Hand gedrückt, seine Augen waren voller Tränen. Mein Gott, hab ich mir gedacht, woher wird er denn die Kraft nehmen, das alles zu überstehen? Der Friedhof war schwarz vor Menschen, alle wollten ihm die Hand drücken und Beileid wünschen. Insgeheim hab ich immer wieder auf die Uhr geschaut – und er auch. Denn es war ja alles ganz genau berechnet. Zum Leichenschmaus konnte er nicht bleiben«, beschreibt Hilde Figl in einem Interview aus dem Jahr 1980 die Gefühle ihres verstorbenen Mannes.[212] Auch Tochter Liesl erinnert sich daran, wie sehr der Tod ihrer Großmutter den Vater getroffen hat. »Aber er hat es bewältigt, wie so vieles. Er konnte sich da nicht hineinsinken lassen, um seinen Schmerz psychologisch zu verarbeiten. Dazu war keine Zeit. Er musste eben damit fertigwerden, in der Nacht oder wann er sonst darüber nachdenken konnte.«[213]

Leopold Figl hängt sein ganzes Leben sehr an seiner Mutter. Nach dem frühen Tod seines Vaters muss Josefa Figl ihre neun Kinder alleine großziehen und auch die Stelle des Familienoberhauptes einnehmen. Sie müht sich tagein, tagaus ab, um Hof und Kinder durchzubringen. Bei aller Strenge vermittelt sie den vaterlosen Kindern ein Gefühl der Geborgenheit und Zusammengehörigkeit. Von klein auf bewundert und liebt der heranwachsende »Poldl« seine Mutter dafür. Und sie ist ihm ein Vorbild: Arbeit und Pflichterfüllung sind für Leopold Figl zeitlebens ein hohes Gut. Gefühle müssen zurückstehen, wenn sie daran hindern.

Als seine Mutter mitten in der geschäftigen Abschlussphase der Staatsvertragsverhandlungen stirbt, mag der Außenminister daran gedacht haben, wie sich die Mutter 40 Jahre zuvor beim Tod ihres Mannes verhalten hat. Auch sie hatte keine Zeit, ihren Schmerz zu reflektieren. Die Kinder, der Hof – alles war wichtiger als die eigenen Gefühle. Auch ihr Sohn kann so kurz vor dem großen Ziel nicht nachlassen, Österreich braucht ihn. Wenn er Zeit zum Nachdenken findet, tröstet ihn vielleicht der Gedanke, dass seine Mutter stolz auf ihn wäre.

Die Mitschuld-Klausel: 14. Mai 1955

Molotow redet und redet. Der sowjetische Außenminister hat als Vorsitzender gerade die Kollegen begrüßt, jetzt lobt er die gute Arbeit der Botschafterkonferenz. Leopold Figl muss sich beherrschen, um nicht vor Ungeduld mit den Fingern auf den Konferenztisch zu klopfen. Gleich ist es so weit. Wenn der Russe geendet hat, wird er sich zu Wort melden.

Es gibt noch etwas, das gesagt werden muss - auch wenn sich die anderen nicht trauen. Österreich ist nicht mitschuldig an diesem Krieg, auch wenn es die Alliierten in die Präambel geschrieben haben. Unser Staat wurde von Nazi-Deutschland überfallen und ausgelöscht. Schon das Wort „Österreich" hat genügt, um im KZ bewusstlos geprügelt zu werden. Wie können die Sowjets, die mit Hitler paktiert haben, und die westlichen Alliierten, die 1938 nicht einen Finger gerührt haben, um uns zu helfen, behaupten, dass wir Österreicher mitverantwortlich für diesen grauenhaften Krieg sind? Dieser Absatz muss weg, es ist eine Frage der Selbstachtung.

Der „Chef" ist dagegen, aber darauf kann er keine Rücksicht nehmen. Auch Kreisky, der neben ihm sitzt, wollte von einer solchen Wortmeldung nichts hören. Zu riskant, war der allgemeine Tenor. Wir dürfen doch die Verhandlungen nicht im letzten Moment gefährden, hat es geheißen. Aber sie irren sich. Die Sowjets und alle anderen werden seinen Änderungswunsch annehmen. Schließlich hat er Molotow schon vorbereitet. Unwillkürlich muss Leopold Figl lächeln, als er an das verdutzte Gesicht des russischen Kollegen bei ihrem Gespräch im Spiridonowka-Palast denkt. „Da, da" hat er gesagt, sonst nichts. Gleich wird sich herausstellen, ob Molotow verstanden hat, was gemeint war.

Mittlerweile ist der Amerikaner Dulles am Wort. „Ich möchte vorschlagen, dass der Text des Staatsvertragsentwurfes, wie er von unseren Botschaftern ausgearbeitet worden ist, von uns angenommen wird." Molotow, Pinay und Macmillan stimmen zu.

Jetzt ist der österreichische Außenminister an der Reihe. Leopold Figl spürt die Blicke der übrigen Österreicher. Nichts riskieren, scheinen sie zu sagen. Er steht auf, räuspert sich und sagt langsam: „Herr Minister, ich hätte es wohl gerne gesehen, wenn der Absatz 3 der Präambel gestrichen worden wäre." Leopold Figl lässt sich den brennenden Schmerz auf seinem Schienbein nicht anmerken.

»Neben ihm saß Kreisky, damals Staatssekretär, der hat den Vater mehrmals kräftig gegen das Schienbein getreten. Er und alle anderen fürchteten nämlich, dass in letzter Minute noch etwas schiefgehen könnte, dass die Russen verärgert womöglich die Unterschrift verweigern könnten. Aber Papa hatte immer ein ausgezeichnetes Fingerspitzengefühl, wann man was wo machen kann. Sein persönlicher Alleingang war dann tatsächlich von Erfolg gekrönt. [...] Daheim hat uns Vater die blauen Flecken am Schienbein gezeigt und gelacht«[214], berichtet Johannes Figl 1985.

Tatsächlich halten die österreichischen Konferenzteilnehmer den Atem an, als ihr Minister zu sprechen beginnt. Der Außenminister des besetzten Österreich verlangt von den Siegern nicht weniger, als die Streichung der sogenannten Mitschuld-Klausel aus der Präambel des Vertrages. Es sei paradox, wenn in der Moskauer Deklaration von 1943 Österreich als das erste von Hitler vergewaltigte Land bezeichnet werde und gleichzeitig von einer Mitschuld dieses vergewaltigten Landes am Zweiten Weltkrieg gesprochen werde. Als Figl endet, herrscht betretene Stille. Die Österreicher werfen sich nervöse Blicke zu. Hat der ehemalige Bundeskanzler zu hoch gepokert? Hat er mit seiner Äußerung den sicher scheinenden Abschluss des Staatsvertrages in Gefahr gebracht?

»Am liebsten hätten wir ihn niedergehalten, als er damals aufstand. Das Risiko war einfach zu groß. Wir wollten nicht im letzten Augenblick noch einmal alles gefährden«[215], erinnert sich ein Mitglied der österreichischen Delegation.

Die Spannung im Saal ist mit Händen zu greifen. Dann der erlösende Moment: Molotow, der sowjetische Außenminister, stimmt zu, und die westlichen Außenminister folgen seinem Beispiel. Leopold Figl ist glücklich. »In einer Minute ist der für Österreich diffamierende Absatz gefallen«, sagt er draußen zu den wartenden Journalisten.

Bruno Kreisky, der mit Leopold Figl grundsätzlich nicht besonders gut auskommt, würdigt seine Leistung: »Da hat der Figl mit hohem moralischen Gewicht sehr dafür gekämpft. Ich selber war der Meinung, dass allein durch den Umstand, dass der Vertrag Staatsvertrag und nicht Friedensvertrag heißt, eben eine

Mitschuld ausgeschlossen wird. Aber es war eine schöne Sache, dass das weggekommen ist.«[216]

Die Österreicher werden also den Vertrag, auf den sie seit zehn Jahren warten, bekommen – ohne den dritten Absatz der Präambel. Darin heißt es:»Im Hinblick darauf, dass nach dieser Annexion Österreich als integrierender Teil Hitler-Deutschlands am Kriege gegen die Alliierten [...] teilnahm, und im Hinblick darauf, dass Deutschland sich zu diesem Zwecke österreichischen Gebietes, österreichischer Truppen und materieller Hilfsquellen bediente, und dass Österreich sich einer gewissen Verantwortlichkeit, die sich aus dieser Verantwortlichkeit am Krieg ergibt, nicht entziehen kann [...]«[217]

Für Leopold Figl, der im»Dritten Reich«jahrelang im KZ und wochenlang in der Todeszelle saß, ist dieser Vorwurf unerträglich. Er könne das seinen österreichischen Leidensgenossen in den Konzentrationslagern nicht antun, argumentiert er.[218] Der Außenminister fühlt sich zurecht als Opfer des Nazi-Regimes und überträgt diese Empfindung auf das Land, das er liebt. Dass andere Menschen Österreich als Heimat der Täter wahrnehmen, kann er nicht nachempfinden.

Der Diplomat Franz Matscher hat den Außenminister bei dieser entscheidenden Wortmeldung beobachtet:»Meine stärkste Erinnerung an Leopold Figl ist seine Haltung bei den Staatsvertragsverhandlungen. Er war selbstbewusst und überzeugend in seinem Vortrag. Er war glaubwürdig, auch wenn er oft emotional und ein bisschen pathetisch wurde. Das war nicht gespielt, es war ihm ernst damit. Die Mitschuld-Klausel war ihm von Anfang an ein Anliegen, weil es doch eine Belastung für das neue Österreich gewesen wäre, mit diesem Klotz weiter leben zu müssen.«[219]

Das Ansinnen auf Streichung des für ihn ehrabschneiderischen Absatzes hat daher auch praktische Relevanz: Wäre Absatz drei in der Präambel geblieben, so hätte eine Alliierte Macht sich später wieder auf diese Mitverantwortung berufen und Rechte gegenüber Österreich daraus ableiten können. Die Österreicher sind also hochzufrieden, dass ihr risikofreudiger Außenminister – in letzter Minute und im Alleingang – sein Ansinnen durchgebracht hat.

Erst später wird kritisiert werden, dass die Streichung der Mitschuld-Klausel zur Verfestigung der sogenannten »Opferthese« beigetragen hat: Österreich sei durch den »Anschluss« das erste Opfer Nazi-Deutschlands gewesen; ein »vergewaltigtes Land«, wie Leopold Figl es formuliert. Da Österreich seit März 1938 nicht mehr existiert habe, könne es für die Verbrechen des Nazi-Regimes nicht mitverantwortlich sein. Es wird Jahrzehnte dauern und bitterer Diskussionen bedürfen, bis man sich die Wahrheit eingestehen kann: Es gab nicht wenige Österreicher, die dazu beigetragen haben, das Nazi-Regime groß zu machen. Es gab viele Österreicher, die es am Leben erhalten haben. Es gab österreichische Opfer und es gab österreichische Täter. Nichts in der Geschichte ist schwarz oder weiß, auch in Österreich nicht.

Im Mai 1955 ist man jedenfalls völlig unbelastet von solchen Überlegungen. Leopold Figl ist an jenem historischen 14. Mai überzeugt, etwas Großes für seine Heimat geleistet zu haben. »Ich kann mich erinnern, wie er heimgekommen ist, da war er so selig. Das war eine seiner größten Freuden und größten Momente, dass ihm das gelungen ist. Alle anderen haben gedacht, das ist unmöglich und das wird nicht gehen. Er hat aber nicht aufgegeben, und seine Zähigkeit hat gesiegt«[220], wird Hilde Figl später erzählen.

19. KAPITEL

»Österreich ist frei!« Der schönste Tag im Leben von Leopold Figl.

Der große Moment: 15. Mai 1955

Obwohl sich unzählige Menschen in dem großen Raum drängen, herrscht feierliche Stille im Marmorsaal des Belvedere. Nur das leichte Kratzen der Feder auf dem Büttenpapier ist zu hören. Wjatscheslaw Molotow unterschreibt den Staatsvertrag.
Leopold Figl beobachtet seinen sowjetischen Kollegen. Ein älterer Herr von 65 Jahren, mit weißem Schnurrbart und ebensolchen Haaren. Er trägt einen dezent gestreiften dunklen Anzug, eine silberfarbige Krawatte; die goldene Brille hat er vor der Unterschrift sorgfältig zur Seite gelegt. Er wirkt ruhig und entspannt, ja freundlich. Nichts lässt darauf schließen, dass dieser Mann

fast zehn Jahre lang ein harter, unüberwindlicher Gegenspieler war. Mehr als 300 Staatsvertragssitzungen hat er mit seinem „Njet" platzen lassen.
Dann wird das schwere Vertragswerk Harold Macmillan gereicht. Ein trockener Brite, wie er im Buche steht. Jetzt ist John Foster Dulles an der Reihe. Der Amerikaner ist der ständige Kontrahent des sowjetischen Außenministers im Kalten Krieg. Nur hier in Österreich scheinen sie eine Art Waffenstillstand abgeschlossen zu haben. Als Reverenz an das Land, dessen Freiheit heute besiegelt wird, trägt er ein rot-weißes Nelkensträußchen im Knopfloch. Eine nette Geste. Pinay, der Franzose, scheint nervös zu sein. Auch er unterschreibt ohne zu zögern.
Leopold Figl weiß, dass auf jeder der goldenen Parker-Füllfedern „Wien 15.V.1955" eingraviert ist. Zufrieden lässt der Außenminister seinen Blick durch den Saal wandern. Österreich hat keine Kosten und Mühen gescheut, um der Größe des Moments gerecht zu werden. Bedächtig streicht er mit der Hand über den Tisch. Dasselbe Holz hat schon Feldmarschall Radetzky berührt. Das Bundesimmobiliendepot hat drei seiner Teetische für den heutigen Tag zur Verfügung gestellt, damit die Außenminister eine würdige Unterlage für den großen Akt haben.
Die goldene Füllfeder, die Pinay gerade eingesteckt hat, darf er behalten. Jeder der Außenminister bekommt eine, zur Erinnerung. Für Sekunden huscht ein wehmütiges Lächeln über das Gesicht des Österreichers. Er braucht kein Souvenir, um diesen Tag nicht zu vergessen. Zehn Jahre hat er, hat Österreich, auf diesen Moment gewartet. Zehn Jahre der Hoffnung, der Appelle, der Bitten. Zehn Jahre der Arbeit, der Enttäuschung, der Verbitterung. Jede Minute dieser Jahre hat sich ausgezahlt, für diesen einen Moment.
Schließlich liegt das Buch mit den Unterschriften der Alliierten endlich vor ihm. Leopold Figl lässt seinen Blick über jede einzelne von ihnen gleiten, dann nimmt er seine Feder und unterschreibt langsam und bedächtig.

Nach der Unterzeichnung sprechen die Außenminister. Aus den vorgesehenen zwei werden bei Molotow 13 Minuten. Endlich ist Leopold Figl an der Reihe: »Ein 17 Jahre dauernder Weg der Unfreiheit ist beendet. Die Opfer, die das österreichische Volk im Glauben an seine Zukunft gebracht hat, haben nun ihre Früchte getragen. Wir haben zehn Jahre lang auf diesen Tag gewartet. [...] Mit dem Dank an den Allmächtigen rufen wir aus: Österreichs Volk jubelt, alle Glocken läuten es: Österreich ist frei!«

Die Ansprache Figls berührt die Österreicher, wie es Worte eines Politikers noch nie getan haben. Die Anwesenden sehen es in seinen Augen, die übrigen hören es an seiner Stimme: In diesem Moment spricht nicht ein Politiker, sondern ein Mensch, der nach langen Mühen sein Lebenswerk vollenden konnte.

Während der Rede des österreichischen Außenministers läutet die Pummerin, die noch in einem Gerüst neben dem Dom hängt. Zur gleichen Zeit künden auch alle anderen Kirchenglocken des Landes von der neuen Freiheit. Jemand öffnet die Balkontüre, und der Sekretär des Kanzlers, Ludwig Steiner, drückt Figl das schwere Staatsvertrags-Buch in die Hände. Der Außenminister tritt auf den Balkon und hält den Vertrag so, dass die Menschen die Unterschriften und Siegel deutlich erkennen können. Sie sollen mit eigenen Augen sehen können, worauf sie so lange gewartet haben. Der Jubel ist grenzenlos. Von unten tönt es: »Poldl, Poldl« und »Figl, Figl«.

»Wir haben ihn, wir haben ihn!«, wiederholt Figl immer und immer wieder mit belegter Stimme. Das berühmte »Österreich ist frei!« wird dank einer Radio-Übertragung des legendären Heinz Fischer-Karwin mit dieser Szene in Verbindung gebracht. Tatsächlich sind es die Worte, mit denen der Außenminister seine Rede im Saal beendet hat.

Die alliierten Minister winken leutselig und sonnen sich im Jubel der Österreicher. Als ein besorgter Beamter Leopold Figl den Vertrag abnimmt, setzt er eine typische Geste: Er legt seinen Arm spontan um die Schulter des amerikanischen Außenministers. Dann, um den sowjetischen Kollegen nicht zurückzusetzen, tut er das Gleiche bei dem Mann, der zehn Jahre lang sein Widersacher war. Für einen Moment sind Ost und West vereint. Danach wird Sekt serviert und später ein »Dejeuner« beim Bundespräsidenten. Dafür und für den abendlichen Empfang in Schönbrunn wird aus der Silberkammer der Hofburg das Porzellan des Kaisers herangeschafft. Obwohl auch im Staatsvertrag das Habsburgergesetz von 1919 verankert ist, bietet die junge Republik den Prunk vergangener Tage auf. Die Alliierten sollen sehen, dass man in Österreich – allen Widrigkeiten zum Trotz – nicht verlernt hat, Feste zu feiern.

Man weiß auch zu danken: Am Nachmittag wird im Stephansdom ein Te Deum gefeiert. Der Dom ist voll, die Menschen knien auf dem regennassen Platz und beten. Die Ansprache Kardinal Innitzers wird ins Freie übertragen. Danach ergreift Leopold Figl das Wort: »In der Liebe zu Österreich soll euch niemand übertreffen!«, sagt er, an die Jugend gewandt. Unter den Klängen der Bundeshymne wird auf der Spitze des Domes eine 20 Meter lange rot-weiß-rote Fahne entrollt. Heute unwirklich klingende Szenen, doch damals entsprechen sie den Gefühlen der meisten Österreicher.

Ganz Wien ist auf den Beinen. Der Verkehr ist umgeleitet, die Feiernden ziehen über den Ring. Tausende Luftballons steigen in den Himmel: »Wir sind frei!«, ist darauf zu lesen. Abends erleben 1200 Gäste einen unvergesslichen Empfang in Schönbrunn: Unzähliger Lichter brennen, die Säle sind mit wunderschönen Orchideen geschmückt, die Philharmoniker spielen unter Karl Böhm. Bei »Oh du mein Österreich« singen alle mit.

Zwei Tage später berichtet der Bundeskanzler dem außerordentlichen Parteivorstand der ÖVP: »Die Frage nach der

Lebensfähigkeit Österreichs stellt sich nicht mehr, sie ist eindeutig bejaht. Die moralische Kraft unseres Volkes hat sich in den 17 Jahren der Besetzung in überzeugender Weise bewiesen. Der österreichische Adler hat die Ketten abgeworfen.«[221]

Julius Raab unterscheidet – wie Leopold Figl mit seinen Worten vom »17-jährigen dornenvollen Weg der Unfreiheit« – nicht zwischen nationalsozialistischer Diktatur und Besetzung durch die Alliierten. Wie auch bei der »Opferthese« wird vielen Österreichern erst Jahrzehnte später klar werden, dass bei solchen heiklen Themen ein sensibler Sprachgebrauch notwendig ist und Diktatur und (sowjetische) Besatzung zwar möglicherweise für den Einzelnen gleichermaßen tragische Folgen gehabt haben, aber trotzdem nicht dasselbe sind.

In den schwierigen Jahren, als die Österreicher um ihren Staatsvertrag ringen, hilft ein Weltbild, das nicht durch zu viele Schattierungen überfrachtet ist, klare Entscheidungen zu treffen. Als Leopold Figl von deutschen Journalisten nach dem Geheimnis des österreichischen Erfolges gefragt wird, antwortet er: »Ihr habt halt mit den drei Westmächten zuerst eine Republik gemacht. Das habe ich abgelehnt. Ich habe gesagt: Das kann ich meinem Volk nicht antun – diese Zweiteilung. Und das ist wohl einer der wesentlichen Faktoren gewesen.«[222]

Der Jurist Franz Matscher, der als junger Diplomat die am Staatsvertrag beteiligten Politiker gut gekannt hat, urteilt: »Leopold Figl ist kein feinfühliger Diplomat gewesen. Er war im Grunde ein einfacher Mensch, aber er hat rasch begriffen, worum es geht. Bei Raab war es ebenso. Beide verfügten über g'sunden Hausverstand. Sie haben zu den Sowjets ein besseres Vertrauensverhältnis als Schärf und Kreisky aufbauen können. Intellektuelle und Sozialisten, für die hatten die Sowjets wenig übrig. Raab und Figl haben sie als bäuerliche, ländliche Leute gesehen. Denen konnten sie vertrauen.«[223]

Aber auch die westlichen Alliierten vertrauen und achten Raab und Figl. Der britische Hochkommissar und Botschafter in Österreich, Harold Caccia, meint in Bezug auf das Erreichen des Staatsvertrages: »Meiner Ansicht nach war der wichtigste Faktor die Entschlossenheit des österreichischen Volkes, kein kommunistischer Satellit zu werden. Darauf können alle Österreicher, und ganz besonders die Führer der beiden großen Parteien, mit Recht stolz sein. Solche Männer waren damals Raab und Figl, Schärf und Helmer. Ihnen und anderen gebührt Ehre. Doch wenn Sie mich fragen, e i n e n Mann zu nennen, der in diesen zehn Jahren von 1945 bis 1955 den nationalen Geist am besten verkörperte, würde ich ohne zu zögern sagen: Leopold Figl.«[224]

20. KAPITEL

*Drei mächtige Herren: Nationalratspräsident Figl, Kanzler Raab und
Kardinal König.*

Der alte Bekannte: 1960

Was für ein Gedränge. Der große Empfangsraum im Schloss
Schönbrunn ist gut besucht. Leopold Figl versucht sich
einen Weg durch die Menge zu bahnen. Kardinal König
wartet mit Hilde und dem südafrikanischen Botschafter im
blauen Zimmer auf ihn. Er freut sich auf das Plaudern mit
dem intelligenten Kirchenmann, doch er kommt kaum voran.
Immer wieder kommen Gäste auf den ehemaligen Bundeskanzler zu. Es sind alte Bekannte darunter und Menschen, die
er erst ein Mal im Leben gesehen hat. Gott sei Dank
vergisst der Nationalratspräsident kaum je einen Namen,
auch wenn die Bekanntschaft noch so flüchtig ist. Alle

sind freundlich, fragen nach seinem Befinden. Ob ihm das neue Amt gefalle? Wie es gesundheitlich so gehe? Sein Blick wandert auf der Suche nach einem Kellner durch den Raum.

Plötzlich stutzt Leopold Figl. Da sitzt ja Molotow, alleine an einem kleinen Tisch. Der ehemalige sowjetische Außenminister wirkt seltsam verloren in dem geschäftigen Treiben. „Alt ist er geworden", denkt der Nationalratspräsident. Leopold Figl hat gehört, dass sein ehemaliger Widersacher bei Chruschtschow in Ungnade gefallen ist. Zuerst musste er als Botschafter ans Ende der Welt, nach Ulan Bator, jetzt hat man ihn erlöst und zur Konferenz der Internationalen Atombehörde nach Wien entsandt. Um den früher so mächtigen Mann ist es einsam geworden. Mühsam quert Leopold Figl den Raum und geht auf den Russen zu. Er soll mitkommen, das wird ihn freuen. „Komm Molotow, setz dich zu uns!", sagt der Österreicher und nimmt den entmachteten Minister am Arm. Der Mann, der zehn Jahre lang den österreichischen Staatsvertrag verhindert hat, sieht ihn dankbar an.

»Und man merkte, wie Molotow auflebte, wie ihn die Güte Figls rührte, wie er froh war, doch noch beachtet zu werden. Dabei war er doch der Mann, der sich am längsten der Idee, Österreich zu räumen, widersetzt hatte. Für Figl genügte jedoch das Staatsvertragserlebnis, um in Molotow für alle Zeiten einen Partner und Freund zu sehen«[225], gibt Ernst Trost in seinem Buch »Figl von Österreich« einen Bericht von Kardinal König wieder.

»Gütig« ist ein Begriff, der mehrfach genannt wird, wenn man ehemalige Mitarbeiter fragt, was für ein Vorgesetzter Leopold Figl gewesen sei. Edeltrude Posch wird Leopold Figls langjährige Sekretärin, als er 1959 das Amt des Nationalratspräsidenten übernimmt. Noch nach über 50 Jahren hält sie große Stücke auf den ehemaligen Chef. »Er war einmalig. Sehr verständnisvoll, bei allem gleich da. Eigentlich der ideale Vorgesetzte. Immer höflich, nie gab es ein lautes Wort. Und er hat sich nichts auf seine hohen Ämter eingebildet, war nicht überheblich. Wenn man etwas gebraucht hat oder einen Wunsch hatte, hat er geholfen. Er war immer sehr um mein Wohlergehen besorgt.« Oft habe es im Marmorsaal des Parlaments offizielle Mittagessen gegeben. Figl habe sie gelegentlich aufgefordert mitzukommen, aber sie habe immer abgelehnt. Die alte Dame lächelt ein wenig stolz: »Ich wollte das einfach nicht. Und da hat er mir eben immer einen voll beladenen Teller mitgebracht. Damit ich auch etwas zu essen hatte!«[226]

Große Mittagessen und Empfänge sind vermutlich ein Teil der Pflichten, die Leopold Figl in seinem neuen Dasein als Nationalratspräsident schätzt. Da ist er unter Menschen, da ist etwas los. Das Amt ist zwar ehrenvoll, aber das Leiten von Parlamentssitzungen tendenziell eher langweilig. »Ich weiß nicht, ob er sich dort sehr wohlgefühlt hat. Ich glaube eher nicht, weil er zu agil war. Das war ein bisserl zu ruhig für ihn«[227], schildert ein Figl-Kenner.

Leopold Figl denkt in dieser Zeit viel an »drüben«, an das Bundeskanzleramt. Er vermisst den hektischen Tagesablauf, den er als Kanzler und auch als Außenminister gehabt hat. Er langweilt sich. So empfängt er auch im Parlament viele Besucher, hohe Herren aus dem In- und Ausland. »Es haben ihn immer alle gerne besucht. An einen solchen Ansturm waren wir nicht gewöhnt«, erinnert sich Frau Posch. Es kommen nicht nur Botschafter, Minister und andere Würdenträger, sondern viele Bürger, die irgendetwas vom »Poldl« wollen. »Man glaubt gar nicht, um was die Leute alles gebeten haben. Um Wohnungen, Posten, Geld. Manchmal war eine richtige Schlange vor seinem Büro, sodass wir den Chef durchschleusen mussten.«

Die Hilfesuchenden wissen, warum sie gerade zu Leopold Figl kommen. Der »Poldl« versteht auch und gerade »die einfachen

Leute«. »Er war kein Intellektueller, der herablassend redet. Er war auf Augenhöhe mit den Menschen«[228], schildert Herbert Grubmayr. Der »Poldl« wird seinem Ruf gerecht und hilft, wenn er kann – meist durch das Einsetzen seiner Beziehungen. »Er hat da auch gar nicht auf Parteizugehörigkeit oder so etwas geschaut. Er wollte helfen«, sagt seine ehemalige Sekretärin. Hin und wieder wird selbst dem gutmütigen Figl die Bettelei zu viel, wie Edeltrude Posch weiß. »Die Leute haben ihn ja schon beim Portier abgefangen. Einmal kam ein Mann, der hat ihm noch auf dem Gang zugerufen: ›Herr Präsident, I hob ka Geld.‹ Er hat trocken geantwortet: ›I a net.‹«

Bei der Hilfe, die Leopold Figl den Bittenden zukommen lässt, spielt das damals sehr weit verbreitete Parteibuch keine Rolle. Wohl aber bei potenziellen Mitarbeitern. Herbert Grubmayr: »Der Parteiprotektion hat sich auch Figl nicht entzogen. Wenn man Mitglied des Österreichischen Cartellverbands [CV] oder wenigstens ÖVP-Mitglied war, hat das schon was bewirkt. Überhaupt sind damals nur Mitglieder des CV, des Bundes Sozialistischer Akademiker [BSA] oder jüdische Emigranten – damit man das Gefühl hatte, man tut etwas für die Versöhnung – in den Staatsdienst aufgenommen worden. Das kann man sich gar nicht mehr vorstellen. Heute würden das Schattenseiten sein, aber es war eben eine andere Zeit.«[229]

Ende der 1950er-, Anfang der 1960er-Jahre wird das Machtkartell der großen Koalition, die Österreich dem Proporz entsprechend unter sich aufgeteilt hat, von vielen Bürgern bereits als veraltet und verkrustet angesehen. Es hemmt moderne Entwicklungen, lässt nichts Neues zu. Leopold Figl kann und will aus den Denkkategorien der Nachkriegszeit nicht ausbrechen. Eine andere Regierungsform ist für ihn kaum vorstellbar. »Das wär ja g'lacht, wenn ma net mehr z'samm'kommen täten«, sagt er, wenn eine andere Konstellation zur Diskussion steht.

Ganz in seinem Element ist der umtriebige Figl, als er 1960 Chruschtschow bei dessen Österreich-Besuch auf seinen ausdrücklichen Wunsch den elterlichen Hof in Rust zeigt. Bruder Pepi und die gesamte Familie müssen mit einem Ansturm an Journalisten und Geheimdienstlern fertigwerden. Die sogenannte »Kukuruz-Wette« ist ein gefundenes Fressen für die damals nicht sehr verwöhnten Medien. Der Nationalratspräsident gewinnt die Wette, weil der eigens gelieferte russische Mais – wie von ihm fachmännisch vorausgesagt – nicht ertragreicher ist als der österreichische. Die von Chruschtschow versprochene Sau erhält er nie.

1962 wird Leopold Figl aus der Ruhe des Amtes des Nationalratspräsidenten »erlöst«. Der niederösterreichische Landeshauptmann Steinböck ist verstorben und Figl soll sein Nachfolger werden.

Edeltrude Posch erinnert sich an diese Mitteilung sehr genau: »Da war ich wirklich empört. Er ist gekommen und hat gesagt: ‚Ich werd wieder Landeshauptmann, und Sie kommen mit, weil beim Land verdient man mehr. Sie brauchen's eh. Sie haben ja Schulden wie ein Stabsoffizier.« Die Sekretärin weist diesen Vorwurf zurück, aber der Chef weiß genau, wie es um ihre Finanzen bestellt ist: »Na sicher, Sie haben doch dieses Wohnbau-Darlehn laufen.«[230] Letztendlich überzeugt Leopold Figl seine Sekretärin. Edeltrude Posch dient ihm bis zu seinem Tod.

Das Wochenende: 1963

Der »Poldl« hat ein Ohr für die Sorgen und Nöte der »kleinen Leute«.

Leopold Figl seufzt. Hilde lenkt geschickt den Wagen durch die Einfahrt, als er die Leute sieht, die auf ihn warten. Es ist immer das Gleiche, wenn er nach Rust kommt. Stunden werden vergehen, bis er mit jedem Einzelnen gesprochen hat. Dabei will er nichts anderes, als in Ruhe mit den Geschwistern essen und plaudern.

Für die Nichten und Neffen liegen im Kofferraum wieder Hofbauer-Bonbonnieren bereit. Auch wenn sie schon „groß" sind, naschen sie immer noch gerne. Eine alte Bäuerin winkt dem Landeshauptmann zu. Die Familie wird warten müssen.

Leopold Figl steigt aus und begrüßt seinen Bruder. Pepi zeigt auf die Frau, die gewinkt hat: „Die hat schon zwei Mal nach dir g'fragt. Ich hab' ihr eh g'sagt, dass du nicht jeden Sonntag kommst."

„Is schon gut. Fang ma halt gleich mit ihr an", antwortet der Landeshauptmann. Drinnen in der Stube klagt die alte

Frau ihr Leid. Leopold Figl ist müde, aber er versucht, sich zu konzentrieren. Die Altbäuerin hat lange auf ihn gewartet - es gehört sich einfach, dass er ihr zuhört. Umständlich erzählt sie ihre Geschichte. Am Ende stellt sich heraus, was er vermutet hat: Die Familie braucht dringend Geld. Es sind brave, arbeitsame Leute, die in einer schwierigen Situation sind. Was nützt es der armen Frau, wenn er sie mit einem guten Ratschlag wegschickt? Er nimmt sein Portemonnaie aus der Rocktasche und drückt der Bäuerin 1000 Schilling in die Hand. „Das ist jetzt einmal von mir, und wenn das nicht genügt, kommst noch einmal. Dann wer ma schon schauen." „Vergelt's Gott, Poldl", sagt die Alte und steckt selig das Geld ein.

»Der Onkel ist so oft nach Rust gekommen, wie es ihm möglich war. Auch noch nach dem Tod der Großmutter. Er hat immer geschaut, dass er alle Geschwister besucht – damit sich niemand zurückgesetzt fühlt. Uns Kindern hat er immer etwas mitgebracht, Spielzeug oder etwas zu Naschen. Ich glaub, er hat uns alle sehr gern gehabt«, berichtet Gertrude Bayer, eine der vielen Nichten von Leopold Figl.[231]

Auch Josefine Leuthner erinnert sich noch genau an die Besuche ihres berühmten Onkels. »Durch seine Herzlichkeit und seine Spontanität hat er einfach mit allen reden können – und wollen. Wenn im Stall ein Rossknecht war, ist er zuerst zu ihm gegangen und hat ihm ein Packl Zigaretten gegeben, bevor er zu uns hereingekommen ist. Jeder Chauffeur hat hereindürfen, da hat keiner draußen gewartet. Die haben in der Küche das gleiche Essen wie er bekommen.«[232]

Gertrude Bayer ist oft auf dem Figl-Hof bei ihrer Großmutter, wenn der Leopold-Onkel aus Wien kommt: »Rust war sein ein und alles. Wenn er irgendwo in der Nähe war, hat er einen Abstecher her gemacht – und wenn es nur zehn Minuten waren.

Die Tante Hilde hat immer gesagt, er schöpft in Rust so viel Kraft.«

Doch auch diese Besuche sind anstrengend. Immer wenn Leopold Figl seine Familie besucht, muss er auch mit Hilfe suchenden Dorfbewohnern sprechen. Die Geschwister versuchen, den Bruder ein wenig abzuschirmen, aber es ist nutzlos: »Geburtstage, Feiertage – da hat man gewusst, dass er kommt. Und die Leute haben das ausgenützt. Er hat immer alle angehört«, sagt Gertrude Bayer. Die Ruster warten stundenlang auf ihren »Poldl«: Die meisten haben eine Bitte, manche suchen Rat, einige wollen dem Landesvater auch nur etwas erzählen.

Ab 31. Jänner 1962 ist Leopold Figl wieder Landeshauptmann von Niederösterreich. Er wird im Landtag auch mit den Stimmen der Sozialisten gewählt, was ihn besonders freut. In seiner Dankesrede sagt er: »Ich bin ein Kind dieses Landes, in dem ich mit allen Kräften wurzle und dem ich mit aller Liebe verbunden bin. [...] Und jetzt hat mich die Heimat wieder gerufen. Kaum ein Bundesland hat so gelitten wie Niederösterreich, das Kernland Österreichs; seine Bevölkerung ist in erster Linie im Ringen um die Freiheit gestanden. Noch ist vieles nachzuholen, noch ist vieles gutzumachen. Doch es gibt für mich keine schönere Arbeit als meinem Heimatland wieder zu dienen. Grillparzer hat das Lob Niederösterreichs wohl am schönsten ausgedrückt: ›Es ist ein gutes Land, wo habt ihr dessengleichen schon gesehen?‹ Daher: Für alle die Freiheit und Gott die Ehre.«[233]

Sein großes Ziel ist es, Niederösterreich wirtschaftlich voranzubringen. In seiner Antrittsrede betont Figl: »Auf die Dauer kann es sich nämlich ein Staat nicht leisten, dass an einem Ende seines Staatsgebietes die Bewohner, die mit dem gleichen Fleiß und Opfermut ihre Arbeit verrichten, um die Hälfte schlechter leben als am anderen Ende. [...] Wir haben nichts davon, wenn die Leistungen Niederösterreichs für die Erhaltung der Einheit

des Staates und für die Erringung der Freiheit in den Geschichts-
büchern anerkannt werden. Wir müssen verlangen, dass die
Opfer, die dieses Land für die Erhaltung des Staates gebracht hat,
auch materiell anerkannt werden.«[234]

Das neue alte Amt ist so recht nach Leopold Figls Geschmack.
Endlich kommt er wieder unter das Volk. Die Niederösterreicher
freuen sich, wenn ihr »Poldl« bei einer Veranstaltung auftaucht.
Taufen, Firmungen, Muttertagsfeiern, Brückeneröffnungen, Or-
densverleihungen, Kirtage – überall kann man den Landesvater
treffen. Das Händeschütteln und Zuprosten ist Figl nie lästig, er
genießt das Bad in der Menge. Er mag die Menschen, das spüren
sie und erwidern instinktiv diese Zuneigung.

Nicht selten wird aber auch über Figl gelacht: Er spricht keine
Fremdsprachen, sogar sein Deutsch holpert gelegentlich; bei
Reden schreit er oft mit heiserer Stimme und neigt zu patheti-
schen Übertreibungen. Er duzt mit Vorliebe selbst honorige
Herrschaften und vergreift sich zuweilen im diplomatischen
Protokoll. Es ist allgemein bekannt, dass Figl gerne Wein trinkt,
am liebsten »Wachtberg«, einen Grünen Veltliner aus Nieder-
österreich.

Äußerlich ist der »Poldl« mit seinen 1,66 Metern, dem rötlichen Schnauzbart und dem streng gezogenen Linksscheitel kein
Adonis. Aber das Lachen ist kein verächtliches, verletzendes,
sondern ein Schmunzeln über Marotten. Das Volk hat einen
sicheren Instinkt dafür, wer wirklich etwas für sie leistet und
wem sein Dank und seine Zuneigung gebühren. »Wenn man in
Österreich unterwegs war, war es immer nett zu beobachten, wie
sich die Leute gefreut haben, wenn der Figl wo Station gemacht
hat. Er hat ja wirklich von 1945 weg sehr viel geleistet«, sagt
Franz Wunderbaldinger.

Leopold Figl ist mit Leib und Seele Niederösterreicher. »Er hat
mir einmal gesagt, der Höhepunkt seiner Karriere war nicht

Bundeskanzler, nicht Außenminister, sondern Landeshauptmann«, erinnert sich Franz Matscher. »Figl ist auf die Leute zugegangen und hat mit ihnen in einer Sprache gesprochen, die sie verstanden haben, die aber auch seine eigene war. Das war nicht gekünstelt, denn seine bäuerliche Herkunft war ja nicht zu verleugnen.«[235]

Auch wenn Leopold Figl die Freundlichkeit der Menschen sicherlich genießt, hält er nichts von Personenkult. Wenn bei einer Veranstaltung »Hoch Figl« gerufen wird, knurrt er »Sagt's lieber: ›Hoch Österreich!‹«[236]. Bei allem Pathos, der manchmal in Leopold Figls Reden mitschwingt: Sein Patriotismus ist echt. »Er war ein fanatischer Österreicher. Er hat das Land geliebt«, sagt Edeltrude Posch. »Er hat immer an das Land und die Leute gedacht. Was kann ich noch tun, was kann ich noch herausholen für die Menschen?«, erinnert sich auch der ehemalige Sekretär Wunderbaldinger.

Man sagt, dass in Österreich die Leistungen eines Menschen erst gewürdigt werden, wenn er tot ist. Leopold Figl hat das Glück, zu spüren, dass die Österreicher wissen, was er für sie getan hat. Sichtbare Zeichen dafür sind auch die unzähligen Figl-Witze und Anekdoten, die schon zu seinen Lebzeiten kursieren. Besonders gut gefällt ihm folgendes Gedicht:

»Unter diesem Maulwurfshügel
ruht der Bundeskanzler Figl,
der in den schweren Nachkriegsjahren
unseren Karren hat gefahren.
Auf des Dritten Reiches Trümmern
musst' er sich um alles kümmern,
stets beflügelt durch den Wein
krächzend laute Reden schrein,
neben andren Schwierigkeiten

mit Besatzungsmächten streiten
und mit jenen aus dem Osten
Wodka literweis verkosten,
was sogar für den nicht leicht ist,
der auf Heurigen geeicht ist!
Ach, es sträubte sich sogar,
oft sein rotes Schnauzbarthaar,
doch er meisterte die Lage
bis hinauf zum Staatsvertrage,
und kein anderer kam ihm gleich:
denn er soff für Österreich!«[237]

Figl findet das Gedicht so treffend, dass er dem Verfasser 40 Flaschen Wein und ein Dankesschreiben sendet: »Ich habe meinem Freundeskreis diesen Marterl-Spruch zur Kenntnis gebracht, alle fanden ihn exzellent.«[238]

Im Herbst 1964 ist der Landeshauptmann schon sehr krank, auch wenn er es selbst nicht wahrhaben will. In Niederösterreich ist Wahlkampf, und Leopold Figl führt ihn wie in alten Zeiten. Unermüdlich fährt er durch das Land, redet im kleinsten Nest und denkt nicht daran, sich zu schonen. Nach der Wahl bekommt er die Rechnung präsentiert: Der 62-Jährige bricht körperlich völlig zusammen und muss in ein Sanatorium. Danach arbeitet er weiter, wie wenn nichts gewesen wäre. Doch Edeltrude Posch weiß längst, wie es um ihren Chef steht: »Wie er nach dem Aufenthalt im Sanatorium zum ersten Mal bei der Tür hereingekommen ist, hat er aus'gschaut wie der Tod.«[239]

21. KAPITEL

Der Abschied: 26. April 1965

Eine laute Detonation lässt Leopold Figl zusammenzucken. Dann erhellt ein Lichtkegel den abendlichen Himmel. Der Landeshauptmann sieht sich um. Auch andere sind erschrocken. Sein Blick wandert über den Stephansplatz. Die Menschen stehen dicht an dicht, über den Platz hinaus, bis auf den Graben. Heute ist ein besonderer Tag: 20 Jahre Kriegsende, 20 Jahre Wiedererstehen der Republik, zehn Jahre Staatsvertrag sind zu feiern. Die Jungen haben eine „Tonbild-Schau" vorbereitet, was immer das auch sein soll. Zwei Journalisten wollten sogar, dass er die Weihnachtsansprache aus dem 45er-Jahr auf Band spricht. Vielleicht ist das gar keine schlechte Idee gewesen. Die Menschen sollen sich erinnern, wie es damals war. An die Zerstörung, an die Angst, an den Hunger. Aber auch an den Glauben, dass es wieder besser werden wird, wenn man nur hart genug arbeitet.

Viele Österreicher verbinden ihn mit dieser Zeit, das spürt der alte Herr. Auch heute grüßen ihn wildfremde Menschen herzlich, Bekannte schütteln die Hand, Freunde wollen unbedingt ein paar Worte wechseln. Krank hin oder her, um nichts in der Welt hätte er diese Veranstaltung versäumen wollen. Die Ärzte haben gesagt, es sei zu gefährlich, aber es tut so gut, wieder unter Menschen zu sein.

Zum zweiten Mal kracht es ohrenbetäubend. Obwohl alle wissen, dass die Kriegsgeräusche aus Lautsprechern kommen, sehen die Wiener bedrückt aus. Die Schrecknisse des Krieges sind nicht vergessen. Wieder hallt eine gespenstische Detonation über den Platz. Wie damals. Der Tag, an dem er aus der Todeszelle entlassen wurde, ist plötzlich ganz nah.

Die SSler, die auf einmal bleich und verängstigt waren. Die Schüsse, als er aus dem Landesgericht kam. Der ausgestorbene Rathauspark. Dann das Treffen mit Hurdes; der gemeinsame Weg hierher, um dem Herrgott für ihre Rettung zu danken. Es war dunkel und still im Dom. Nur ein paar Klosterschwestern beteten im flackernden Kerzenschein. Der alte Herr spürt das Gefühl der Dankbarkeit wie damals, heiß und innig: Gott hat ihn gerettet. Und er ahnt, dass 20 Jahre danach seine Lebenszeit abgelaufen ist.

Alt-Kanzler Leopold Figl ist todkrank. Der Nierenkrebs, der in seinem geschwächten Körper wütet, lässt ihn viel älter aussehen als er eigentlich ist. Heute sitzt er als Ehrengast in eine Wolldecke gehüllt in der ersten Reihe. Obwohl ihm schon alles sehr schwer fällt, hat er den Journalisten Hans Magenschab und Ernst Marboe vor wenigen Wochen einen großen Gefallen getan: Er hat seine legendäre Weihnachtsansprache aus dem Jahr 1945 im Funkhaus auf Band gesprochen. Ein kurzes Knacken in den Lautsprechern und dann hört Leopold Figl seine eigene Stimme über den Stephansplatz hallen: »Ich kann euch zu Weihnachten nichts geben, ich kann euch für den Christbaum, wenn ihr überhaupt einen habt, keine Kerzen geben, kein Stück Brot, keine Kohle, kein Glas zum Einschneiden. Wir haben nichts. Ich kann euch nur bitten, glaubt an dieses Österreich!«

Hans Magenschab erinnert sich noch genau an die Aufzeichnung dieser Rede: »Wir haben Leopold Figl auf den Stiegen zum Funkhaus in der Argentinierstraße empfangen und den alten Herren dann hinaufgeführt. Er hat sich schon etwas schwer getan beim Stiegensteigen. Nach seiner »Rede des Landeshauptmanns« haben wir dann in einem kleinen Studio diese Aufnahme gemacht. Ich hab für diese Rede recherchiert, vor allem, was es an Zeitungsmeldungen darüber im Jahr 1945 gegeben hat. Ich suchte in der Nationalbibliothek nach ergreifenden Texten – und stieß auf diverse verstreute Sätze Leopold Figls aus dem Jahre 1945, in denen er den Österreichern Patriotismus verordnete. So beispielsweise Worte über das erste christliche Weihnachtsfest nach den Jahren der Barbarei. Ich hielt – und halte – es für legitim, sinngemäße Worte Figls collageartig zusammenzustellen, nachdem mir übereinstimmend von den ORF-Leuten versichert worden war, es wäre 1945 leider nichts Authentisches aufgezeichnet beziehungsweise archiviert worden.«

Die beiden jungen Männer verfassen einen Text und legen ihn dem Alt-Kanzler vor. »Ja, ja, so war es. So ist es g'wesn«, bestätigt er. Bei der Aufnahme im Funkhaus muss Leopold Figl nicht schauspielern, um betroffen zu klingen. Es geht ihm schon sehr schlecht. »Aber es war der authentische Leopold Figl, dessen Stimmlage auch allgemein bekannt war. Er war ja in jeder Hinsicht eine Stimmungskanone. Er konnte Menschen zum Lachen und auch zum Weinen bringen«[240], schildert Hans Magenschab.

Der Alt-Kanzler nimmt langsam Abschied von der Welt. Er weiß jetzt, was er lange Zeit nicht wahrhaben wollte. Als gläubiger Mensch betrachtet er den Tod zwar nicht als Ende, aber er lebt gerne. Er mag sein Amt, er mag die Menschen. Deshalb lässt er sich auch in seiner allerletzten Lebensphase von den Ärzten nicht davon abbringen, öffentliche Auftritte wahrzunehmen. Und es sind viele Termine, denn der Abschied Figls fällt mit jener Zeit zusammen, als die junge Republik ihrer Entstehung und damit auch der Lebensleistung Leopold Figls gedenkt. Und so ist der Altkanzler zu jeder Veranstaltung eingeladen, hat für einen Todkranken einen mörderischen Termindruck: Am 5. April gibt er dem sowjetischen Fernsehen ein Interview, am 8. April wird er von Generaloberst Scheltow besucht, am 9. April nimmt er an einem außerordentlichen Bundesparteitag der ÖVP teil, am 13. April an einer Sitzung der Niederösterreichischen Landesregierung, am 14. April gibt er dem Schweizer Fernsehen ein Interview und am 25. April nimmt er an einer Staatsvertragsfeier in Bad Vöslau teil.[241]

In der Öffentlichkeit weiß man, dass Leopold Figl lebensbedrohlich erkrankt ist. Am 17. April schreibt die »Presse« feinfühlig: »Vorläufig sitzt aber Leopold Figl nach wie vor unangefochten in der Herrengasse und lässt, trotz labilen Gesundheitszustandes, bei jeder Gelegenheit erkennen, dass er sich immer noch als der alte aktive ›Poldl aus Rust im Tullnerfeld‹ fühle. Auch am Jubiläumsparteitag genoss Figl sichtlich den frenetischen Applaus, der ihm dargebracht wurde.«[242]

»Vorläufig«, das soll heißen: bis zu seinem in Kürze erwarteten Tod. An dem Tag, an dem diese Zeilen erscheinen, wendet sich der Landeshauptmann ein letztes Mal an seine Landsleute. Es ist eine Mahnung: »Es gibt keine Epoche in der österreichischen Geschichte, auch nicht im Geschehen der letzten 50 Jahre, über die man nicht offen reden könnte, ja reden muss. Die Wahrheit kann immer bestehen.« Der Landeshauptmann zitiert Hermann Bahr: »Ich kann euch nur wünschen, habt Mut zu Österreich« und sagt aus eigener Erfahrung: »In den Jahren 1938 bis 1945 war dieser Mut lebensgefährlich, trotzdem haben ihn Zehntausende Patrioten aufgebracht.« Als letzter noch aktiver Politiker, der in den entscheidenden Jahren zwischen 1945 und 1955 Verantwortung getragen hat, nehme er sich das »selbstverständliche Recht heraus, zu den Jubiläen nicht nur Worte der Erinnerung zu sagen, sondern das österreichische Volk zur Besinnung und Einkehr aufzurufen. [...] Anscheinend ist es so, dass die ärgsten Feinde eines gesunden Patriotismus der Wohlstand und die Sattheit sind. Mit dem, was heute Tag für Tag an Lebensmitteln in Österreich in den Mistkübel geworfen wird, hätten wir vor 20 Jahren eine Woche hindurch die Bevölkerung der Millionenstadt Wien ausreichend versorgen können. Das ist schlimm. Noch viel schlimmer aber wäre es, würden von manchen Österreichern in der Sattheit des Wohlfahrtsstaates auch das nationale Selbstbewusstsein und das Bekenntnis zur Heimat in den Coloniakübel geworfen.«[243] Seltsam wie aktuell diese Worte auch nach 50 Jahren noch klingen.

Am 27. April 1965 hält Leopold Figl seine letzte Ansprache anlässlich der Eröffnung der Ausstellung »April und Mai 1945 in Niederösterreich« im Niederösterreichischen Landhaus. Kaum jemand hätte gedacht, dass der Kranke dazu noch fähig ist. Die Organisatoren haben einen Ersatzredner gebeten, sich vorzubereiten, doch er wird nicht gebraucht. Figl spricht, auch wenn die Zuhörer deutlich merken, wie qualvoll es für ihn ist. Man feiert an diesem Tag auch den 20. Jahrestag der Bildung der provisorischen Regierung. Es wäre unerträglich für den ersten gewählten Kanzler dieser Republik, nur als Zuhörer dabei zu sein. Ein letztes Mal mobilisiert er all seine Kräfte, ein letztes Mal siegt sein Wille über den schwachen Körper. Bei so manchem Anlass war Leopold Figl kein besonders guter Redner, aber heute sind die Anwesenden zutiefst berührt. Alle wissen, dass dies die letzte Rede eines großen Mannes ist.

Seine Stimme ist verändert, sie ist ganz dünn geworden. Der krächzende, heisere Ton, über den man früher gelächelt hat, ist verschwunden. Edeltrude Posch ist im Besitz eines Tonbandes der Ansprache vom 27. April 1965. Der Hörer kann die Stimmung nachempfinden, die an jenem Tag in dem voll besetzten Saal geherrscht haben muss.

Leopold Figl stellt eine Verbindung zwischen seinem Leben und jenem Österreichs her. Den Zuhörern wird bewusst, wie oft das Schicksal dieses Mannes auch das ihrer Heimat war. Er lässt noch einmal die Meilensteine seines Lebensweges Revue passieren: den Bürgerkrieg 1934, KZ und Todeszelle, das zerstörte Wien, die einmarschierenden Sowjets. Der Auftrag, die hungernde Bevölkerung mit Lebensmitteln zu versorgen. Mitten in der Rede verfällt Figl in breite Mundart: »Aber ich hab g'sagt, Herr Marschall, sehr schön, aber i hab ka Fahrzeug, i hab ka Saatgut, i hab kane Lebensmittel [...] und der Marschall hat g'sagt: ›Ich werde Ihnen geben.‹« Der alte »Poldl« blitzt noch ein letztes Mal auf. Er scheint diesen entscheidenden Augenblick noch einmal zu durchleben, und die Menschen im Saal fühlen mit dem Todkranken. Bei jedem Wort spüren sie die Anstrengung, die es dem Redner kostet. Bei jedem Satz fühlen sie, wie wichtig er ihm ist.

Man sagt, dass an einem Sterbenden in Sekundenschnelle noch einmal die wichtigsten Stationen seines Lebens vorüber ziehen. Vielleicht denkt der ein oder andere Zuhörer während der letzten öffentlichen Worte des Altkanzlers an diese Annahme. Als Leopold Figl die Schlusssätze spricht, ist er am Ende seiner Kräfte. Vielen Zuhörern stehen Tränen in den Augen. Es bildet sich eine lange Schlange: Jeder will dem Kranken noch einmal die Hand schütteln, noch einmal danken. Es ist ein Abschied für immer.

Zu Hause, in der Peter Jordan Straße, muss Leopold Figl sofort zu Bett gebracht werden. Auch in den allerletzten Tagen, die ihm auf dieser Welt bleiben, empfängt Figl noch Freunde und Weggefährten: Kardinal König, Franz Olah, Josef Klaus und Fritz Bock sind darunter. Letztgenannter erinnert sich an den Besuch am späten Abend des 7. Mai: »Da wird Bundeskanzler Dr. Klaus und mir berichtet, dass das Ende nicht mehr lange auf sich warten lässt. Wir kommen zu ihm, und er fängt gleich an, wie wenn er nicht schon todkrank wäre, über aktuelle Probleme zu sprechen. Dann bittet er um eine Zigarette, denn er war ein sehr starker Raucher. Aber diese Zigarette behielt er in der Hand, ohne sie anzuzünden. Gevatter Tod stand schon in der Türe.«[244]

»Gibst du den Herren keinen Wein?«, fordert der Kranke seine Frau auf, wie Bundeskanzler Klaus schreibt. »So kosteten und plauderten wir, im Nu war ein halbes Stündchen des Frohsinns, Erinnerns, Erzählens, Nachfragens und Erwiderns vorüber – freilich vermischt mit einer leisen Wehmut, die aber keiner von sich aus so recht zu erkennen geben wollte. Figl blieb in dieser Stunde genauso gestimmt, wie er immer war: optimistisch, erzählfreudig, jovial, ja fast heiter, obwohl er wusste, wie es um ihn, seine Familie, seine nächsten Tage, vielleicht nur Stunden, stand.«

In der letzten Stunde, in der Leopold Figl bei Bewusstsein war, fragt ihn seine Krankenschwester, ob er einen Wunsch habe: »Schwester, ich hätt noch den Wunsch, dass mich der Herrgott ein paar Jahre auf dieser Erde lässt. Ich weiß aber, er hat es anders bestimmt.«

Am 8. Mai 1965 verfällt Leopold Figl in Agonie, am 9. Mai um 11.15 Uhr steht sein Herz still. Sein Tod wird in den Mittagsnachrichten verlautbart. »Der Figl is g'storben!«, verbreitet sich wie ein Lauffeuer. Drei Tage später wird der Altkanzler im Stephansdom aufgebahrt. Am 14. Mai säumen Hunderttausende Menschen die Straßen, als sich der Kondukt langsam vom Dom zum Heldenplatz bewegt. Die Österreicher haben nicht selten über den kleinen Mann mit der heiseren Stimme gelacht, jetzt weinen viele von ihnen. Das Volk erwidert die Liebe, die ihm entgegengebracht wurde.

Nach dem Staatsakt fährt eine endlose Wagenkolonne zum Zentralfriedhof. Vor dem Belvedere, wo Leopold Figl die Stunden seines größten Triumphes erlebt hat, wird Halt gemacht. Figl ist als Landeshauptmann gestorben, trotzdem wird er mit einem Staatsbegräbnis geehrt. Er wird nahe jenes Mannes beigesetzt, der ihm nach seiner Familie am nächsten stand: Julius Raab.

»Du warst einer der zugleich Guten und Großen Österreichs!«, sagt Bundeskanzler Klaus am offenen Grab. Und auch Kardinal König würdigt seine Verdienste: »Was er für Österreich getan hat, ist Geschichte geworden. Er hat für dieses Land gelitten und gearbeitet wie kaum ein Zweiter. Er hat sein Leben und seine Gesundheit eingesetzt, er hat alles ertragen an Mühen und auch an Demütigungen, wenn er dafür etwas für sein Land und für sein Volk herausholen konnte. Schonung hat er in seinem Leben nicht gekannt, auch nicht Stolz oder Empfindlichkeit.«

Am nächsten Tag, am 15. Mai 1965, wird im Marmorsaal des Belvederes der Unterzeichnung des Staatsvertrages gedacht. Der Mann, der so viel für Österreich geleistet hat, wird schmerzlich vermisst.

Über Leopold Figl werden unzählige Nachrufe verfasst, Interviews gegeben und Reden gehalten. Kaum eine Aussage ist so geeignet, ihn zu charakterisieren, wie jene des Bundespräsidenten Rudolf Kirchschläger: »Er war als Gedemütigter noch ein Herr, als Sieger immer noch ein Dienender.«

Anmerkungen

1 »Wiener Zeitung« vom 15. Mai 1965, posthum erschienener Artikel von Leopold Figl.
2 Ernst Trost, Figl von Österreich, Wien 1972, S. 97.
3 Ernst Trost, Figl von Österreich, Wien 1972, S. 98.
4 Radiointerview vom 18. Oktober 1959.
5 »Bauernbündler«, 4. Juni 1932.
6 Katalog Figl Museum Rust, S. 22.
7 »Neue Freie Presse«, 12. September 1933.
8 »Bauernbündler«, 10. Februar 1934.
9 »Bauernbündler«, 10. Februar 1934.
10 »Bauernbündler«, 24. Februar 1934.
11 Susanne Seltenreich, Leopold Figl – ein Österreicher, Wien 1962, S. 50.
12 »40 Jahre NÖ Bauernbund«, Wien 1946.
13 Radiointerview 18. Oktober 1959.
14 Radiointerview 18. Oktober 1959.
15 »40 Jahre NÖ Bauernbund«, Wien 1946.
16 http://diepresse.com/home/kultur/news/354363/Schuschnigg-war-ein-armer-Mann; Interview Franz Olah, geführt von Kurt Scholz und Ann-Catherine Simon, »Die Presse« 10.01.2008.
17 Bruno Kreisky, Zwischen den Zeiten, Berlin 1986, S. 305f.
18 Maximilian und Emilie Reich, Zweier Zeugen Mund. Verschollene Manuskripte aus 1938, herausgegeben von Henriette Mandl, Wien 2007, S. 65f.
19 www.doew.at/erinnern/biographien/erzählte-geschichte/haft-1938-1945; Interview mit Josef Paul.
20 Rudolf Kalmar, Zeit ohne Gnade, Wien 1947, S. 46.
21 Rudolf Kalmar, Zeit ohne Gnade, Wien 1947, S. 53.
22 Brief an Hilde Figl, 9. Juli 1939.
23 Rudolf Kalmar, Zeit ohne Gnade, Wien 1947, S. 96.
24 Maximilian und Emilie Reich, Zweier Zeugen Mund. Verschollene Manuskripte aus 1938, hrsg. von Henriette Mandl, Wien 2007, S. 114f.
25 Franz Olah, Erlebtes Jahrhundert, Wien 2008, S. 87.

26 Franz Olah; Ludwig Steiner, Zwischen Dachau und Moskau-Begegnungen mit Leopold Figl, S. 25.

27 Ernst Trost, Figl von Österreich, Wien 1972, S. 119.

28 Broszat, Nationalsozialistische Konzentrationslager 1933–1945, S. 52.

29 Ernst Trost, Figl von Österreich, Wien 1972, S. 122.

30 Gedenkartikel von Rudolf Kalmar nach dem Tod von Leopold Figl, »Neues Österreich« 11. und 12. Mai 1965.

31 Franz Olah, Erlebtes Jahrhundert, Wien 2008, S. 85.

32 Rudolf Kalmar, Zeit ohne Gnade, Wien 1947, S. 27.

33 Interview vom 8. Mai 2000, Abschrift S. 28.

34 Interview vom 8. Mai 2000, Abschrift S. 28.

35 Franz Olah, Erlebtes Jahrhundert, Wien 2008, S. 86.

36 Franz Olah, Erlebtes Jahrhundert, Wien 2008, 79.

37 Franz Olah, Erlebtes Jahrhundert, Wien 2008, S. 79.

38 Kriechbaum, Von der Illegalität zur Legalität, Gründungsgeschichte der ÖVP, Wien 1985, S. 36.

39 Neugebauer Wolfgang; Schwarz, Peter, Stacheldraht, mit Tod geladen …, herausgegeben von der Arbeitsgemeinschaft der KZ-Verbände und Widerstandskämpfer Österreichs, Wien 2008, S. 48.

40 Gedenkartikel von Rudolf Kalmar nach dem Tod von Leopold Figl, »Neues Österreich« 11. und 12. Mai 1965.

41 Ernst Trost, Figl von Österreich, Wien 1972, S. 126.

42 Kriechbaum, Von der Illegalität zur Legalität, Gründungsgeschichte der ÖVP, Wien 1985, S. 38.

43 Franz Olah; Ludwig Steiner, Zwischen Dachau und Moskau – Begegnungen mit Leopold Figl, Wien/Köln Weimar 2003, S. 25.

44 Ernst Trost, Figl von Österreich, Wien 1972, S. 123.

45 Ernst Trost, Figl von Österreich, Wien 1972, S. 121.

46 Brief vom 25. Mai 1941 an Hilde Figl.

47 Brief vom 11. Mai 1941, DÖW Nr. 17689.

48 Brief an Hilde Figl vom 16. März 1941.

49 Brief vom 25. Mai 1941 an Hilde Figl.

50 Brief vom 21. April 1940, DÖW Nr. 17689.

51 Brief vom 27. April 1941, DÖW Nr. 17689.

52 Brief vom 15. März 1942 an Hilde Figl.

53 Brief vom 12. April 1942 an Hilde Figl.

54 Feldpost vom 8. September 1942 an Bruder Anton Figl.

55 Feldpost vom 15. September 1942 an Bruder Anton Figl.

56 Brief vom 22. September 1942, DÖW Nr. 17689.

57 Brief vom 8. Juni 1941, DÖW Nr. 17689.

58 Brief Dezember 1942 an Hilde Figl.

59 Brief vom 22. Oktober 1942 an Hilde Figl.

60 Interview mit Anneliese Figl vom 25. November 2014.

61 »Alles für Österreich«, ein Film von Andreas Novak und Tom Matzek, ORF II, 2005.

62 Radiointerview vom 18. Oktober 1959.

63 Robert Kriechbaum, Von der Illegalität zur Legalität, Gründungsgeschichte der ÖVP, Wien 1985, S. 56.

64 Zitiert in Ernst Trost, Figl von Österreich, Wien 1972, S. 130.

65 »Der Bauernbündler« vom 1. August 1945. Diese Ausgabe wurde von der sowjetischen Besatzungsmacht beschlagnahmt.

66 Therese Kraus, Bauern. Niederösterreichs Bauern in der Standes-, Landes- und Staatsgeschichte der letzten hundert Jahre, Wien 1981, S. 61.

67 Brief vom 14. September 1943 an Hilde Figl.

68 Radiointerview vom 18. Oktober 1959.

69 Interview mit Anneliese Figl am 25. November 2014.

70 Edmund Weber, »Unter den Augen der Gestapo«, in: »Der Bauernbündler« vom 26. August 1945.

71 Postkarte vom 10. Oktober 1944.

72 Postkarte an Hilde Figl vom 10. November 1944.

73 Lois Weinberger, Tatsachen, Begegnungen und Gespräche, Wien 1948, S. 184.

74 Lois Weinberger, Tatsachen, Begegnungen und Gespräche, Wien 1948, S. 186.

75 Ernst Trost, Figl von Österreich, Wien 1972, S. 141.

76 Postkarte vom 15. Jänner 1945 an Hilde Figl.

77 Postkarte vom 10. Februar 1945 an Hilde Figl.

78 Interview des ÖVP-Pressedienstes vom 20. April 1965.

79 Radiointerview vom 18. Oktober 1959.

80 Ernst Trost, Figl von Österreich, Wien 1972, S. 56.

81 Percy Ernst Schramm, »Die Niederlage 1945« aus dem Kriegstagebuch des Oberkommandos der Wehrmacht, München 1962.

82 40 Jahre Österreichischer Bauernbund, Wien 1946.

83 Therese Kraus, Eduard Hartmann, Porträt eines großen Österreichers, St. Pölten, 1977, S. 14f.

84 Lois Weinberger, Tatsachen, Begegnungen und Gespräche, Wien 1948, S. 245.

85   Protokoll des 1. Bundesparteitages der ÖVP, 18. bis 21. April 1947, herausgegeben vom Hauptreferat für Presse und Publizistik der Bundesparteileitung, S. 13f.

86   Lois Weinberger, Tatsachen, Begegnungen und Gespräche, Wien 1948, S. 253.

87   Adolf Schärf, April 1945 in Wien, Wien 1948.

88   Hugo Portisch; Sepp Riff, Österreich II, Band 2, Wien 1993, S. 172.

89   Hugo Portisch; Sepp Riff, Österreich II, Band. 2, Wien 1993, S. 32.

90   Abgefragt auf www.ama.at am 23.11.2014.

91   Ernst Trost, Figl von Österreich, Molden Verlag 1972, S. 76.

92   Hugo Portisch; Sepp Riff, Die Wiedergeburt unseres Staates, Österreich II, München 1993, S. 36.

93   Oskar Helmer, 50 Jahre erlebte Geschichte, Wien 1957, S. 201.

94   Oskar Helmer, 50 Jahre erlebte Geschichte, Wien 1957, S. 204.

95   Oskar Helmer, 50 Jahre erlebte Geschichte, Wien 1957, S. 209.

96   Ernst Trost, Figl von Österreich, Wien 1972, S. 76.

97   Interview mit Anneliese Figl vom 25. November 2014.

98   Ernst Trost, Figl von Österreich, Wien 1972, S. 74.

99   Hans Ströbitzer, Leopold Figl und seine Zeit, Wien 2012, S. 177.

100 Radiointerview vom 18. Oktober 1959.

101 Susanne Seltenreich, Leopold Figl – ein Österreicher, Wien 1962, S. 73.

102 Interview mit Herbert Grubmayr vom 18. November 2014.

103 Susanne Seltenreich, Leopold Figl – ein Österreicher, Wien 1962, S. 81 ff; Leopold Figl, Reden für Österreich, Wien 1965, S. 56ff.

104 Gerald Stourzh, »Österreich ist frei!«, Leopold Figl als Bundeskanzler und Außenminister im Jahrzehnt zwischen Befreiung und Freiheit, in: Stefan Karner; Gottfried Stangler (Hrsg.): Österreich ist frei, Der österreichische Staatsvertrag 1955, Wien 2005, S. 357.

105 Reinhold Wagnleitner (Hrsg.), Understanding Austria, The Political Reports and Analyses of Martin F. Herz, Political Officer of the US Legation in Austria 1945–1948, Salzburg 1984, S. 78 und 81.

106 Reinhold Wagnleitner (Hrsg.), Understanding Austria, The Political Reports and Analyses of Martin F. Herz, Political Officer of the US Legation in Austria 1945–1948, Salzburg 1984, S. 569.

107 Interview mit Anneliese Figl vom 25. November 2014.

108 Rudolf Kalmar, Weihnachten zwischen Krieg und Frieden, »Neues Österreich«, 25. Dezember 1945.

109 Ministerratsprotokoll vom 9. Jänner 1946, abgedruckt in: Protokolle des Ministerrates des Zweiten Republik, Kabinett Leopold Figl I, Band 1, S. 18.

110 »Samstag«, 17. April 1985.

111 Ernst Trost, Figl von Österreich, Wien 1972, S. 168.

112 Ministerratsprotokoll vom 9. Jänner 1946, abgedruckt in: Protokolle des Ministerrates des Zweiten Republik, Kabinett Leopold Figl I, Band 1, S. 31.

113 Ministerratsprotokoll vom 30. Jänner 1946, abgedruckt in: Protokolle des Ministerrates des Zweiten Republik, Kabinett Leopold Figl I, Band 1, S. 149.

114 Ministerratsprotokoll vom 22. Februar 1946, abgedruckt in: Protokolle des Ministerrates des Zweiten Republik, Kabinett Leopold Figl I, Band 1, S. 223 und 224.

115 Ministerratsprotokoll vom 19. März 1946, abgedruckt in: Protokolle des Ministerrates des Zweiten Republik, Kabinett Leopold Figl I, Band 1, S. 361.

116 Ministerratsprotokoll vom 30. April 1946, abgedruckt in: Protokolle des Ministerrates des Zweiten Republik, Kabinett Leopold Figl I, Band 2, S. 45.

117 »Stundenbuch« vom 5. Juli 1946. Das »Stundenbuch« wurde von einem Sekretär geführt und enthält detaillierte Aufzeichnungen über das jeweilige Tagesprogramm des Kanzlers.

118 Ministerratsprotokoll vom 6. Juli 1946, abgedruckt in: Protokolle des Ministerrates des Zweiten Republik, Kabinett Leopold Figl I, Band 2, S. 399ff.

119 »Stundenbuch« vom 7. Juli 1946.

120 »Wiener Zeitung« vom 11. Juli 1946.

121 Hugo Portisch; Sepp Riff, Ein Volk, ein Reich – kein Österreich, Österreich II, Band III, München 1993, S. 430.

122 Ministerratsprotokoll vom 14. Jänner 1947, Mitteilungen des BK, Punkt e.

123 Brief an Franz Sobek vom 29. Mai 1947.

124 »Wiener Zeitung« vom 10. November 1949.

125 Ministerratsprotokoll vom 9. November 1948, Bericht des BK.

126 Hugo Portisch/Sepp Riff, Der lange Weg zur Freiheit, Österreich II, Band IV, München 1993, S. 117.

127 Hugo Portisch/Sepp Riff, Der lange Weg zur Freiheit, Österreich II, Band IV, München 1993, S. 121.

128 Interview mit Franz Matscher, Juni 2014.

129 Manfried Rauchensteiner, Die Zwei. Die Große Koalition in Österreich 1945-1966, Wien 1987, S. 94ff.

[130] Leopold Figl, Reden für Österreich, Wien 1965, S. 60ff.

[131] »Wiener Zeitung«, 15. Jänner 1948.

[132] »Wiener Zeitung«, 9. Jänner 1949.

[133] Interview mit Herbert Grubmayr vom 14. November 2014.

[134] »Wiener Zeitung«, 10. November 1949.

[135] Hugo Portisch/Sepp Riff, Der lange Weg zur Freiheit, Österreich II, Band IV, München 1993, S. 167 ff.

[136] Hugo Portisch/Sepp Riff, Der lange Weg zur Freiheit, Österreich II, Band IV, München 1993, S. 208.

[137] Leopold Figl, Reden für Österreich, Wien 1965, S. 85.

[138] Leopold Figl, Reden für Österreich, Wien 1965, S. 83.

[139] Franz Olah, Erlebtes Jahrhundert, Wien 2008, S. 136.

[140] »Volksstimme«, 6. Oktober 1950.

[141] Franz Olah, Erlebtes Jahrhundert, Wien 2008, S. 141.

[142] Franz Olah, Erlebtes Jahrhundert, Wien 2008, S. 142.

[143] Leopold Figl, Reden für Österreich, Wien 1965, S. 86.

[144] PRO, FO 800/751 – Eden Papers, Austria, Memorandum, 20. Februar 1952.

[145] Susanne Seltenreich, Leopold Figl – ein Österreicher, Wien 1962, S. 113.

[146] Interview mit Franz Matscher, Juni 2014.

[147] Ernst Trost, Figl von Österreich, Wien 1972, S. 259.

[148] Susanne Seltenreich, Leopold Fig – ein Österreicher, Wien 1962, S. 114.

[149] Susanne Seltenreich, Leopold Figl – ein Optimist durch und durch, Rust 1990, S. 72.

[150] Ernst Trost, Figl von Österreich, Wien 1972, S. 260.

[151] Interview mit Anneliese Figl vom 25. November 2014.

[152] Interview von Anneliese Rohrer, »Die Presse« 2. April, 1985.

[153] Interview mit Anneliese Figl vom 25. November 2014.

[154] Susanne Seltenreich, Leopold Figl – ein Österreicher, Wien 1962, S. 216.

[155] Interview mit Herbert Grubmayr vom 18. November 2014.

[156] »Die Presse«, 2. April 1985.

[157] Ernst Trost, Figl von Österreich, Molden Verlag 1972, S. 273.

[158] Ernst Trost, Figl von Österreich, Wien 1972, S. 274.

[159] Ernst Trost, Figl von Österreich, Wien 1972, S. 268.

[160] Interview mit Ludwig Steiner, Juni 2014.

[161] Interview mit Herbert Braunsteiner, in: Demokratie und Geschichte, Jahrbuch des Karl von Vogelsang-Instituts 1997, S. 86.

[162] Protokoll der Sitzung der Bundesparteileitung vom 27. Februar 1953.

[163] Politisches Tagebuch von Julius Raab, 20. März 1953.

[164] Susanne Seltenreich, Leopold Figl – ein Optimist durch und durch, Rust 1990, S. 79.

[165] Protokoll der Sitzung der Bundesparteileitung vom 22. März 1953, zitiert in: Gerald Stourzh, »Österreich ist frei!«, Leopold Figl als Bundeskanzler und Außenminister im Jahrzehnt zwischen Befreiung und Freiheit, in: Stefan Karner/Gottfried Stangler (Hrsg.): Österreich ist frei, Der österreichische Staatsvertrag 1955,Wien 2005, S. 357.

[166] Susanne Seltenreich, Leopold Figl – ein Optimist durch und durch, Rust 1999, S. 84.

[167] Leopold Figl, Reden für Österreich, Wien 1965, S. 110.

[168] Susanne Selteneich, Leopold Figl – ein Österreicher, Wien 1962, S. 122.

[169] Susanne Seltenreich, Leopold Figl – ein Optimist durch und durch, Rust 1990, S. 85.

[170] Ernst Trost, Figl von Österreich, Wien 1972, S. 278.

[171] Interview mit Ludwig Steiner, Juni 2014.

[172] Interview mit Herbert Grubmayr vom 18. November 2014.

[173] Interview mit Ludwig Steiner, Juni 2014.

[174] Interview mit Franz Matscher, Juni 2014.

[175] Interview mit Herbert Grubmayr vom 18. November 2014.

[176] Interview mit Franz Matscher, Juni 2014.

[177] Interview mit Franz Wunderbaldinger vom 28. November 2014.

[178] Interview mit Herbert Grubmayr vom 18. November 2014.

[179] »Neue Wiener Tageszeitung« vom 14. Juni 1953.

[180] Helmut Wohnout (Hrsg.), Demokratie und Geschichte 2002, Interview mit Herbert Grubmayr, S. 49.

[181] Ernst Trost, Figl von Österreich, Wien 1972, S. 285.

[182] Felix von Eckhardt, Ein unordentliches Leben, Düsseldorf 1967.

[183] Ernst Trost, Figl von Österreich, Wien 1972, S. 329.

[184] Gerald Stourzh, »Österreich ist frei!«, Leopold Figl als Bundeskanzler und Außenminister im Jahrzehnt zwischen Befreiung und Freiheit, in: Stefan Karner/Gottfried Stangler (Hrsg.): Österreich ist frei, Der österreichische Staatsvertrag 1955, Wien 2005, S. 366.

[185] Hugo Portisch; Sepp Riff, Österreich II, Der lange Weg zur Freiheit, München 1993, S. 315

[186] Hugo Portisch; Sepp Riff, Der lange Weg zur Freiheit, Österreich II, Band IV, München 1993, S. 320.

[187] Susanne Seltenreich, Leopold Figl – ein Österreicher, Wien 1962, S. 128.

[188] Susanne Seltenreich, Leopold Figl – ein Österreicher, Wien 1962, S. 128.

[189] Susanne Seltenreich, Leopold Figl – ein Österreicher, Wien 1962, S. 129.

[190] Hugo Portisch; Sepp Riff, Der lange Weg zur Freiheit, Österreich II, Band IV, München 1993, S. 320.

[191] Stenographisches Protokoll, 33. Sitzung des NR am 24. Februar 1954, abgedruckt in; Freiheit für Österreich, Dokumente, S. 59.

[192] »Die Wochenpresse« vom 2. April 1955.

[193] Hugo Portisch; Sepp Riff, Der lange Weg zur Freiheit, Österreich II, Band IV, München 1993, S. 339.

[194] Hugo Portisch; Sepp Riff, Der lange Weg zur Freiheit, Österreich II, Band IV, München 1993, S. 331.

[195] Ludwig Steiner, Der Botschafter – Ein Leben für Österreich, Bozen 2006, S. 200.

[196] Interview mit Herbert Grubmayr vom 18. November 2014.

[197] Franz Olah; Ludwig Steiner, Zwischen Dachau und Moskau, Wien/Köln/Weimar 2003, S. 23.

[198] Interview mit Herbert Grubmayr am 18. November 2014.

[199] Interview mit Ludwig Steiner, Juni 2014.

[200] Gerald Stourzh, »Österreich ist frei!«, Leopold Figl als Bundeskanzler und Außenminister im Jahrzehnt zwischen Befreiung und Freiheit, in: Stefan Karner/Gottfried Stangler (Hrsg.): Österreich ist frei, Der österreichische Staatsvertrag 1955, Wien 2005, S. 368.

[201] Interview mit Herbert Grubmayr vom 18. November 2014.

[202] Interview mit Herbert Grubmayr vom 18. November 2014.

[203] Ludwig Steiner, Der Botschafter – Ein Leben für Österreich, Bozen 2006, S. 207.

[204] Ludwig Steiner, Der Botschafter – Ein Leben für Österreich, Bozen 2006, S. 208.

[205] Ernst Trost, Figl von Österreich, Wien 1972, S. 300.

[206] Ernst Trost, Figl von Österreich, Wien 1972, S. 301.

[207] Ludwig Steiner, Der Botschafter – Ein Leben für Österreich, Bozen 2006, S. 212.

[208] Ludwig Steiner, Der Botschafter – Ein Leben für Österreich, Bozen 2006, S. 214.

[209] Ernst Trost, Figl von Österreich, Wien 1972, S. 302.

[210] Interview mit Herbert Grubmayr vom 18. November 2014.

[211] Interview mit Herbert Grubmayr vom 18. November 2014.

[212] »Samstag«, 17. Mai 1980.

[213] Interview mit Anneliese Figl am 25. November 2014.

[214] »Samstag«, 27. April 1985.

[215] Ernst Trost, Figl von Österreich, Wien 1972, S. 11.

216 Hugo Portisch; Sepp Riff, Der lange Weg zur Freiheit, Österreich II, Band IV, München 1993, S. 361.

217 Abgedruckt in »Wochenpresse« 14. Mai 1955.

218 Ludwig Steiner, Der Botschafter – Ein Leben für Österreich, Bozen 2006, S. 221.

219 Interview mit Franz Matscher, Juni 2014.

220 Susanne Seltenreich, Leopold Figl – ein Optimist durch und durch, Rust 1990, S. 92.

221 Ernst Trost, Figl von Österreich, Wien 1972, S. 26.

222 »Neue Revue«, Mai 1955.

223 Interview mit Franz Matscher für die ORF III-Dokumentation »Wie wir wurden. Was wir sind.«

224 ORF-Hörfunksendung »Im Brennpunkt«, ausgestrahlt am 14. Mai 1970.

225 Ernst Trost, Figl von Österreich, Wien 1972, S. 316,

226 Interview mit Edeltrude Posch vom 23. November 2014.

227 Susanne Seltenreich, Leopold Figl – ein Optimist durch und durch, Rust 1990, S. 112.

228 Interview mit Herbert Grubmayr vom 18. November 2014.

229 Interview mit Herbert Grubmayr vom 18. November 2014.

230 Interview mit Edeltrude Posch vom 23. November 2014.

231 Interview mit Gertrude Bayer vom 8. November 2014.

232 Interview mit Josefine Leuthner vom 8. November 2014.

233 Susanne Seltenreich, Leopold Figl – ein Österreicher, Rust 1990, S. 159.

234 Ebenda S. 161.

235 Interview mit Franz Matscher, Juni 2014.

236 Helmut Wohnout (Hrsg.), Demokratie und Geschichte 2002, Wolfgang Matl, Die Größe des Anfangs, S. 15.

237 Otto Zernatto.

238 Ernst Trost, Figl von Österreich, Wien 1972, S. 318.

239 Interview mit Edeltrude Posch vom 23. November 2014.

240 Gerhard Jelinek; Birgit Mosser-Schuöcker, Generation Österreich, Wien 2012, S. 16.

241 Leopold Figl, Reden für Österreich, Wien 1965, S. 158.

242 Susanne Seltenreich, Leopold Figl – ein Optimist durch und durch, Rust 1990, S. 125.

243 Josef Klaus, Leopold Figl – ein Leben für Österreich, Gedenkschrift zum 80. Geburtstag Figls der Verbindung »Norica«, Wien 1982.

244 Ernst Trost, Figl von Österreich, Wien 1972, S. 347.

Gästebuch-Transkriptionen

Abbildungen im 2. Bildteil

1

Für unsere lieben Gäste!
Hilde u. Leop. Figl

2

Christlich und deutsch immerdar! Mögen sich unsere Gäste wohl befinden
bei deutscher Gastfreundschaft und christlicher Gesinnung!
In diesem Sinne sei das Gedenkbuch geweiht und begonnen!
26. November 1931.

3

Gott segne die liebe Familie Figl!
16. Nov. 34.
                                                    + Th. Kard. Innitzer

4

Am Tage seines Gedenkens kann der Glaube an seinen Geist und unsere
unwandelbare Treue niemals und durch niemanden erschüttert werden.
24. Juli 9 Uhr 30 Min. 1935
Steinböck
                                                    Ing. Figl

5

Frontappel 18. Oktober 1936
»abgeblasen u. Vergatterung in der V. F.«
erstrecht Treue – Dollfuss
Schussnigg – Reither, wir halten
durch!!!
P. Werner Deibl.
O. J. J. A. D./
Seidl Georg

6

Gestern war der Kanzler am Obersalzberg. (13. II. 38)
Vom Schwips hab ich's gelernt, so will ich's halten!
»Österreich in Ewigkeit!

Dieses Motto für uns nicht neu wollen wir halten, sowie dem Haus die Treu'!
Friedrich Eckert.

7

Am Anfang des März
da geht es um Österreich
wir bleiben die alten fürs Heimatreich.
Mögen viele sich drehen,
mögen manche sich neigen,
mag alles vergehen,
Österreich muss bleiben.
Rot weiß rot bis in den Tod.
Ist nicht ein schales Wort,
ist unser Sinn ist unser Hort.
Ist Österreich für das wir stehen
Ist die Heimat, für die wir leben.
Hermine Raab
       Raab

In den Iden des März!
6. III. 1938.

8

8. Mai 1943.
Zu Haus ist's am schönsten!
Figl

9

14. VIII. 1934.

Neu begonnen in alter Treue und Kameradschaft.
Mitzi jetzt die glückliche. D Franz Sobek

In alter Freundschaft:
27./8. 43. Ludwig Buchinger

Karl Buchinger
Alois Figl

Wahre Freundschaft überdauert alles!
28/8/43 Edm. Weber Julius Raab

Wir wollen an dem alten Jahr für das neue gelernt haben.
In unwandelbarer Treue

31.XII. 1943.
Wir bleiben, was wir waren
In alter treuer Freundschaft

Werner Deibl.

10

29. Januar 1944.

Bald wird wieder das Freiheitsjahr sein.
Dann gehört die Heimat wieder mein.
Dann bauen wir sie auf zu neuem Leben.
Mag es auch viel Arbeit und Mühe geben.
Sie alle konnten uns nicht brechen noch beugen
Die Welt wird es einmal müssen bezeugen.
Österreich ist, wird sein, wird bestehen.
und aller Dreck wird untergehen.

Raab. Julius. der Chef.
Hermine Raab
Otto Spitz
Anton Rohrhofer
A.Figl

11
8. Mai 1945.
Vor genau 2 (zwei) Jahren aus dem K. Z. Dachau zum ersten Mal nach
62 Monaten zu Hause.
Vom 8. Oktober 44 bis 6. April 1945 wieder in Haft (K. L. Mauthausen,
Polizei-Gefängnis und Landesgericht Wien (VolksGerichtshof!).
Heute am 8. Mai 1945: Wieder Bauernbund-Direktor: Staatssekretär der
I. prov. Regierung,Vorsitzender des prov. Landesausschuß für Nied.Oest.
(Landeshauptmann.)
Gott schütze uns unseren Reither! – Um 11 Uhr nachts
Frieden! – Österreich in Treue! –

Ing. Figl

12

Meinem lieben Poldl
Gottes und der Mutter Segen.
Deine Mutter.

13

Nach langen Jahren gemeinsamer Leiden und Hoffnung trinken wir ein Glas
auf das Wohl des einzigen Menschen über den wir beinahe täglich sprachen
und dem immer Dein liebevolles Gedenken galt – Deine Frau!

Dein alter treuer Edi

15/4. 46.

14

To: a great Austrian Patriot: Leopold Figl:
Frank W. Clark.
Vienna, May 22, 1946.

15

Zur Erinnerung an den 11.3.1938. Acht Jahre später.
Ein österreichisches Schicksal!
Vom Gefangenen zum Kanzler Österreichs!
Gott schütze Österreich
Gott helfe Österreich

Ernst Marboe

11.3.1938./46

16

Wir haben gewartet sieben Jahre.
Wir brauchten warten nicht mehr. Dass Österreich wieder Österreich war
ist ein Traum so schön und hehr. –
Die Arbeit und Kraft eines Lebens –
einst gebrochen
Wird in uns, die wir litten, jetzt
Bestätigung finden.
Die Jahre der Gefangenschaft, die das
»Wunder« vollbracht haben, den Österreicher
zum Österreicher finden zu lassen, sind
das Band, das nimmer getrennt werden soll.
Meinem Freund
Meinem Kanzler
16. Jänner 1946

Dr. Canaval

Sobek

17
Kraus hebt die Flügel, nach London zu fliegen
Wir trinken schon heut, gewiß daß wir siegen.
Der Toni hat zwar auf der Stirn die üblichen Falten
Doch ohne die Soe wird er nicht den Handel gestalten
Aber Poldi, der wird's mit den R......n schon machen
Daß wir Arm in Arm im Mai wieder lachen.

                                      30.4.46.
Kraus

18
4. Juli 1946.
Meinem treuen standhaften Mitarbeiter in der Prov. Regierung, dem
Mitarbeiter des Neuen Österreich, dem ersten Kanzler des demokratisch
erneuerten Österreich zum Gedenken an den gemütlich-freundschaftlichen
Familienabend
Die besten Grüße des Bauernsohnes
dem Bauernsohn, die aufrichtigen
Wünsche für erfolgreiche Arbeit
am Wohl unseres Volkes!
D Karl Renner
Bundeskanzler.

                                      u. Frau Luise.

19
8. Juli 1946:
Zur Erinnerung an das erste Zusammensein von Rechts und Links, in der
Zuversicht auf menschliches Verstehen, und in der Hoffnung auf gemeinsame Arbeit zum Wohl des Landes!

                                  Dr Adolf Schärf
                                      Vizekanzler

20
Wir sind schon lang die Alten
Mögens nun die Frauen auch so halten.
                              Ferdl   Marianne Graf
2.12.45.

Canada and Austria.
George Schueller – zum Angedenken an einen gut oesterreichischen Abend.
Ferdl Graf   Edm Weber

Einige Stunden später:
Das Terzett allein!
Es war hart und schwer und daß es doch gelungen ist <u>sein</u> Verdienst! Von
wahrer Treu' durchdrungen wünscht Gottes Glück und Segen auf seinen
weitern Wegen
Ferdl Graf   Edmund

Der Heimat die Arbeit,
Durch edle Weidwerk die Kraft für unser Österreich!
14. XII. 1945. Weidmannsheil!

Widmann

Freitag vor Weihnachten, den 21. Dezember 1945 am Tage der Regierungserklärung

Meinem lieben Poldl ...
siehe Transkription Nr. 12

Literaturverzeichnis

Broszat, Martin, Nationalsozialistische Konzentrationslager 1933–1945, in: Broszat, Martin u. a.: Anatomie des SS-Staates, Band 2, 1965. S. 9–160.

Eckhardt, Felix von, Ein unordentliches Leben, Düsseldorf/Wien 1967.

Figl, Leopold, Reden für Österreich, Wien 1965.

Helmer, Oskar, 50 Jahre erlebte Geschichte, Wien 1957.

Jelinek, Gerhard; Mosser-Schuöcker, Birgit, Generation Österreich, Wien 2012.

Kalmar, Rudolf, Zeit ohne Gnade, Wien 1947.

Kraus, Therese, Bauern. Niederösterreichs Bauern in der Standes-, Landes- und Staatsgeschichte der letzten hundert Jahre, Wien 1981.

Kraus, Therese; Hartmann, Eduard, Porträt eines großen Österreichers, St. Pölten 1977.

Kreisky, Bruno, Zwischen den Zeiten, Berlin 1986.

Kriechbaum, Von der Illegalität zur Legalität, Gründungsgeschichte der ÖVP, Wien 1985.

Neugebauer Wolfgang; Schwarz, Peter, Stacheldraht, mit Tod geladen …, herausgegeben von der Arbeitsgemeinschaft der KZ-Verbände und Widerstandskämpfer Österreichs, Wien 2008.

Olah, Franz, Erlebtes Jahrhundert, Wien 2008.

Olah, Franz; Steiner, Ludwig, Zwischen Dachau und Moskau-Begegnungen mit Leopold Figl, in: Demokratie und Geschichte, Band 6, Heft 1. Wien/Köln/Weimar 2003

Portisch, Hugo; Riff, Sepp, Österreich II, Bände 1–4, Wien 1993.

Protokolle des Ministerrates des Zweiten Republik, Kabinett Leopold Figl I, Band 1 und 2. Wien 2014.

Rauchensteiner, Manfried, Die Zwei. Die Große Koalition in Österreich 1945–1966, Wien 1987.

Reich, Maximilian und Emilie, Zweier Zeugen Mund. Verschollene Manuskripte aus 1938, herausgegeben von Mandl, Henriette, Wien 2007.

Schärf, Adolf, April 1945 in Wien, Wien 1948.

Schramm, Percy Ernst, Die Niederlage 1945. Aus dem Kriegstagebuch des Oberkommandos der Wehrmacht, München 1962.

Seltenreich Susanne, Leopold Figl – ein Österreicher, Wien 1962.

Seltenreich, Susanne, Leopold Figl – ein Optimist durch und durch. Rust 1990.

Steiner, Ludwig, Der Botschafter – Ein Leben für Österreich, Bozen 2006.

Stourzh, Gerald, »Österreich ist frei!« Leopold Figl als Bundeskanzler und Außenminister im Jahrzehnt zwischen Befreiung und Freiheit, in: Karner, Stefan; Stangler, Gottfried (Hrsg.): Österreich ist frei. Der österreichische Staatsvertrag 1955, Wien 2005.

Ströbitzer, Hans, Leopold Figl und seine Zeit, Wien 2012.

Trost, Ernst, Figl von Österreich, Wien 1972.

Wagnleitner, Reinhold (Hrsg.), Understanding Austria, The Political Reports and Analyses of Martin F. Herz, Political Officer of the US Legation in Austria 1945–1948. Salzburg 1984.

Weinberger, Lois, Tatsachen, Begegnungen und Gespräche, Wien 1948.

Wohnout, Helmut (Hrsg.), Demokratie und Geschichte 2002, Wien 2002, Interview mit Herbert Grubmayr.

Zeitzeugeninterview mit Franz Olah vom 8. Mai 2000, Haus der Bayerischen Geschichte, Bildarchiv.

Dank

Bücher entstehen durch die gemeinsame Arbeit vieler kreativer Menschen. Haben sie ein zeitgeschichtliches Thema zum Inhalt, können sie ohne die Gesprächsbereitschaft unzähliger Zeitzeugen nicht zustande kommen. Im Falle einer Biografie kann sich der Autor glücklich schätzen, wenn er auf die Unterstützung der Angehörigen zählen kann. Mein Dank gilt daher in erster Linie der Familie Figl, die meinem Projekt positiv gegenübergestanden ist: Anneliese Figl hat mir sehr private (und daher besonders berührende) Briefe und Postkarten ihres Vaters sowie unzählige Fotos überlassen und mich an ihren Erinnerungen an ihren Vater teilhaben lassen. Maria Hauer hat die Gästebücher sowie ebenfalls viele Fotografien zur Verfügung gestellt. Beiden Damen sowie Markus Figl möchte ich ausdrücklich für das genaue und daher sehr wertvolle Gegenlesen des Manuskriptes danken. Gertrude Bayer hat ihr wertvolles Foto-Archiv mit mir geteilt. Ich weiß, dass es nicht selbstverständlich ist, mit seinen Anliegen und Bitten unvoreingenommen aufgenommen zu werden.

Für Interviews sei Gertrude Bayer, Josefine Leuthner, Edeltrud Posch, Herbert Grubmayr, Franz Wunderbaldinger, Ludwig Steiner und Franz Matscher gedankt.

Erwin Rauscher hat durch das Fotografieren der Gästebuch-Einträge einen wesentlichen Beitrag zum Buch geleistet.

Herzlichen Dank an die Mitarbeiter des Amalthea Verlages, insbesondere an Martin Bruny, der für das Lektorat verantwortlich war. Waldetrudis Pichler hat durch das Übersetzen der in

Kurrentschrift verfassten Gästebuch-Einträge eine Aufgabe übernommen, die heute nur mehr wenige Menschen zu lösen vermögen.

Der Kuratorin der Leopold Figl-Ausstellung im Niederösterreichischen Landesmuseum, Elisabeth Vavra, sei für die gute Zusammenarbeit gedankt.

Meinem Mann, Christian Mosser, danke ich für das wichtigste an diesem Buch: für die Idee.

Personenregister

Bahr, Hermann 229
Bayer, Gertrude (Nichte) 221f.
Bidault, Georges-Augustin 178
Bischoff, Norbert 184, 191, 195, 197
Blagodatow, Alexej 94f.
Bock, Fritz 54, 172, 231
Böhm, Karl 212

Caccia, Harold 214
Canaval, Gustav 121
Chaloupka, Eduard 154
Chruschtschow, Nikita 191f., 198, 216, 219
Churchill, Winston 162
Ciano, Gian Galeazzo (Graf von Cortellazzo und Buccari) 33
Clark, Mark 134, 143
Clemenceau, Georges 32

Dichand, Hans 200
Dollfuß, Engelbert 10, 17, 20f., 23, 25–27, 33, 154
Dorrek, Hans 143, 175
Dorrek, Maria (geb. Figl) 65
Dulles, John Foster 178, 190, 205, 210

Eckert, Fritz 20, 38, 72, 124, 171f.
Eden, Anthony 162, 178

Edward II., König von England 162
Eicke, Theodor 46
Elisabeth II., Königin von England 162

Figl, Anneliese (Tochter) 37, 59–61, 63–65, 75–78, 80f., 84, 88, 106, 108f., 118f., 165–168, 202f.
Figl, Anton (Bruder) 61
Figl, Balthasar 13f.
Figl, Johannes (Sohn v. Leopold) 19, 37f., 59, 61, 63, 75, 78, 80f., 84, 88, 106–109, 118, 123, 165–169, 202
Figl, Josef (Vater) 11, 12, 16, 203
Figl, Josefa (Mutter v. Leopold) 11, 14f., 29f., 99, 107, 109, 114, 117, 201–204, 221
Figl, Juliana 13
Figl, Leopold 9–20, 22–25, 27–51, 53f., 56–73, 75–86, 88–95, 99–124, 126–134, 136–151, 153f., 156–191, 194–195, 199, 201–233
Fischer, Ernst 153
Fischer-Karwin, Heinz 18, 211
Franz Joseph I., Kaiser von Österreich 122
Funder, Friedrich 129

Gleißner, Heinrich 54, 57
Gorbach, Alfons 53, 148, 170
Graf, Ferdinand 184
Gruber, Karl 124, 143, 174, 179
Grubmayr, Herbert 113, 180–184,
194–196, 199, 218

Hartmann, Eduard 90
Helmer, Oskar 90, 104f., 184,
214
Hemala, Hilde (verh. Figl) 18f.,
37f., 41, 59–64, 71, 74–78, 80f.,
84, 88, 107–109, 124, 159, 160,
165–169, 202f., 208, 215, 220,
222, 232
Himmler, Heinrich 53
Hitler, Adolf 19, 22, 28, 30, 75f.,
95, 98, 108, 194, 204
Hurdes, Felix 45, 71–73, 77f., 82,
85, 91f., 227

Innitzer, Theodor (Kardinal)
18, 212

Jury, Hugo 67, 112, 149

Kalmar, Rudolf 40, 44, 46, 49, 51,
56, 58, 120
Karwinsky, Carl 27
Kirchschläger, Rudolf 233
Klaus, Josef 231–233
Konew, Iwan Stepanowitsch 127
König, Franz (Kardinal) 215f., 231,
233
Koplenig, Johann 89, 94
Körner, Theodor 94, 112, 135, 161,
165, 172
Krauland, Peter 124, 130, 132
Kraus, Herbert 70, 148

Kreisky, Bruno 39, 177, 185, 187,
190, 192f., 195f., 205f., 213
Kunschak, Leopold 91f.
Kurassow, Wladimir 131

Leuthner, Josefine (Nichte) 221
Loritz, Hans 41–44

Macmillan, Harold 205, 210
Matscher, Franz 144, 162, 181f.,
207, 213, 225
McCarthy, Joseph Raymond 163
Miklas, Wilhelm 32
Mikojan, Anastas Iwanowitsch
191, 197f.
Mock, Alois 18
Mödlagl, Otto 105
Molotow, Wjatscheslaw 178, 186f.,
190f., 194, 196f., 204–206, 209,
211, 216
Morrison, Herbert Stanley 162

Olah, Franz 39, 45f., 48, 51–53, 58,
157, 231
Ottilinger, Margarethe 124, 141

Pernter, Hans 73, 91
Pinay, Antoine 205, 210
Pittermann, Bruno 141
Portisch, Hugo 200
Posch, Edeltrude 216, 218f., 224f.,
230

Raab, Heinrich 11f.
Raab, Julius 11f., 18, 30, 66f., 72f.,
78, 91, 112, 117, 149, 170–175,
179–181, 184f., 190–193,
195–198, 200, 205, 213–215,
232

Reimann, Viktor 148
Reinthaler, Karl 66
Reither, Josef 26f., 32–34, 66,
    69–71, 77, 90, 106, 111
Renner, Karl 91–97, 103,
    111f., 131, 150
Renner, Louise 131

Schärf, Adolf 71, 94f., 112, 130,
    132, 143, 150, 190, 192f., 195f.,
    213f.
Scheltow, Alexej 92, 122–124,
    126, 128, 142, 228
Schmitz, Richard 53
Schöner, Josef 194
Schuschnigg, Kurt von 10, 28,
    31–34, 73
Seipl, Ignaz 16
Seitz, Karl Josef 112
Seyß-Inquart, Arthur 32
Smith, Patrick 144
Sobek, Franz 72, 89, 109
Spindelegger, Michael 18

Stalin, Josef Wissarionowitsch 95,
    103, 122, 161, 191, 194
Staud, Johann 53
Steinböck, Johann 219
Steiner, Ludwig 172, 181, 193–196,
    198, 211
Stillfried, Emanuel 53
Stöckler, Josef 15f.
Sturm, Josef 17

Tolbuchin, Fjodor (Marschall) 89
Trost, Ernst 196, 216
Truman, Harry 134, 160

Überleis, Vinzenz 132

Verosta, Stephan 192, 199

Weber, Edmund 70
Weinberger, Lois 45, 71–73, 77–79,
    82, 91f., 112, 170
Withalm, Hermann 18
Wunderbaldinger, Franz 182f.,
    223f.

Bildnachweis

Alle Gästebücher und sonstige Abbildungen: Privatbesitz Familie Figl, außer Gästebuch-Fotos (2. Bildteil, Abbildungen 1–20): Erwin Rauscher und Seite 209: IMAGNO/Austrian Archives.

Der Verlag hat alle Rechte abgeklärt. Konnten in einzelnen Fällen die Rechteinhaber der reproduzierten Bilder nicht ausfindig gemacht werden, bitten wir, dem Verlag bestehende Ansprüche zu melden.